“乡村教师口述史系列”编委会

乡村教师口述史系列

大山里的开拓与守护

——少数民族乡村教师口述史

丛书主编 郑新蓉 胡 艳

编 著 魏曼华 王成龙 阿呷热哈莫 廖 君 崔明坤

敖俊梅 蔡凡弘 沈晓燕 王思人 包 锋

阿丽木拉 乌妮尔 韩雪军 金 瑛 旦巴加措

佟 彤 张 坤 王利利 刘宝源 任梦莹

伊师孟 吴俊毅 宋华妹 谭钧林 班 春

广西教育出版社·南宁

图书在版编目（CIP）数据

大山里的开拓与守护：少数民族乡村教师口述史 / 魏曼华等编著.—南宁：广西教育出版社，2018.8（2019.11 重印）
（乡村教师口述史系列 / 郑新蓉，胡艳主编）
ISBN 978-7-5435-8555-3

Ⅰ.①大… Ⅱ.①魏… Ⅲ.①少数民族教育－乡村教育－教育史－史料－中国 Ⅳ.①G725-092

中国版本图书馆 CIP 数据核字(2018)第 227564 号

DASHAN LI DE KAITUO YU SHOUHU
SHAOSHU MINZU XIANGCUN JIAOSHI KOUSHUSHI

总 策 划：石立民　陆思成　吴春霞　黄敏娴
策划编辑：周　影　夏日炎　　责任编辑：夏日炎　黄　曼
封面设计：杨　阳　　责任校对：谢桂清
责任技编：蒋　媛

出 版 人：石立民
出版发行：广西教育出版社
地　　址：广西南宁市鲤湾路 8 号　邮政编码：530022
电　　话：0771-5865797
本社网址：http://www.gxeph.com
电子信箱：gxeph@vip.163.com
印　　刷：广西民族印刷包装集团有限公司
开　　本：787mm×1092mm　1/16
印　　张：17.5
字　　数：300 千字
版　　次：2018 年 8 月第 1 版
印　　次：2019 年 11 月第 4 次印刷
书　　号：ISBN 978-7-5435-8555-3
定　　价：35.00 元

总序一

钟秉林

早在几年前，就听郑新蓉教授说她在组织团队搜集、整理新中国乡村教师的口述史，现在这些教师口述史即将在广西教育出版社出版。我觉得这是“功在当代，利在千秋”的事情。

众所周知，新中国成立以来，我们的社会、经济、文化、教育等事业取得了长足的进步，但也出现一定的曲折。在中国特色社会主义进入新时代的今天，在这个“承前启后、继往开来”，“全体中华儿女勠力同心、奋力实现中华民族伟大复兴中国梦的时代”，我们迫切需要对新中国成立以来的历史，特别是教育历史进行深入的梳理和研究，从而帮助我们更深刻地了解当代社会，把握当代中国教育的特征与问题以及人民大众对教育的需要，最终为我们创造更美好的教育奠定坚实的基础。

以往教育史研究更多地关注制度、思想、重要人物、教育普及等大历史，很少关注教师，尤其是乡村教师个体的历史。乡村教师是党的教育方针、政策的最基层落实者，更是新中国教育的开拓者和建设者，教师自身的生命经验和作为教育亲历者的叙述，可以从更细微、更具体的层面深入反映新中国教育发展、演变的历史脉络，反映新中国教师的气质和精神面貌。忽视乡村教师的历史，很难算得上是完整的教育历史。忽视教师作为亲历者对不同时期教育实践活动的描述，仅仅依赖宏大叙事的概览，显然是有局限性的。

口述史研究通过对当代人物的访谈，既可以收集储存在人们记忆中的历史事实，又能够反映个人的认同、行为、记忆与社会结构及社会变迁之间的复杂关系，是一种历史诠释和知识建构的学术路径。近年来，虽然不少学者也在关注口述史，但是关注乡村教师口述史的学者还非常少。在我看来，通过口述史来还原乡村教师生命经验，再现中国农村教育发展波澜壮阔的历史，是一件非常有价值的事情。

我国是农业大国，在相当长的历史时期内，农村人口的数量远远超过城市人口，农村的地域范围之大也远在城市之上，可以毫不夸张地说，乡村教育的发展水平相当程度上决定着我国基础教育整体发展水平。但自鸦片战争以后我国被迫现代化的一段时期内，我国的乡村、乡村教育并没有在现代化进程中获得相应的发展。中国现代乡村教育获得大力发展是在新中国成立以后。在中国共产党的领导下，经过几代乡村教师艰苦卓绝的奋斗，我国的现代乡村学校由无到有，由借用宗祠、寺庙、民宅，一两名教师、几个学童组成的小学校，变成后来教学楼、运动场、教师和学生宿舍楼齐全，配有各种现代化的教学仪器和实验器材，能容纳上千人的现代学校。这中间，乡村教师功不可没。如果说教育是国家发展的基石，教师就是这块基石的奠基者，而乡村教师是新中国乡村教育的奠基者、开拓者和建设者。

虽然党和国家会定期表彰一些为乡村教育做出突出贡献的教师，但对占教师比重较大的乡村教师整体而言，受表彰者毕竟是少数。以郑新蓉和胡艳老师为总主编的《乡村教师口述史系列》的出版，无论是对庞大的乡村教师群体，还是口述史学研究都是件幸事，也是大事。这套书涉及的乡村教师从地域上来说覆盖了全国多个省、自治区、直辖市，从教师的出生年代来看覆盖了 20 世纪 20 年代到 90 年代的每个阶段，从民族构成来看包含了 14 个民族，从时间维度上看包含“新中国第一代乡村教师”、“新中国第二代乡村教师”和“乡村青年教师”三个群体，从身份维度上还包含了“乡村女教师”和“少数民族乡村教师”两个群体，基本上覆盖了新中国成立以来各个历史时期和各种类型的乡村中小学教师。这套书所涉及的乡村教师的成长过程伴随着新中国成立以来各个历史时期政治环境的巨变，他们见证了新中国成立至今的各个时间节点上乡村社会与教育的巨大变迁，以及不同政治环境中乡村教师的存在样态。可以说，这套书从多个维度生动地、全方位地记录了新中国成立以来乡村教师的工作、生活，记录了不同地区乡村教育的历史演变。这套书在帮助我们了解乡村教育发展历程的同时，第一次向世人展示了为新中国乡村教育开拓、建设和发展做出重要贡献的乡村教师群体的理想、信念和情操，以及他们对乡村孩子、乡村教育的大爱。而且，这套书的出版对补充现有当代教育史料、推动当代教育研究具有重要的价值，更为可贵的是它对于促进口述史学理论与实践研究、推进口述史方法向教师教育领域拓展具有重要的意义。

当前，我国正处在城镇化快速发展、社会主义市场经济体制改革走向深入、教育改革不断深化、教育信息化程度快速提升的阶段。在这样的时代背景下，乡村教育的发展也面临着前所未有的机遇和挑战。乡村教育发展的水平和质量，不仅关系到我国整个教育事业发展的水平和质量，更关系到我国经济社会各方面的均衡发展。任何发展现状都有历史继承性，要深入理解今天我国乡村教育的现实，就必须回顾过去的历史。当我们从教师个体的记忆中将过去发生的点点滴滴挖掘出来以后，乡村教育的发展逻辑也会在我们的理论和实践视野中逐渐变得清晰。因此，通过这套书中多位教师的口述史，我们可将当下对乡村教育和乡村教师发展的思考置于微观历史背景之中进行审慎的考量，这对于我们深入认识教育现状、明晰乡村教师队伍建设的重要性和紧迫性，贯彻落实《乡村教师支持计划（2015—2020 年）》具有重要的现实意义。

口述史的搜集和整理是一项非常艰苦，十分耗费人力、财力的基础性工作，要求从事者有很高的史学素养和高度负责任的历史态度，特别需要研究者深入田野，不畏艰苦地探访、搜集与挖掘。感谢郑新蓉教授带领的团队为此做出的基础性、开拓性的工作。

是为序。

2018 年 1 月

总 序 二

郑新蓉

历时几年的《乡村教师口述史系列》第一辑终于出版了。这套五册的《乡村教师口述史系列》涵盖新中国成立至今工作在乡村的主要教师群体——第一代乡村教师（新中国成立之初至20世纪50年代后期入职）、第二代乡村教师（1958年“大跃进”至70年代入职）、乡村青年教师（当代）、乡村女教师、乡村少数民族教师。他们的口述给我们展现了新中国成立以来一代代奋战在我国一些贫穷的山区、村落，以及少数民族聚集地的乡村教师群体的工作、生活及其精神风貌。

这套书出版的缘由很简单。北京师范大学教育社会学研究团队自21世纪初以来，一直致力于乡村教师队伍建设的研究和改进工作，在跋涉千山万水，与坚守在偏远、贫困地区的乡村教师近距离接触后，为他们长期甘于寂寞与清贫、默默奉献乡村基础教育的精神所感动，着手进行乡村教师口述史的工作，希望能够通过他们的口述，描绘新中国乡村教育的变迁以及乡村教师的精神风貌。2012年9月，北京师范大学教育社会学研究团队开设“教育社会学研究专题——中小学教师口述史”的研究生课程，邀请日本早稻田大学教育学研究科教授新保敦子做了《用life story分析方法的教育史研究》的讲座，为开启教师口述史研究进行了理论上的准备。2013年，北京师范大学教师教育研究中心在进行当代教师教育史和教师专业发展研究的同时，也着手乡村教师口述史的工作。我们的团队由此扩大。随后，我们成立了“教师口述史中心”，共同致力于教师口述史的搜集、整理、教学与研究。机缘巧合，我在一次会议上碰到了广西教育出版社的石立民老师。历史专业出身的她对口述史在史学研究中的价值，教师口述史对教师、教育研究的价值有充分的认识，对我们的乡村教师口述史充满了兴趣，从而促成了此次的合作。2016年，该项目获国家出版基金扶持，进一步促成了这套书的出版。

具有很高学术声誉，在全国教育领域占据领头羊地位的北京师范大学，为何要从事这样一个面向乡村教师的口述史研究工作，出版这样一套看似学术性不强的图书，研究的对象又是在社会和教育领域缺乏知名度的这样一个教师群体，很多人不一定理解。为此，我从以下几个方面加以阐明。

一、乡村、乡村教育对中国社会的意义

（一）乡村是中国文化之根

正如费孝通先生所说，“中国社会是乡土性的”，那些被称为土头土脑的乡下人，“他们才是中国社会的基层”。在四大文明中唯一没有断裂的中华文明是在中国这样一个农业社会孕育和维持的。几千年来，在乡村这片土地上，我们世世代代依赖于这片土地的给予养育着我们的子孙后代，也为这片土地贡献着自己的聪明才智。扎根于乡村的儒家文化不仅培育了伟大的中华民族精神，也对东亚乃至世界的发展和进步做出了贡献。

即便是经历一百多年的现代化的洗礼，乡村社会在中国社会中依然占据着很高的位置。我们几乎每一个人，往上追溯不了两代，就会有来自乡村的血脉。我们很多的生活习惯还保留着很深的农业文明的痕迹，无论是传统的孝道的恪守，还是节气对生产、生活的指导，都体现出传统农业文化的影响。甚至我们平和、包容、散漫的性格都源自农业社会的熏陶。可以说，没有乡村，就没有五千年流光溢彩的中华文明，也就没有中华民族的荣耀。

（二）在现代化历程中乡村逐步衰落

但进入工业社会以后，我们的乡村却一步步走向衰落。在现代化历程中，中国的乡村是被现代化的主体，但同时又是在现代化历程中遭遇最多不适和困境的地区。一百多年的现代化的历史既是中国一步一步由农业国转为工业国的历史，也是代表农村文明的中国乡村逐步走向衰落的历程。乡村的衰落在中国社会艰难但还算成功的现代化建设的历程中点缀了并不美好的一笔。

在中国走向工业社会的艰苦历程中，乡村成为人才的输出地、资源的供给处。大部分乡村的精英、优秀人才不断进入城市，却忽略了乡村的建设发展同样需要睿智的领导者和能干的建设者。中国要真正成为富强、民主、文明、和谐、美丽

的现代化国家，乡村的重振和繁荣是无论如何都绕不过去，并要付出更多、更艰苦的努力才可能达成目标的。

（三）乡村教育是乡村社会重建的重要途径

1. 教育是实现国家统一、国家重建的重要渠道。

教育与社会的密切关系在人类社会的历史中已经被无数次地证明了。中国自秦汉建立大一统的国家以来，教育在国家统一、国家治理、国家建设中一直扮演着重要的角色。隋唐以来的科举制更是通过考试，把教育的目标、内容和方式强制约束在封建王朝所需要的人才培养上，使我国这样一个地域辽阔、民族多元、分散的小农社会强力地统一在各个封建王朝之下。

清末民初，教育更是在“人为刀俎我为鱼肉”的时局里实现“自强求富”“救亡图存”的重要手段。现代学制的建立，现代科学知识和教育教学方式的采用，是当时清王朝培养现代人才、建立现代社会的唯一途径。也正是有这样的认识，清末民初，无数有眼光、有担当的先进的知识分子，面对无能的政府和落后的经济发展局面，或抛家舍业，捐资助学，如张謇、严修、杨斯盛；或凭借平生所学努力筹办学堂，培养新国民，如张伯苓、陶行知；或坚守清贫，培养莘莘学子而成为默默无名的教师。这才使中华民族在内忧外困、民不聊生、政府极为腐败的年代，现代化进程得以缓慢地推进。

民国后期，特别是战火连连的抗日战争时期，西南联大、西北联大，以及无数在战争中坚守的中小学校，为国家培养了坚守国家信念，坚信中华文明，具有强烈爱国情怀和现代知识的社会中坚，他们与广大不屈的人民同仇敌忾，最终赢得了抗战的胜利。

新中国成立以后，“教育必须为国家建设服务，学校必须为工农开门”的方针，不仅培养了能在国际科技舞台上领先的陈景润、王选、屠呦呦等科学家，也使曾经与教育基本绝缘的广大工农大众子弟接受了基本的教育，并成为社会主义建设的中坚力量。可以说，没有勤勤恳恳奋战在教育一线的广大教师，就没有今天稳定、繁荣、富足的新中国。

2. 乡村教育是乡村重建的基础。

乡村建设同样要依赖于教育。20 世纪二三十年代以晏阳初、梁漱溟为首的知识分子，面对由于西方列强的军事和经济的强势入侵，以及动荡的政治秩序、军阀混战等不断侵扰下的乡村飞速“破产”的局面，带着从西方学来的所谓先进的理论、知识和技术，开展了轰轰烈烈的“博士下乡”运动。晏阳初的“平民教育派”、梁漱溟的“乡建派”、黄炎培的“职业教育派”、陶行知的“教育改进派”和卢作孚的“经济建设派”等，从各自对乡村“破产”的原因认识的角度出发，开出了自己治理乡村的“药方”。无论是晏阳初的以“学校式、社会式、家庭式”三大方式结合并举，“以文艺教育攻愚，以生计教育治穷，以卫生教育扶弱，以公民教育克私”四大教育连环并进的农村改造方案，还是梁漱溟的“政、教、养、卫”综合治理方式，以及黄炎培从发展职业教育开展的乡村治理等，都把教育作为乡村治理和乡村建设的重要手段。但在当时的政治和社会条件下，在日本侵略者的步步紧逼下，以及他们自身理论的缺陷和实践中遇到的问题，他们的实验无一例外的以失败告终。但他们的实验却给我们很大的启示，教育是解决当时乡村社会“愚、弱、穷、私”的重要手段，更是重建乡村社会的重要途径。

任何社会的治理和重建都需要人才的保证。少了治理和建设现代乡村社会所需要的具有现代知识和现代公民意识的乡村人才，没有代表服务乡村社会、代表乡民利益且能和外来资本抗衡的人才，就没有现代乡村建设的可能，也没有乡村的未来。可以说，今天乡村的重建和繁荣必须依托于乡村的教育。

二、乡村教师是做出巨大贡献的一个群体

中国的乡村教师自古有之。古时的私塾先生是帝王威严和政令的传递者，他们在封建帝国的统一、民族的融合，以及传统农业社会治理人才的造就方面发挥了重要的作用。今天的乡村教师，在城乡发展不平衡的条件下，为乡村乃至国家的建设贡献了自己的力量。

第一，乡村教师利用自己并不丰厚的知识基础和能力，撑起乡村基础教育的一片蓝天。

新中国成立以来的相当长一段时期，乡村教育与城市教育并不处在同一发展基础和平台上。由于国家落后的经济发展水平和极其有限的人力条件，以及在“冷战”和相对孤立的状态中自力更生建设工业化强国，我们不得不在一定程度

上牺牲乡村、乡村教育来发展工业化。但这一时期，是我们的乡村教师用自己并不坚实的肩膀为乡村孩童支撑起教育的蓝天。

由于现代教育基础薄弱，我国不少乡村地区的中小学校是新中国成立之后由乡村教师首先建立的。他们或利用村里的祠堂、庙宇，或借助社队仓库、闲置屋，或借用村民的住宅，或自力更生建起茅草屋，使当地的孩子不用跋山涉水，在家门口上起了现代中小学，也使当地很少有机会上学的女孩子接受了学校教育。他们因陋就简，在教材不足时自编教材，在师资不足时任全科教师，甚至在没有基本的教室时把自家的房屋贡献出来，为乡村的孩子开始了早期的启蒙教育。

他们中的多数人会用自己微薄的工资给上不起学的孩子交学费；会在粮食短缺的年份省下自己的口粮补给学生；会因为山路遥远不放心学生安全，每日放学送学生回家；会在学生不慎掉入水中的时候，不顾水流湍急，跳入水中救起年幼的生命，也让学生有了长大后当老师的美好愿望。他们还会在学生与家长剑拔弩张的时候，和声细语地做学生工作，建立了良好的师生关系、家校关系。

大多数乡村学校干部和教师，会在条件简陋的当时，请求乡政府辟出几分地，业余时间带领学生除草、种菜，使学生告别了咸菜就剩饭的日子。他们还会凭借朴素的情感和公关能力，让上级部门和企业批给他们紧缺物资来改善学校办学条件，把茅草屋和四面漏风的教室建成窗明几净的教学大楼，为学校建当时最好的实验室，把学生上学的泥泞路铺成了柏油马路，使校园成为当地亮丽的风景线。他们通过艰苦的努力，使原本只有几个人的山间教学点成为拥有几百几千学生，教学条件良好，教学质量上乘，在当地很有吸引力的学校。

可以说，没有新中国成立以来的一代代乡村教师不顾清贫，不畏艰辛，长期奋斗在乡村教育一线，就没有九年义务教育普及的可能，以及稳定、繁荣的今天。

第二，乡村教师使得依然还处在传统农业文明的乡村与现代的社会联系在一起。

无论怎样我们都无法否定，我国一些乡村地区在 20 世纪 50 年代至今的大多数时期仍然处在传统的小农社会中。他们对世界的认识，他们所依赖的生产生活的知识和能力，基本上还处在前现代时期的农业社会里。但由于现代乡村学校的建立，现代乡村教师的存在，使得这些古老而相对孤立的乡村与现代的城市连上了线。

乡村教师使用和城市孩子一样的教材，为乡村的孩童们打开了现代文明的窗口。他们教给学生现代的自然科学知识、农业知识和公民意识，使学生们能用这些知识指导自己及家人的生产、生活。特别是改革开放以后的乡村教师，他们把自己在城市、在大学接受的新知识、新观念、新文明传授给学生，让学生知道了互联网、高速铁路等现代知识，知道了知识的力量和现代公民意识。他们中的一些人，生怕孩子与现代社会脱节，利用自己微薄的工资，带孩子外出看世界，让孩子了解广阔的世界，也让孩子在心中树起了远大的理想。

难能可贵的是，这些乡村教师把自己与乡村的命运紧紧连在一起，用自己的知识和能力建设乡村。他们或因地制宜，为乡村设计和建立小型水电站，使得基层政府、村民、学校都用上免费的电；或帮助安装电视信号接收器，使当地的老百姓能看上电视。他们中的不少人利用业余时间，帮助生产队修理农业机械、广播电视设备，甚至村民家里的电器、农具等，使得当地的村民生产、生活能够顺利开展。即便是在“大跃进”时期，生产队研发新型农具、加速农业建设的年代，我们的乡村教师也在其中贡献着自己的知识和智慧。

可以说，在建设社会主义现代化强国的过程中，在城镇化的进程中，正是由于乡村教师的存在，使原本依赖于传统农业文明的、孤立的乡村社会不被现代社会所抛弃。

第三，乡村教师把党和政府的声音传递给乡村，维护了乡村的稳定与发展。

新中国成立以来，乡村教师在社会主义现代化建设中发挥着重要的作用。除了在日常的教育教学过程中切实落实党培养共产主义接班人的指导思想，他们还通过各种方式把党和政府的声音传递下去。如20世纪五六十年代的农村扫盲运动，就是以乡村教师为主力开展的。他们在教乡村百姓识字的同时，教给他们当时流行的革命歌曲，既丰富了当地村民特别是青壮年的业余生活，也提升了他们对党和政府的认同感。作为当时农村较少的知识分子群体，他们经常利用业余时间帮助当地基层政府开展方针、政策的宣传工作，如党和政府各时期的方针、政策是乡村教师通过写标语、出墙报、画漫画，组织“毛泽东思想宣传队”在生产一线演出等方式在农村进行宣传的，为乡村的稳定和发展贡献了力量。

三、教师口述史的价值和意义

口述史的兴起与20世纪六七十年代以来在西方史学界和社会学界掀起的“自下而上”的撰史浪潮相吻合。这一浪潮带来研究视角的根本变化，即将历史研究关注的对象从上层社会的精英转为普通的人民大众，口述史学则成为他们实现这场转移的有力武器。[①]让老百姓通过自身的口述发出自己的声音，使普通人的经历、行为和记忆有了进入历史记录的机会，并因此成为历史的一部分。

中国当代乡村教师口述史的搜集和整理更有十分重要的意义。

首先，丰富当代教育、教师研究的资料。由于对史料认识的狭隘化，教育资料的保存范围有一定的局限，即便是与我们很近的当代社会亦是如此。除了颁发的政策文件、领导人讲话，以及改革开放以来的学校发展的统计数据，很多重要的资料是缺失的。以乡村教育发展为例，在经济文化不发达的当时，各地的乡村学校是如何建设发展起来的；教育政策是如何在乡间落实并因地制宜的；在师范院校无法提供基本的师资保障的一些时期，乡村教师队伍是如何建设的；我国乡村教师的教育精神和情怀是怎样的，如何体现的；乡村教师的专业发展的方式途径有哪些，有哪些独特经验和教训；等等。这些资料对我们研究当代乡村教育发展的历史、乡村教师队伍建设历史以及中国教师专业发展的经验和理论有很大的价值。教师口述史能为教育研究、教师研究提供很多鲜活的、落地的、有价值的史料。

其次，另类教师史的写法。至今，我们没有一部中国教师史，或者当代乡村教师史之类的著作。作为职业群体中古老而又极为重要的一个群体，作为为新中国教育事业做出重要贡献的一个群体，我们有必要为乡村教师撰写历史。但我们做的这套书不是传统的史学著作，而是通过教师口述史的方式，用乡村教师自己的语言和声音，用自己的记忆和情感，书写一部从新中国成立之初到21世纪的今天，在相对落后的乡村从教的教师的历史。通过他们对自己生命历程、职业生涯，学校与乡村社会的关系，教师与乡民关系等的口述，勾勒出1949年新中国成立以来的五代乡村教师所承载的社会功能、教育情怀、身份特征，以及他们与乡村社会的关系。在他们的口述中，我们看到了经历了革命、斗争、建设和经济

---

① 定宜庄，汪润．口述史读本［M］．北京：北京大学出版社，2011.

发展等时代主题的乡村教师，他们承担着连接现代国家和乡村的使命。与此同时，他们也追求根植于家庭和村落的“修齐治平”、耕读传家、学而优则仕等乡绅文化传统。相信这些乡村教师所经历的艰苦的自然条件、生计需要、个人专业发展的压力、快速的城镇化进程等正在重塑今天乡村教师的身份特征，也影响着当代乡村教师的稳定和工作动力，改变了教师与农村社会的关系。①

再次，寻找中国自己的教师发展和乡村建设的经验和理论。目前，教师教育的经验和理论依然是以西方为主导的话语体系。这种话语体系虽然为中国的教师发展打开了一扇窗户，但也的确出现水土不服、浪费资源的状况。我们相信，拥有几千年辉煌教育历史的中华民族有贡献于世界的我们自己的理论和经验。后发展地区中落后乡村的教育发展、教师队伍的建设是世界性的难题，直接影响到了该地区该国家教育发展和经济社会的繁荣稳定。虽然我们不敢说中国已经很好地解决了这一难题，但通过乡村教师口述史，我们发现我国的确在城乡经济、社会、文化等发展不均衡的条件下，创造了全面普及义务教育的辉煌，实现了让每一个孩子有学上、上好学的目标。在教师队伍建设上，我们建设了一支踏实、肯干、积极奉献的乡村教师队伍。他们可能学历不高，但他们耐得住寂寞，守得住清贫，在缺文少教的年代，他们为乡村孩童点亮智慧、文明之光。他们刻苦钻研，努力工作，克服交通不便、信息不畅，以及领航者少等困难，尽可能地提升自身专业素质。在工作负荷重，生活压力大，且留守儿童多的今天，多数乡村教师能恪守教师职业的操守、伦理，在夯实乡村孩子知识基础的同时，尽可能地用教师之爱来温暖和呵护这些乡村的学童，让他们感受到人间的温暖。相信这种教育发展、教师成长的经验应该对世界也是有启发的，同样，我们也可以从中提取中国的经验。

在本文的最后，我要感谢为此套书提供口述材料的乡村教师，是你们的分享和传递让我们的工作成为可能；我也要感谢参与此套丛书采编工作的师生们，是你们的努力才使乡村教师的声音见诸世间。我还要感谢广西教育出版社的编辑们，是你们的努力让我们这套口述史丛书顺利出版。

2018 年 1 月

---

① 郑新蓉．共和国五代乡村教师代际特征研究［J］．贵州师范大学学报（社科版），2016（3）．

前　言

魏曼华　王成龙　阿呷热哈莫

近年来，口述史研究受到越来越多人的关注，成为“显学”，各学科研究者都从自己的学科视角进行口述史研究。作为教育社会学的研究者，我们应该利用口述史的研究范式，并赋予其教育社会学的意涵。那么在中国少数民族乡村教师的研究中，我们为何选择口述史，而不是其他的研究范式呢？

一、教育社会学的口述史研究视角

（一）个体命运与社会结构的关系

依托口述史的教育社会学的研究范式更表明了结构性力量无处不在，而这也正是米尔斯的社会学想象力给予社会学最重要的贡献。社会结构无形的力量对社会成员的个人境遇和生命轨迹有着深刻的影响，不同性别、阶层、民族、年龄的个体在社会生存、发展机会上存在着巨大的差异。从本书我们能看到个体与社会结构的联系，以及社会历史进程对个体命运的影响。本书正是通过对教师个体生命故事的回溯，分析社会结构、社会变迁中，尤其是社会结构变迁对教师生命轨迹的作用和影响。从本书 14 位教师的生命轨迹，可以看出个人的境遇看似偶然，实则背后有着社会结构性的原因。

此外，从少数民族现代教育与教师个体的结构关系来看，利用教育社会学口述史的研究范式，我们可考察中国少数民族乡村教师与少数民族现代教育的复杂关系，否则我们就很难了解少数民族乡村教师，也很难了解中国少数民族教育现代化的形成过程。实际上，口述史是理解教育结构变迁的较合适的方法之一，因为通过此种方法，我们才能把某段历史、某项制度分解成为它们的各个组成要素，从而展示这些要素是怎样相继产生的，并放置于其产生的社会环境之中。

（二）解构中国少数民族现代教育历史

教育社会学的口述史视角将解构以往教育研究中宏大叙事的格局，通过普通人的故事，分析社会个体在社会结构中的能动与被动，探索社会变迁过程中的个人记忆，包括教育记忆的社会建构，力图发现在宏大叙事中，那些失声、失语的社会角色对社会结构的功能。不难发现，在以往的历史与社会研究中，宏大叙事的观念长期主宰着社会学的研究和著述，因此我们常常忘记了现代教育的历史本身是多维度、多层面的，普通教师的上学、就业、婚姻等故事其实也是历史概念中不可或缺的重要因素，尤其是在致力于理解和阐释中国少数民族教育现代化的过程中。

利用口述史的研究范式是教育社会学在现代教育研究中的解构，是解构主义在现代教育研究中的运用。它打破了现代主义的正统原则和标准，打破了现有的对中国少数民族现代教育研究的单元化的秩序。具体来讲，这种解构不仅打破了依据主流文化而建构的少数民族教育秩序、道德秩序、伦理秩序，而且还打破了人们对少数民族教育意识的秩序，比如上学习惯、思维习惯和人的内心较抽象的文化底蕴积淀形成的民族性格。教育社会学中的口述史将在打破秩序后创建一种更为合理、更为接近真实的秩序。本书故事人物的口述文本，是对教育历史的一种解构阅读，而这种解构阅读呈现的文本并非单一的个体在传达一个明显的信息，而是在某个特定的文化或世界观中冲突的体现。因此在本书中，一个解构的文本会显示出许多同时存在的观点，而这些观点有时还会彼此冲突。

（三）口述史的生命历程研究范式

在教育社会学中，用人物口述史的方法研究某一类教师群体，实质也是一种“生命历程”的研究范式。该研究范式产生于20世纪初，并在六七十年代得到迅速发展。它以个体生命过程中的一些事件和角色，及其先后顺序和转换过程为研究对象。区别于以往的叙事研究，生命历程的研究范式关注人一生的生命轨迹，因此它并非生命片段的节选，而是关注宏观与微观互动的过程与结果。此外，区别于叙事研究，以口述史为依托的生命历程的研究范式打破了教育社会学研究中，尤其是社会个体生活研究中宏观与微观长期隔离的状态，它要求在一个共同的概念和经验性研究的框架内对个体生命事件和生命轨迹的社会形式做出诠释。

在教育社会学研究中，依托口述史的生命历程的研究范式，注重历史事件对个体生命轨迹的影响。在中国近现代的历史大动荡中，社会和教育都发生了巨大的变迁。中国人民经历了抗日战争、中华人民共和国成立、土地改革、扫盲运动、“反右倾”斗争、“文化大革命”、知识青年“上山下乡”、改革开放等一系列重大社会事件。作为当时远离主流文化的少数民族乡村教师，他们经历的历史动荡就更为剧烈。在这样的社会变迁中，作为社会文化代表者之一的少数民族乡村教师，他们既要承担教师的社会角色责任，同时也面临着文化冲突和角色冲突。

少数民族教师的生命历程与社会结构变迁有着千丝万缕、错综复杂的联系，他们个人的命运沉浮不仅直观地揭示了中国少数民族教育现代化的发展历程，同时也折射出中国少数民族教育现代化中的矛盾、困境及各因素之间的微妙关系。而对这些矛盾及微妙关系的理论阐释，无疑将拓宽和深化我们对中国少数民族教育的全貌和机理的理解、把握。

从时空生活来说，本书所选取的14位少数民族乡村教师，其出生年代从20世纪30年代至80年代。从他们个体的生命轨迹来看，同一年代的个体在社会变迁中呈现出有规律可循的模式。少数民族教师是生活在一定时空中的个体，对于出生在不同年代的人来说，呈现在他们面前的社会景象是有差异的。因出生年代不同，他们所拥有的社会机会和个体所受到的社会限制也是不一样的。当社会变迁对一代又一代的同龄群体产生不同影响时，生命轨迹的历史效应就会以同龄群体效应表现出来。因此，从教育发展阶段来看，中华人民共和国成立之初的少数民族教师群体，将更多时间和精力投入到办学、建校等最基本的学校教育的建设中，对少数民族学生汉语言的识字教学成为紧迫性的教学任务；而对于80年代出生的少数民族教师群体来说，社会经济结构的变迁，以及人口流动、移民搬迁等社会现象的出现，给教育带来了新的挑战，他们需要面临留守儿童、流动儿童的教育问题。“一定时空中的生活”原理告诉我们，人在哪一年出生和属于哪一个年龄群体基本上将人与某种历史时空联系起来，它是进行生命历程范式分析的重要因素，而不同代际的个体则因阶层、族群、民族、教育经历、年龄等呈现了另一种差异性。

从个人的能动性来说，我们也看到同龄群体个性化的东西。每位教师的社会阶层、民族、性别、教育、家庭背景以及个人性格的差异，反映出每个人的不同的能动性。可以这么说，在社会结构中，人并不是完全被动的个体，而是在一定社会环境中有计划、有选择地推进自己的生命历程。个体差异和环境之间的互动产生出个体的行为表现，所以人的能动作用和自我选择过程对于理解生命历程具有重要的意义。

“在生命历程研究中尽管存在着年龄规范的社会控制，但是个人的能动作用和他们的自主选择使得生命阶段和实际社会变迁之间存在某种程度上‘松散的匹配’。”[①] 因此，从教师的生命历程中，我们也发现，人们并没有因为年龄相同而步伐一致地同时经历如上学、就业、婚恋等主要生活事件，而是因个人能动性、所经历事件的先后次序等呈现出生命轨迹和个体命运的明显差异。

二、书中少数民族教师的生命故事概要与社会角色

（一）少数民族教师的生命故事概要

我们看到，本书中的每位少数民族教师的生命史都是一部生动的少数民族教育史，他们的生命故事是本民族教育变迁史的一个缩影。为了体现我国各民族教育的丰富性与多样性，本书选取了藏族、回族、彝族、傣族、达斡尔族、苗族、鄂温克族、鄂伦春族、朝鲜族、纳西族、锡伯族、傈僳族等 12 个少数民族共 14 位少数民族教师的口述故事。从地理分布看，被选取的少数民族涵盖了我国少数民族聚集的西南、西北和东北；从人口结构来看，既有人口较多的回族、苗族、藏族的教师，也有人口较少的鄂温克族、鄂伦春族的教师。故事主线包括人物成长、原生家庭、上学、工作、婚姻、民族传统文化等。从年龄跨度来讲，他们出

① 李强等：社会变迁与个人发展——生命历程研究范式与方法［J］. 社会学研究，1999（6）.

生于 20 世纪 30 年代至 80 年代，他们的故事生动地镌刻出中国西部和东北部 12 个少数民族的教育现代化的历史谱系。

1937 年出生的傣族教师白玉明，有着丰富的人生阅历。他读过 3 年私塾，11 岁辍学，13 岁进入缅寺，当了 6 年和尚后，到允景洪初级师范学校进修。21 岁那年他跨过澜沧江，创办了景哈乡傣族第一所学校——景哈村小学，27 岁时创办了哈尼族第一所学校——拉沙小学。白玉明是西双版纳州澜沧江畔傣族、哈尼族乡村教育的开拓者。

出生于 1947 年的达斡尔族教师敖好章，是中华人民共和国成立后莫力达瓦达斡尔族自治旗（下文简称莫旗）培养出来的第一批本土教师。他一直守护在家乡的土地上。虽然工作调动频繁，但教师和校长始终是他主要的社会角色。退休后，他又担任莫旗达斡尔学会的秘书长，始终关注、思考民族教育问题，并致力于达斡尔民族文化的传承。2012 年，他被达斡尔族同胞选为“我眼中的‘2012’感动达斡尔人物”。

出生于 20 世纪 50 年代初的藏族教师琼色，在海拔 4500 米的流动帐篷学校开启了艰苦的教学生涯，他在一个个牧区轮流教学，教孩子们藏语文和数学。后来虽然有了固定的帐篷学校，但工作任务之重、生活之艰难，令人难以想象。在 37 年的教育生涯中，他的教育责任感、对学生的爱和教育赢得了家乡人民和社会各界的高度赞许和尊敬，他也因此获得西藏自治区级优秀教师、国家级模范教师、首届“启功教师奖”等荣誉。

出生于 1954 年的苗族教师王昌庭，对教育工作兢兢业业，不计个人得失，他甚至贡献出家族的土地扩建本村的小学。为了提高学校的教学质量，他早出晚归，一心扑在教学上。从民办教师到学校校长，他在村小工作了 35 年，一辈子坚守在苗乡的山沟沟里，被誉为“苗乡山沟里的守望者”。

生于 1959 年、走下大兴安岭的鄂伦春族教师莫贵勇，对祖辈在原始森林中的生活十分向往，对马和狗这两个鄂伦春族最好的朋友，还有森林，都有十分深厚的情感。他正好赶上了政府针对鄂伦春族的“下山”政策，因此，莫老师的成长经历，就是一部中华人民共和国成立以来鄂伦春族人民生活、学习、工作等方面的变迁史。他也亲历和见证了鄂伦春族半个多世纪的教育发展史。

生于1959年的鄂温克族教师额尔登其其格，教书育人33载，勤勤恳恳、兢兢业业，多次获得了自治区、旗、盟（市）的奖励和表彰，为鄂温克族教师树立了教书育人的榜样，也成了鄂温克族家乡人民的传奇和骄傲。额尔登其其格老师的草原往事，点燃了无数呼伦贝尔大草原儿女的梦想。相信更多的鄂温克族儿女会像额尔登其其格老师一样，回报草原，回报家乡，回报民族，回报国家。

1963年出生于吉林省珲春市的朝鲜族教师石东伍的教育人生可以分为四个阶段：8年乡村教师、10年数学竞赛辅导教师、12年的校长和现在的教育科学研究所所长。当教师时，他是一名优秀的老师；当校长时，他又是一名优秀的校长，他在每一个平凡的岗位上都取得了不凡的成就。他对学生进行数学竞赛辅导，得到了学校和社会的高度认可。他对促进朝鲜族教育的发展有着深刻的使命感和责任感。他通过对教育的实践性研究，提高了学校的教育质量和声誉，也因此得到了社会的尊重，获得了各种荣誉称号。

1969年出生的藏族教师查尔思，是第二批内地西藏班毕业回乡村学校工作的教师，长期在艰苦偏远的乡村学校任教。中专毕业后，他被分配到西藏极贫困乡工作，在海拔4200米、交通不便、气候恶劣的乡村整整待了10年，其中担任了8年的校长。他是一个非常严谨的人，做事认真，工作勤勤恳恳，有独特的人格魅力。在多年的校长生涯中，他一直在教学第一线，培养了不少青年教师，这些青年教师后来都成了各个学校的骨干。查尔思老师对教育事业默默耕耘与奉献，为雪域高原上的藏族儿女点亮了前进的灯塔！

1969年出生的四川凉山的彝族教师罗芳，承担起一所民族小学近30年的彝文教学，很多人不知道她的工作起于何时，也许也没有人会注意到她的工作会在哪天结束。她就是这样默默无闻地工作着、付出着、奉献着，因为工作和家庭的原因，她几乎断绝了所有的社会交往。尽管人到中年，她依然清纯如初。她是彝族文化最直接的承载者，是彝族文化的守护者。

1973年出生在玉龙雪山脚下的纳西族教师木钧，凭借着对教育事业的热爱，从20岁起，在家乡做了十多年的乡村小学教师、校长和乡教委教导主任，获得过很多荣誉。他非常重视本民族东巴文化的保护和传承，一直致力于双语教学，包括纳西语和汉语的双语教学，以及纳西语和傈僳语的双语教学。除推行双语教学外，他还承担了双语教师的培训和乡土教材的开发，为东巴文化的传承和民族教育的发展做了突出贡献。“用真心、结善缘、展现美、收获爱”是木钧老师对自己从教经历的总结。

出生于1978年，在中哈边境学校任教的锡伯族教师郭颜红，不止一次地提到她对学生的爱。在她看来，学生对她的爱，是她十几年来从事教育工作的动力，也是她能够坚持自己教育理想的源泉。在教育教学工作中，她处处为学生着想，不仅提高了教学质量，而且也促进了学生的全面发展，实现了自己的人生价值。她对边疆地区民族教育的一些思考、建议，是有价值的教育经验和教育智慧。

出生于1980年的回族教师马良，对教育教学问题有比较深刻的思考。尽管新的教育教学问题不断出现，但他总能认真思考、冷静处理。严谨、认真的工作态度在他身上表现得淋漓尽致。他是有教育情怀和理想的教师，作为一位边疆地区的教师，他关心新疆教育的发展和民族教育问题，希望进一步提升新疆地区的教育质量，推进教育公平。在祖国西北边疆的沙湾县，马良老师用自己对教育的热爱和奉献，谱写了一曲天山脚下的青春之歌。

出生于1981年的傈僳族教师余应芳，一直在艰苦的教学点任教。她现在任教的烧灰坝小学地处偏僻，与缅甸只有一山之隔，虽然距滇滩镇集市只有8公里，但山路崎岖难行。作为一位长期在艰苦的中缅边境教学点上工作的“80后”女老师，她十几年如一日，克服了很多常人难以想象的困难，取得了突出的成绩。她多次被评为镇、县、市级优秀教师。她2012年获得了滇滩镇人民政府授予的“边境民族教育特别奖”，2015年被家乡人民评为“最美腾冲人”。这些称号，余应芳老师都当之无愧！

出生于1984年的回族教师李朝云，虽然是一位年轻教师，但她讲述的故事非常具体生动。她最津津乐道的就是当班主任的心路历程，从刚开始当班主任的挫折，到后来对班级管理的感悟，可以看出她对班主任工作的那份用心和付出。在李朝云老师看来，教师最重要的品质是对学生的爱。这种对学生的爱和对教育工作的热情，会使她在教师之路上走得更远、更好。

（二）少数民族教师的社会角色

这 14 位少数民族教师的生命故事，具体、生动、细致地还原了少数民族教师在中国社会变迁、教育变迁中的社会角色。从他们的故事中，我们发现，他们是教育现代化的推动者，是少数民族后代的榜样，是少数民族村落的文化人，是民族文化的传承人、守护者。作为中国教师群体中的少数民族教师，他们是一群心系民族教育、关心民族后代成长、有着民族责任与情怀的教师，在中国少数民族教育现代化进程中具有特殊作用和价值。

他们是少数民族教育现代化的推动者。他们有的是本民族乡村学校的开拓者，最先在条件极为艰苦的环境中创办学校，有的还是第一批将双语教育引进本民族地区的人，也是将现代文明之光引进村寨的人。

他们是少数民族后代成长的榜样。他们虽然家境贫困，却通过自身的努力和奋斗成才。他们都是品学兼优、好学上进的人。同时，他们独特的智慧与经验对少数民族学生的成长起着引导作用。

他们是少数民族村落的文化人。他们懂理明理，有社会声望，也是村里、邻里纠纷和冲突的调解者，也因此获得了家乡人民的信任和尊重。

他们是少数民族文化传承的推动者。少数民族教师的民族意识和责任，使得少数民族文化在现代教育中不断发展，这不仅仅体现在通晓民族语文，从事民族语文教学的少数民族教师身上，也体现在那些有意识地在课程中进行民族文化介绍或潜移默化传承民族文化与习俗的其他教师身上。

他们是有着民族责任与情怀的教师。他们喝着家乡水、吃着家乡饭，对民族文化、民族教育有着特殊的情怀，这样的情怀让他们任劳任怨、勤勤恳恳，将大好年华留在了少数民族地区的山川、河流、沙漠、高原，培养了一代又一代人才。那种责无旁贷，那种担当，那种吃苦耐劳，那种无私奉献，都来自一种信念，即为本民族的后代甘愿奉献。

三、本书的主要特色

本书再现了我国少数民族悠久、灿烂的历史文化，例如傣族的寺庙教育、达斡尔族的曲棍球文化、藏族的民俗文化、苗族的背牌文化、鄂伦春族的狩猎文化、彝族的毕摩文化、纳西族的东巴文化等，是一部融合了少数民族教育、历史与文化的著作。

从国内外来看，尽管有不少研究少数民族教师群体的文献，但利用口述史方法研究中国多个少数民族教师，本书是第一本。本书以少数民族教师的生命故事，细致、生动地再现了中国少数民族教育现代化的历程，将以往概念化的少数民族教育还原为可见、可感的生活事实，它让我们触碰到了教育社会学的真实，丰富了教育社会学的研究方法。

由于时间关系，本书还有一些不尽如人意的地方，在此诚恳地希望读者批评指正。

2016 年 9 月

目录

西双版纳傣族、哈尼族乡村教育的开拓者

口述者：白玉明

访谈者：魏曼华[①]　谭钧林[②]

班　春[③]　崔明坤[④]

廖　君[⑤]

整理者：廖　君　魏曼华

修订者：魏曼华　王成龙[⑥]

① 魏曼华，北京师范大学教育学部副教授。

② 谭钧林，云南省景洪市教师进修学校教师。

③ 班春，云南省景洪市景哈哈尼族自治乡中心小学教师。

④ 崔明坤，北京师范大学教育学部 2012 级硕士研究生，现为美国宾夕法尼亚州立大学博士研究生。

⑤ 廖君，北京师范大学教育学部 2012 级硕士研究生，现为四川省成都市泡桐树小学（天府校区）教师。

⑥ 王成龙，北京师范大学教育学博士，国家教育行政学院培训部教师。

白玉明，男，1937年生。傣族，云南省江城县人。1958年毕业于云南省允景洪初级师范学校[①]。1958年8月，创办了云南省西双版纳州景洪县勐罕区景哈乡傣族第一所学校——景哈村小学。1964年，创办了西双版纳州勐罕区哈尼族第一所学校——拉沙小学。同年9月，调任云南省军区思茅军分区作战翻译。1965年，回到拉沙小学任教。

① 允景洪初级师范学校，前身是1936年成立的佛海县立简易师范学校，1951年更名为云南省佛海初级师范，1954年更名为云南省西双版纳初级师范学校，1956年更名为云南省允景洪初级师范学校，现为西双版纳职业技术学院。

我1937年6月2日出生。爸爸喜欢赌博，后来生病去世了。爸爸死之后，我们没有办法，只能找妈妈的亲属接济，吃了不少苦。我妈从早到晚在地里帮别人干活，我妹妹经常在家干家务活，而我经常到外面玩。家里没有饭吃，我们就吃黄瓜。一年后，妈妈帮别人舂米，每天能挣一碗米，够我们一家人吃了。后来妈妈又重新结了婚，他们的感情很好。但是因为继父带了他的子女过来，家里人更多，生活更苦了，粮食不够吃，有时吃了上顿没下顿，也没有钱用。我们每年都向人家借粮食，借10斤①，收割粮食之后要还15斤。直到我20岁，能劳动了，种了20多亩②田，粮食才基本够吃。

1945年，我8岁，开始上学，读的是私塾。3年之后老师去世了，我就没学可上了。1948年，我开始帮别人家放牛。1950年到车里县整董镇当和尚③，学习傣文④和经书⑤。缅寺⑥里面不学数学，学一些傣族文化和常用礼仪，如尊敬老人等。在寺庙里，每天早上要读两个小时的经书，该知道的如果不知道，老佛爷⑦就拿棍子打。我学习成绩好，但是学习不好的就会挨打。我读私塾时，背书背不下来也挨打。我被打了一次，是因为下课去喝水，迟到了，老师拿棍子在门口打，我就挨了这一次打。在寺庙里，早上学习两个小时之后，白天就玩耍，晚上要复习，复习两个小时佛爷早上教的内容。当时，当了两年的和尚叫小和尚，3年叫中和尚，4年叫大和尚。如果是当了6年的和尚，会念经书，年龄超过20岁就可以当佛爷了。大佛爷当老师，教和尚们学习。缅寺里没有考试，大佛爷拿

---

① 斤，质量或重量单位。1市斤合500克。

② 亩，地积单位。1市亩合666.7平方米。

③ 当和尚，按傣族风俗，一般傣族男子年少时要在缅寺当几年和尚。

④ 傣文，中国傣族的文字。有四种拼音文字，分别使用于云南不同地区。

⑤ 经书，缅寺中的经书用老傣文书写。

⑥ 缅寺，即傣族缅寺，是傣族举行宗教祭祀和僧侣诵经布道的场所。

⑦ 老佛爷，缅寺中德高望重的和尚。

来几本经书，如果和尚能读通，就说明懂了。和尚的吃住都在缅寺里面，可以回家吃饭，但是不许回家睡觉。和尚不用干活，由寨子里的老百姓供养，老百姓一早就送来一天的饭，每天都是这样。

1955年下半年，我还在当和尚的时候，组织上让我参加土改，因为家里粮食不够吃，要种地，我就没有去。1956年9月，我从寺庙出来，收了粮食之后，该还的粮食还完了，家里也够吃了，我就去读书了。

一、我的教师生涯

（一）读初级师范民族班

1956年9月，我到允景洪初级师范学校读书，上了两年民族班，学习傣文，出来之后教傣文。那时，允景洪初级师范学校有民族班和汉族班两种，民族班专门培养少数民族学生。全校有民族班2个、汉族班5个，每班40来个学生。班上男生多，女生少，我们班只有3个女生。学校不收学费，生活用品由国家供给，每学期发一双鞋子、一套衣服，但是不发给汉族学生。除了这些，民族班学生还有其他生活补贴。我们一天三顿饭都在学校吃，吃不完就给汉族学生吃。学生都住在学校里，我一个学期才花25元钱。那时也很少买文具，一碗米饭才3分钱，一碗米干[①]8分钱。

白玉明老师在家中接受魏曼华老师的访谈

① 米干，当地的一种特色小吃，一般由米磨粉制作而成。

（二）创建景哈哈尼族乡第一所学校

读了两年民族班之后，1958 年 8 月，我被分到橄榄坝[①]教书。我不是橄榄坝本地人，老家在整董乡。我们那边的姓氏主要有召姓、刀姓、白姓，姓白的最多。相对于橄榄坝，我们家乡的傣族和汉族接触多，所以我小时候就懂汉语。

当时澜沧江两岸的所有学校都统一由勐罕中心小学管理。西双版纳是 1950 年解放的。当时江那边（澜沧江北边）有三所学校，其中一所是解放前建的。景哈哈尼族乡景哈村的老百姓几乎都不会说汉语，送子女读书的意愿不强。因为我是傣族人，既会说傣语也会说汉语，所以组织上派我到景哈村创建景哈村小学[②]。1958 年 8 月，澜沧江涨水，那时没有交通工具，我就抱着根树干，顺着江水漂下来，跨过澜沧江，到了景哈村，创建当地第一所学校——景哈村小学。

我过来之前，这个地方没有学校，没有一间教室，更没有老师，很多青少年没有学上。我找到村干部，召集并发动村民修建了三间茅草房，两间做教室，一间隔成两间做男女生宿舍。当时，学生都在学校吃住，由村里安排人做饭，粮食和菜类都是村里提供的。吃得很简单，一般是村里种的瓜类、野菜等，能吃饱就不错了。

当年，学校招了 115 个学生，开设了两个班，主要教汉语文、数学和傣文三门课。只有教师有一套课本，学生没有。没有课桌椅，我们就拿木板或竹笆[③]做桌子，两根竹筒钉在一起做成凳子。由于学生多，我一个人没办法完成教学任务，就到寨子里找一个叫波罕说的来代课。波罕说老师懂傣文，还懂一点汉文，是村里文化水平最高的人。但是他不会教汉语文，只能教一、二年级的数学，超过二年级的，数学也教不了，剩下的课程只有我来完成。当时政府每个月给波罕说老师的代课金是 15 元。

景哈村小学创办两年之后，也就是 1960 年 8 月，由于创办学校比较顺利，我傣语、汉语都会，工作也比较顺利，加上老百姓很欢迎，我多次受到了勐罕中

① 橄榄坝，地名，位于澜沧江下游，是一块四五十平方千米的坝子（即小盆地），澜沧江从坝子中心穿过。在傣语中，橄榄坝叫作勐罕。

② 景哈村小学，现在改建为景哈乡小学第二教职工住宿区。原来的景哈村小学向西搬迁 50 米，与中学相邻，扩建成了有 1712 名学生和 100 多名教职工的“景洪市景哈哈尼族乡中心小学”。

③ 竹笆，把竹子破开成片，绑在一起。

心小学领导的表扬。这时，澜沧江北边的学校有困难，所以勐罕中心小学校长就把我调到了各方面条件都更好的曼听村曼听小学教民族生[①]。

一年之后，我被调到了曼达村曼达小学，只工作了3个月，又被调到曼贵村曼回小学教了一个学期。曼听小学和曼回小学都只有一个班，曼达小学有两个班。那时学校只上两门课，就是傣语文和数学，只有老师有课本，一本傣语文书，一本数学书，学生没有。老师上课时，就把傣文的声母、韵母写在黑板上，学生抄写。上数学课时，老师把书上的题目翻译成傣文，再教给学生。直到1974年左右，学生才有课本，课程也增加了体育、音乐和自然等。

学生们大多贪玩，不听话，也不好好学习。我一心一意想教好，但是学生不听话，逃学的逃学，放牛的放牛，游玩的游玩。学校规定8点上学，到点了学生还没到，老师们就到处去找，找到一个来一个，去找另一个的时候这个又跑了，我们也没有办法。学生不好好学习的原因主要有以下几个。第一，没有读书意识。这个地方以前从来没有办过学校，村里人几乎都没读过书，不知道读书是为了什么。第二，学生玩习惯了。当时周边都是原始森林，原生态的东西很多，他们每天上山摘果子、打小鸟、抓鱼摸虾、放牛放羊，在村寨里一起玩，等等。第三，当时是合作社时代，每家每户都靠劳动挣工分[②]吃饭，孩子到了十一二岁就可以到村里放牛放羊挣工分。第四，语言障碍。民族学生大多认为数学是最好学的，汉语文很难学。上学以前，学生在家都是说傣语，上学后开始接触汉语，语言障碍很大，同时觉得做作业、背诵课文很累，不好玩，学生学不进去。数学都是计算，比较容易。傣语文也好学。每学期统考基本是数学好一点，汉语文很差。学生一般在小学低学段时数学比较好，到了高学段成绩很快就下降了，而语文成绩则提高。随着学段提高，学生的语言表达能力越来越强。我小孙女就是这样。现在民族学生的汉语环境好多了，见多识广，学习成绩就上来了。第五，早婚。傣族的学生读书还可以，但是到了五六年级就不想读书了。有的女孩到十五六岁就结婚了，小的甚至14岁就结婚。那时，村里人也不管国家的婚姻政策，只要双方同意，结婚时杀一只鸡到女方家办一场

① 民族生，这里主要是傣族学生。

② 工分，报酬计量单位，是农业生产合作社、人民公社计算社员工作量和劳动报酬的单位。

宴席，村长宣布结婚就算结婚了。一般都没有结婚证，但婚后新郎必须根据事先约定，在女方父母家劳动两三年，这也叫“上门”。如果女方家比较穷，那新郎在女方家的时间会更长；如果女方家比男方家富有，那新郎在女方家的时间会短一些。从女方家出来后，家可以安在男方家，也可以单独分出去成立一个新家庭，村寨里会分土地给他们。

曼听小学的学生爱玩，有时上课一个学生都没有，老师没有办法，组织上就把我调过去管理学校。我去了之后情况有所好转。

曼达小学有两个班，有一个班没有老师，组织上就调我到那里工作，后来这个班的学生差不多跑完了①，就把两个班合并成为复式班②。后来又把我调到曼贵村曼回小学，这里的学生也跑得差不多了，没学生教了。那时正是三年困难时期（1960—1962 年），我们教师一个人一天只有一斤谷子，大概 6 两③米。我那时有 26 斤大米，还不够吃就到粮管所去买。有时拿不到 26 斤大米，只好拿芭蕉和着吃才能吃饱。老百姓不够吃，就到山上挖山药当饭吃。我们这边自然条件比较优越，山上野生动植物多，其实没怎么挨饿。

（三）回允景洪初级师范学校进修

1962 年 9 月，我回母校允景洪初级师范学校进修，读了一年制的“民族师资轮训班”，专门学习汉语。班上 30 多人，只有 5 名女生。班里年纪最大的二十七八岁，和我同岁的也有，比我小的也有。大家的汉语基础都不太好。办板报时，老师出稿子，让我们在黑板上抄稿子。有的同学抄不下来板报，不想去写，老师就叫我去写，但是我也是写写擦擦。我们的数学是汉族老师教的，老师用傣文写，写得相当好。毕业之后，除了我，大部分同学被分配到勐腊、勐海、景洪等地工作，我与有的同学十几年没见过面。

---

① 跑完了，指很多学生辍学。

② 复式班，即复式教学，把两个或两个以上年级的学生编成一个班，由一位教师用不同的教材，在同一节课里对不同年级的学生进行教学的组织形式。教师给一个年级讲课，让其他年级学生做作业或复习，并交替进行。目前，在人口居住分散、交通不便的山区、牧区和农村仍然有学校采用复式教学。

③ 两，质量或重量单位。市制 10 市两等于 1 市斤，1 两合 50 克。

1962年大勐龙[①]那边抓住了几个土匪，他们杀了不少解放军战士。那时，有一个叫杨忠诚的人经常与土匪勾结。有一天，杨忠诚从大勐龙的中缅边界跑到缅甸，从缅甸带了很多土匪来到大勐龙的中缅边界与解放军作战。当时解放军的一个连与他们作战，死了不少人，对方也死了不少人。杨忠诚和几个土匪被解放军抓住后，被当场枪毙。自治州公安局叫我到大勐龙做了15天的图片展览的傣语翻译。

1963年9月毕业之后，我就到勐罕镇中心小学工作了。学校有7个班，我教三年级，班里只有6个学生。一个学期之后，组织上派我去哈尼族山上办学校。

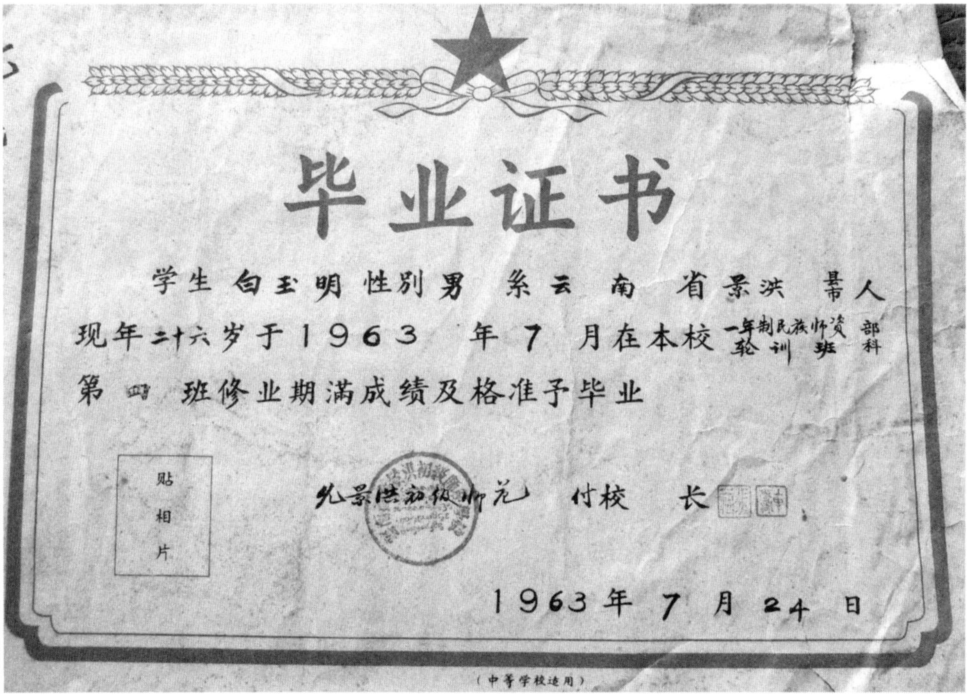
毕业证书

学生白玉明性别男系云南省景洪县人
现年二十六岁于1963年7月在本校一年制民族师资轮训班部科
第四班修业期满成绩及格准予毕业

贴相片

付校长

1963年7月24日

（中等学校适用）

白玉明老师的民族师资轮训班毕业证书

（四）创办拉沙小学

1964年2月，组织上派我到哈尼族山上去开办学校。从勐罕到景哈哈尼族山上需要6个小时，那个地方没有学校，就让我到那边开办学校。党指向哪里，我就

① 大勐龙，地名，位于景洪市西南，与缅甸接壤。

奔向哪里。最开始去曼么怀村[①]建学校，盖房子，做桌子和椅子。我教一个班，没有书本。学校刚建好，9月，我就被调到云南省军区思茅军分区独立四大队去做作战翻译。1965年5月，我从部队回来，回到拉沙小学工作将近一年后，又被借调到西双版纳报社工作。

在拉沙小学期间，我晚上跟民兵站岗，白天跟老百姓吹吹玩玩[②]。那时整个西双版纳没有寒暑假，只有农忙假。农民种田要放假，农民收割也要放假，基本上是一个月的假期。放假之后，我和老百姓一起种地、收割。路不好，我就和他们一起修路。拉沙的老百姓最喜欢我了，和他们一起站岗，有什么消息，有什么新闻，我都给他们读。他们不让我调回家，想让我老伴到山上来，包我们吃住，但是我老伴不愿意离开家乡，就没有跟我去。直到1971年，我在山区大概待了7年。

1967年2月，我又回到拉沙小学，招收了一个班的学生。学校没有别的老师，我就到寨子里去找我原来教过的一个学生——结龙，让他来当民办教师。他才学了两三年，懂得几个字，也会一些拼音。他边学边教，不懂的就由我教。这也是没办法的事，寨子里没有有文化的人。直到1971年，拉沙小学就只有我们两名老师。

1967年正是“文化大革命”期间，学校像是一盘散沙，学生拿老师当靶子打，有的老师被打坏了。老师也不可能坐下来好好地教书了，思想很乱，也没有人管。

1971年，全县老师到允景洪小学开会。领导说：“白玉明结婚10年还在外面，还没调下来，应该调下来了。10年了，你们在搞什么？”这才把我调回来，这时我们夫妻结婚之后分居已经10年了。澜沧江把勐罕中心校和4个校点[③]分开了。我调回来以后，勐罕中心校校长就让我来管江这边的4个校点。学校没有桌子，我们就自己动手，把树锯下来做桌子、凳子。开学之后，我教副科，包括政治、自然和体育。我每个星期六都把老师们集中过来开会，给他们讲一讲国家大事，探讨教学中的困难和问题。除了这些，我每个月还去别的教学点指导教学。一般来说，一个校点只有一名老师。但是我们这个校点有4名老师，3个班，随

---

① 曼么怀村，隶属于景哈哈尼族乡，属于山区。这个学校靠近缅甸，现在已被撤消。

② 吹吹玩玩，方言，指随意聊天和娱乐休闲。这里指与当地百姓同甘共苦。

③ 校点，即教学点，在一些边远或农村地区，因生源、师资等造成学校开班不足，通常只有低年级，或者缺少某一个或两个年级，这类学校被称为教学点。

后增加到5个班和7名老师。校点在寨子里，最开始都是民办老师。“文化大革命”结束之后，大概是1976—1978年，每个学校才开始有公办老师。公办老师大部分是汉族老师，教汉语。我用汉语教学，学生听不懂就用傣文解释。老师有刀琼、贺春元、顾云霞、波罕说和我5人。那时候县教育局局长是陈子恒，他发现我们学校自力更生、艰苦办学做得好，就在全县宣传，让其他学校的负责人到我们学校学习。

1974年我们学校设立了小学附设初中班，学生半农半读[①]。那时学生没有课本，只有教师有一套教科书。我负责初中班，初中班一共招收了40多个学生。我们盖了房子，学生住在学校里面。我就负责照顾学生的吃住、思想、学习等各方面。江那边有3个附设初中班，他们毕业考试的成绩没有我这个班的好。他们3个班的总录取人数还没有我们班的多，我们班40多个学生录取了20多个，他们3个班总共录取了16个。他们的学生很多跑了，不愿意读书。1971年到1984年，我一直在景哈这边的学校做负责人。

在做校点负责人时，我感到老师之间一定要搞好团结。我们老师之间从来没有吵过架，没有纠纷。作为一个负责人，要给别人发言的权利，要耐心地听取意见。每个礼拜开会时，老师们有什么想不通的可以提出来，有什么不对，有什么不好，对我有什么意见，可以大胆提出来，打开天窗说亮话，不要闷在心里面。老师们不对，我也会批评；如果我有不对的地方，他们也可以批评我，互相取长补短。逢年过节，老师也一起吃吃玩玩。为了教育事业，我觉得不能斤斤计较。此外，老师和学生一定要搞好团结，不管是大事小事，不要互相吵闹。

（五）帮生产队算账

不管是在山上还是在坝子[②]，大家用得着我，我就尽力而为。我在坝子，每年参加生产队的账目清理，分配、分红，核算每家每户该得多少工分，该得多少钱，该补多少钱。那时我懂一点算盘，有时也拿毛笔算。

在山上工作时，有时我自己到山上找野菜吃，老百姓不种菜。他们上山打猎，

---

① 半农半读（半工半读），1964—1965年，教育部批准国家各部委在其直属大型厂矿企业设立半工半读学校，在农场和农村，这被称为“半农半读”，即一边学习，一边生产。

② 坝子，指自然条件较好的低平地带，此处指傣族聚居地。

不管是打得马鹿还是野鸡，都会给我分一点。打得大一点的就给我分一斤，小一点的就分我五六两。生产队在山上堆了很多辣椒，大家说：“老师来分，我们不会分，一个工分该得多少，你来分。”我也不称，大概估计一下，最后剩下一斤八两。大家都说“你怎么估得这么准！”第二次再分，还是我来估，相差不大。不管是杀一头猪还是杀一头牛，村民都叫我过秤、叫我分。我也可以买，猪肉5角钱1斤，牛肉4角钱1斤。他们相信我，我也相信他们。我参与生产队的分配，不让村民吃亏。一般情况下，生产队会留下3%或2%，剩余的按照工分分配。

我和老百姓关系好，待的时间越长，和村民的感情越深。那时放农忙假，我从来不回家，跟大家一起劳动，他们吃什么我就吃什么，他们住在哪里我就住哪里。生产队在山上盖了一间房子，我和村民同吃、同住、同劳动。星期天，我去把路上的草砍掉，方便大家走路。有人说：“老师，你闲着不行吗？还帮我们砍草。”我说：“我闲不住，帮大家做点事，我高兴啊！”从山上调回来时，他们不舍得我走，我是偷着跑回来的。那时，如果老师和村民关系不好，他们就会把老师撵走。我在山上给生产队分东西，到坝区之后，每年也都这样做，直到1983年，这里实行包产到户，就不用分了。

二、我的汉语学习与翻译工作

（一）汉语学习经历

1958年工作之后，我教傣族学生傣文。1971年我负责景哈的4个校点，每个学期都要求用汉语写总结，我只在允景洪初级师范学校学了一年汉语，写不了总结，不学汉语不行了。我就拿字典当老师，自己翻，自己拼读。这个字怎么样，看看拼音，又读，又看，又练。如果不明白怎么用汉语表达或者不会写字，就自己查字典。后来进行汉语教学，我边教边学，一直到退休都在学习汉语。学了三五年我才逐渐开始写东西，如写信。写信写到中间遇到不会写的字，又翻字典。现在我的阅读基本没有问题，报纸这些都可以读。跟我一期的同学，汉语都没我学得好。有些民族教师连汉文名字都写不下来，有的慢慢地能写几个字，只能教数学，汉语文能马马虎虎教一点一年级拼音，二年级就教不了了。我一边教一边学，还可以承担一些四、五年级的汉语文和数学教学。到了初中阶段，我也教不了了。

1973年，学校开始用汉语教学，学生听不懂就用傣文翻译之后再教学。“文化大革命”以前，没有汉文课，都是用傣文教学，老傣文和新傣文我都懂，会读、会写、会用。“文化大革命”中期，没有课本，就拿毛主席语录教，就用汉文教了。学生学习汉语的困难在于他们不懂汉语，那时和汉族人接触不多。20世纪70年代，知青①来之后，说汉语的就多起来了。他们大部分在农场里面，他们起的作用太大了！他们不会说民族语言，在课堂上只能说汉语。他们逐渐和寨子里的人有些接触，如买菜等。接触多了之后，年龄差不多的就认成老根②，相互来往，互相交流，傣族人逐渐开始懂汉语了。现在学习汉语的环境好多了，音乐、电视、电影等的普及有促进作用，寨子里的人和农场的人可以通婚，大家走得更近了。不通婚的时候，寨子里的老师以傣族老师为主，汉族老师很少，一个学校大概也就一两名汉族老师。

我当校点负责人的时候，老师中有个上海知青，是公办教师。有一次，她回上海探亲，我托她给我的大姑娘买过一块手表。1979年她返回上海了，走的时候，我们请她吃了一顿饭。她不想走，我们也舍不得她走。那时因为教师不够，全是招收知识青年，北京、上海、昆明等地的知青都有当老师的，但最后他们都走了。

汉族老师在读师范的时候要学习傣文，大部分老师都懂傣文，有的汉族老师写傣文比傣族人写得好。原来中央民族学院有一个民族班，我们在景洪读书的时候，民族班还下来实习过。汉族老师是逐步多起来的，但是现在汉族老师懂傣文的很少了。现在景洪市的学校从一年级开始基本上都是汉语教学，只有几个班在做傣、汉双语教学的试点。以前没有统考，现在有统考，统考都是汉语的。自从师范院校毕业不包分配③之后，教师就是凡进必考。本地人不爱读书，到了初中以上的就不想读书，回家干活去了，因此报考师范的少，报考的基本上是外地人。

---

① 知青，“文化大革命”期间，毛泽东发出“知识青年到农村去，接受贫下中农的再教育，很有必要”的指示。为此，政府组织大量城市知识青年离开城市，到农村参加农业生产劳动，被称为“知识青年上山下乡”，这些下乡的知识青年被称为“知青”。

② 老根，傣族方言，指关系亲近的同龄人。

③ 包分配，在计划经济时期，大学或中专毕业生就业按国家下拨的计划指标进行统一安排。1996年人事部颁发《国家不包分配大专以上毕业生择业暂行办法》。自此，大学生毕业不包分配制度正式施行。

现在本地的民族老师很少，中学的民族老师更少。

1980年以前，整个寨子里只有几个读中等师范学校的，没有一个考上高中、大学的。我们这里的学生很少读高中，更愿意读中等师范，因为读几年就可以出来工作了。1990年以后，这里才有几个高中生。现在我的学生还会说："对不起老师啦！原来老师一心想把我们培养成人，但是我们不听话。现在我们后悔了。"

（二）从事民族语言翻译

1964年，我刚到哈尼族地区创办拉沙小学，东南亚四国——泰国、缅甸、老挝、越南就局势紧张[①]了，云南省军区思茅军分区就到云南各地征兵，我被招到思茅军分区独立四大队做作战翻译。1964年9月25日下午6点，部队命令我一个人从拉沙坐船到思茅，当时不通公路，只能坐船。船是第二天早上走，我连夜赶路6个小时，才坐船到了景洪。从景洪到思茅军分区以后，又马不停蹄赶路10公里到独立四大队。

我的主要工作是把汉语作战常用语的教材翻译成泰语和傣语，并把这些内容教给新兵。我在一连，每个连里有一个汉语翻译官和一个民族语翻译官。我们4个连，4个地方的翻译、4个部队的翻译。我是民族语翻译官，教民族班；汉语翻译官是部队里调来的，教汉族班。那时少数民族士兵[②]不会说汉语，需要把汉语翻译成民族语，教新兵学，就让我翻译。我把汉语的作战计划翻译成民族语，教少数民族士兵。早上上课之前，通讯员用甘草片泡茶给我们喝。早上上课，下午复习。排长当班长，班长当学习小组长。我们翻译官要去学习小组看看他们有哪些地方不懂。士兵提问，我们教员要解答。

6个月之后，就进行泰语教学，我不懂泰语，就边学边教。因为东南亚局势紧张，所以战士每天都学习，我们要把作战的东西全部都教给他们。如怎么问路，抓住俘虏怎么讯问，左边有什么大炮，右边有什么大炮，翻过山去有什么路，是走小路还是走大路，进到寨子里也要问这样问那样。部队给我发了一套军装，我

① 局势紧张，主要指东南亚几国的局势紧张。1962年，缅甸发生第二次军事政变。1964年，泰国与柬埔寨发生边境纠纷。1964年1月，越南发生军事政变。1964年，老挝发生军事政变。1964年至1973年，老挝的战争持续不断。

② 当时士兵都是在西双版纳三个县（勐腊、勐海和景洪）招的，只招少数民族，没有汉族。

基本上算是排级干部，每月工资 64 元，地方给 36.5 元，不够就找部队补；粮食 32 斤，不够也找部队补[①]。我在思茅军分区待了 9 个月，东南亚局势缓和了，不打仗了，部队撤退，就叫我到昆明步兵学校学习一年。但是那时我已经有了一个孩子，考虑到这点我就要求回家工作，另一个翻译回部队了。

1966 年 6 月，每个县要派一个教师去西双版纳报社工作，当时景洪县有 380 多个教师，就让我去报社。我到报社之后，负责监督傣文排版、校对，核对传真等，一共工作了 9 个月。

我去报社的时候，正值“文化大革命”，拉沙小学都停课了，其他学校也一样，所有老师都集中在西双版纳军分区搞“文化大革命”。回到拉沙小学之后，学校已经停课差不多两个学期了，教师也不教学，有的被抓走，有的被拘留。我从报社回来之后，学校基本上都复课了。

（三）担任扫盲[②]专干

1984 年开始，领导让我负责江这边的扫盲工作，我当了扫盲专干。我到各个村寨去开会，发动群众。我说：“现在我们寨子要成立扫盲班，愿意读的报名。”报名后，统计有多少人，要找老师来教。白天劳动，晚上教一两个小时。山上主要是哈尼族人，他们不懂汉语，老师就教汉文；坝区是傣族人聚居地，老师就教傣文。扫盲工作要求两年脱盲，教育局出考题，直接考试，学傣文的考傣文，学汉文的考汉文。如果达到了会读、会写、会用，就基本上是脱盲了。我发动群众之后，有些愿意学的找不着老师。我又去动员当时在村里的教师。扫盲的年龄标准是 12—45 岁，但是我教的学生主要是 15 岁到 25 岁的，年龄再大的就不愿意

---

① 工资和补贴等前后有差异，口述者口述如此。

② 扫盲，指扫除文盲。1953 年 11 月 24 日，中华人民共和国政务院扫除文盲工作委员会发出《关于扫盲标准、扫盲毕业考试等暂行办法的通知》，规定不识字或识字数在 500 字以下者为文盲，识 500 字以上而未达到扫盲标准者为半文盲。扫除文盲的标准是干部和工人识 2000 常用字，能阅读通俗书报，能写 200 ~ 300 字的应用短文；农民识 1000 常用字，大体上能阅读通俗的书报，能写农村中常用的便条、收据等；城市其他劳动人民识 1500 常用字，阅读、写作能力分别参照工人、农民的标准。1956 年，中共中央、国务院发布的《关于扫除文盲的决定》对工人的识字标准仍要求为 2000 字左右；对农民的扫盲标准规定为大约识 1500 字，能大体上看懂浅近通俗的报刊，能记简单的账，写简单的便条，并且会简单的珠算。1978 年国务院发布的《关于扫除文盲的指示》，重申了上述规定的扫盲标准。

来了。我做扫盲专干一直到退休。

1988 年 8 月，我工龄满 30 年，年龄满 50 岁，就算所谓的“三五干部”，可以退休了。我打报告到县里申请退休。县领导说：“满了满了，你到 8 月份就满了。30 年了，你辛辛苦苦做了这么多年工作，对不起你。现在正在涨工资，你退休就不会给你涨，延长一个学期再退休吧。”就这样，1989 年 1 月份才批准我退休。

三、我的家庭

（一）我的父母和弟妹

我父母总共生了 9 个孩子，存活的只有 3 个：我是老二，还有一个弟弟和一个妹妹。现在父母已经去世，妹妹也去世了，弟弟还在。

1980 年 6 月，我父亲[①] 在老家江城病重。弟弟妹妹打电话来，让我回家看看。但当时我负责 4 个校点，工作很忙，没有老师来顶替我的工作，学生没人管不行。我想，父亲去世的话，还有弟弟妹妹和其他亲友可以操办丧事。没想到 3 个月以后，我母亲也去世了，我都没见到他们的最后一面。当时因为没办法丢开学生，所以没有回家，等到后来放假才回去的。此时，两个老人都已经入土了。丧事是我弟、我妹、妹夫和亲友办的。他们埋怨我，我说：“我也没有办法，把学生丢下跑回来，学生也就跑了。应该以工作为重，回来也只能见一面。”他们没说什么，就叫我去看看坟墓。

我 13 岁的时候，被父母送到缅寺当了和尚。我们家乡有个风俗，男孩子 8 岁到 12 岁期间，愿意到寺庙当和尚就去，不愿意去就在家里放牛。女的就在家里做家务。我 1958 年收学生的时候，还有好几个当过和尚的来读书。那时有学校也有寺庙，小孩子还是喜欢来学校。小和尚上学之后，白天在学校，晚上要回缅寺住。因为学校里孩子多，可以一起玩闹、打球等。而在缅寺里，人少，没有什么玩的。1958 年搞人民公社，缅寺垮了。到 1959 年底，和尚还俗，缅寺基本上都不在了。1971 年我发动老师造桌子，缅寺里面大的柱子没人要了，我们就

---

① 父亲，白玉明的亲生父亲早亡，此处是指继父。

用来锯成板，做了桌子。我们早上教书，下午做桌子。4 个班的桌凳，除去要来的 30 套，其他的都是我们自己做的。

我现在就只剩一个弟弟了。弟弟在县上工作，原来是纪委书记，现在有高血压和心脏病，病休在家。他 18 岁就当兵去了，在部队当了 6 年兵之后，想回来赡养父母。部队不想放他走，两次派人来家里了解情况。的确跟他说的一样，两老在家，没人赡养，就让他转业了。回来之后，江城县安排他做一个单位的团支部书记。他不愿意，一心想在家赡养父母。一年之后，江城县整董乡有个连在我们那里训练民兵，民兵不懂口令，不懂队列，就让我弟来教。县里发现他是个人才，就让他当整董乡的乡长，他从乡长做到了书记，最后做到了县里的纪委书记。当了纪委书记就辛苦得多，他有心脏病、高血压，所以几年前他要求退下来，上级也批准他病休。

我坐车回整董需要 6 个小时。以前父母在的时候，我基本上是两三年回去一次。现在还有弟弟在那里，我一般是一两年回去一次，最多不超过 3 年。

（二）我的老伴和孩子

我 1961 年结婚，当时我 24 岁，爱人 18 岁。结婚之后我们就两地分居，直到 1971 年我才调回村寨教书。我有 3 个女儿和 1 个儿子。儿女小的时候，我经常不回家，晚上有时也住学校。为了教好书，我到处翻资料，把课理顺后，有时十一二点，甚至半夜两点才回家，早上 7 点钟就要到学校。我基本顾不上孩子，都是老伴和老师管。好在孩子们对我没有意见，那时候只要有吃有穿就可以了。

白玉明老师夫妇在家中（2014 年 4 月）

我的大女儿是1963年出生的，老二是1970年的，老三是1973年的。大女儿在我教的学校上学，小学毕业差5分未考上初中，后来初中降低5分，她也不愿意去了，就结婚成家了。儿子读了3年就退学，到生产队放牛了。最小的女儿在村小读了4年之后，又到中心校读了两年，没有考初中。现在我的大姑娘都不会写字，小姑娘是看得懂但写不成，儿子现在在外面，也是看得懂不会写，和村里的孩子都差不多。我一心扑在学校了，我调回来之后，骂孩子也不行，怕他们想不开跑了。现在，儿女们早已经成家立业。我从教30年，因为把所有的心思都放在了学生身上，也喜欢为老百姓服务，所以基本上是没有管家庭的，几个孩子的教育和生活问题都丢给了我老伴。

我拿36.5元工资的时候，每年要买1000多斤的粮食。我老伴在生产队[①]里劳动，挣不到什么工分，粮食没有钱也没有，有时还要倒贴。生产队每年分600多斤谷子，不够吃还得买。我是半天教学，半天劳动，也到山上种谷子，以此维持生活，再苦也得把孩子养活了。改革开放好，早一点改革开放就更好了。

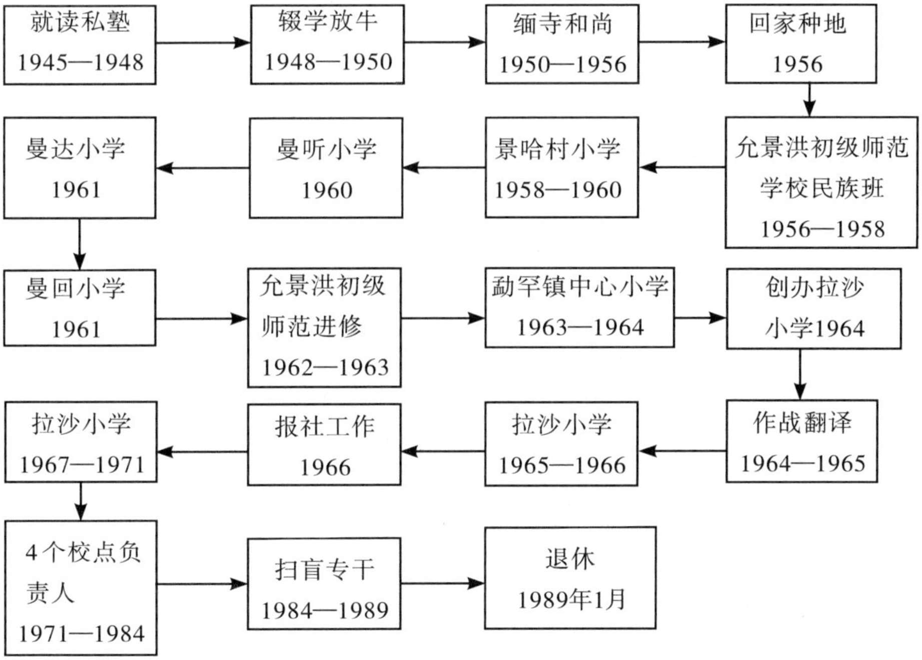

白玉明老师的工作轨迹图

---

① 生产队，指中国社会主义农业经济中的一种组织形式，具体存在的时间为1958年至1984年。20世纪80年代实行家庭联产承包责任制以后，生产队随之解体。

现在，我、老伴和小孙女一起住。老伴是这个寨子的傣族人，她从小到大都在这个寨子里，祖祖辈辈都在这里。老伴这几年经常到寨子里买菜，接触的汉族人多，现在会说一些汉语了，原来一句都不会说。

1958年我刚工作的时候，每个月有26块钱工资和26斤大米，一年之后工资调到32.5元，在部队时是36.5元，直到退休才203元，现在（2014年）是3050元，我已经很满足了。我退休20多年了。2006年，我出去旅游了一趟，先畅游长江，又到南京、苏州、上海、北京、成都等玩了一圈，一共20多天，玩得特别高兴。我感到我的一生都很光荣。

访谈后记

2014 年 4 月，北京师范大学魏曼华老师、研究生崔明坤和廖君到云南省景洪市进行“移动教育资源与培训中心”项目调研。4 月 21 日，他们与景洪市教师进修学校教师谭钧林和景洪市景哈哈尼族乡中心小学教师班春来到白玉明老师家中，对他进行了一天的访谈。之后，谭钧林老师又于 2015 年 3 月和 2016 年 7 月分两次对白老师进行了补充访谈。访谈用语为汉语。

白玉明老师是西双版纳州澜沧江畔傣族、哈尼族乡村教育的开拓者，他创办了景哈乡傣族第一所学校——景哈村小学和哈尼族山上哈尼族第一所学校——拉沙小学。白玉明老师先后担任四个教学点的负责人，为了学生和学校的工作，他常年住在哈尼族山上的学校里，和家人两地分居多年，把他的一生都献给了傣族、哈尼族的乡村教育。除了儿童教育，他还做了五年的扫盲专干，致力于少数民族地区的成人扫盲教育。除了学校的工作，他还利用业余时间帮助村民种地、收割，帮助生产队算账、修路，受到了村民的欢迎和高度认可。

白玉明老师傣语、哈尼语、汉语均通，是当地难得的人才。也因此，他曾担任思茅军分区作战翻译，报社傣文排版、校对工作。

在温馨愉快的氛围中，白玉明老师云淡风轻地诉说着过去的种种艰辛。在白老师看来，教育的意义在于取得学生、家长的喜欢和信任，在于学生有更好的前程，自己的价值是和人民同甘共苦，为乡村教育做奉献。我们感到，白玉明老师是无私无悔奉献于少数民族乡村教育的典型代表。

本文整理完成之后，经过了口述者本人的修改和审定。

访谈者与白玉明老师合影

（前排左起依次是班春、谭钧林、白玉明夫妇；后排左起依次是崔明坤、魏曼华、廖君）

莫力达瓦达斡尔族教育的守护者

口述者：敖好章
访谈者：敖俊梅[①]
整理者：敖俊梅
修订者：魏曼华[②]　王成龙[③]

① 敖俊梅，达斡尔族，中央民族大学教育学院讲师。
② 魏曼华，北京师范大学教育学部副教授。
③ 王成龙，北京师范大学教育学博士，国家教育行政学院培训部教师。

敖好章，男，1947年生。达斡尔族，内蒙古自治区呼伦贝尔市莫力达瓦达斡尔族自治旗[①]阿尔拉镇哈里村人。1972年毕业于大兴安岭师范学校。先后在莫力达瓦达斡尔族自治旗阿尔拉中学、库如奇中心校、旗教育局、阿尔拉镇政府、达斡尔中学、旗民政局工作等。2002年从旗民政局退休。

---

① 莫力达瓦达斡尔族自治旗，1958年成立，归内蒙古呼伦贝尔盟管辖；1969年4月划归黑龙江省大兴安岭地区；1979年7月划归内蒙古自治区至今。

一、孜孜不倦的求学者

（一）不能做睁眼瞎

严格来说，我算是我们家族中第一个读书多的人。我出生于普通的达斡尔族农民家庭，我是老大。因家里人口多，家境并不是很好。除了我们家的 5 个孩子，我家还要抚养小爷爷的 5 个孩子。小爷爷就是我爷爷的亲弟弟。达斡尔族很注重亲情，以前有一个传统，如果亲戚当中有孩子失去父母，其他亲属就会毫无怨言地承担抚养他们的责任，不论近亲还是远亲。我小爷爷去世后，我爷爷就把他的孩子接过来一起抚养。据我所知，我的长辈中没有读书很多的人，只有父亲在伪满①时期读到小学毕业。

我读了 11 年书，从小学一年级到高中二年级。之所以能读书，主要是赶上了好时代，新中国成立后，上学比以前相对容易多了。虽然家境不太好，但家里非常支持我上学，特别是爷爷和姥爷。达斡尔族非常重视教育，特别是孩子的教育，不分男孩和女孩。例如我岳父家 8 个孩子，大女儿读到大学毕业，由于当时家里的经济条件有限，其余的孩子都没有这么幸运。她后来成为内蒙古医院妇科很有声望的大夫，多次参加内蒙古赴非洲医疗队，到过卢旺达、摩洛哥等国家。因为我爷爷，我才能读完高中，但在特别困难时期也差点辍学，当时有很多同学辍学。爷爷不只是经常鼓励我好好读书，长大成为有用的人，并不顾年纪大，通过挖草药、打羊草②增加收入补贴家用，为我上学创造条件。

至今我还记得爷爷对我说的一件事。当时我们村后街的老苏家子女多，有好几个孩子读书毕业后参加了工作，有的当干部，有的当教师，还有一个在通辽师范学校读书。这家人在我们村里非常红火，大家都非常羡慕他们。当时，我爷

① 伪满，即伪满洲国，1932 年日本侵略者扶植清朝末代皇帝溥仪在我国东北地区建立的傀儡伪政权，1945 年随着抗日战争胜利而覆灭。

② 打羊草，为牲畜准备冬天的草料，当地称之为打羊草。

爷满怀期望地对我说："孩子，你长大了能否像老苏家孩子那样有出息？"这句话深深地铭记在我的内心深处。从此以后，我在学习上努力上进，克服重重困难坚持下来了。我姥爷读过几年私塾，既懂满文又懂汉文。他经常跟我说："孩子，要好好读书，不然长大是个睁眼瞎。"我永远忘不了爷爷和姥爷说过的话。上学的时候，我就想家里上辈人没有机会读书，自己赶上好时代一定要好好读书。当时就是这种想法。懂事后，我又多了另一种考虑——如果不读书眼界就会比别人狭窄，做事能力会比别人低，希望通过读书找到改善家里生活条件的途径。

（二）同学的热情帮助

1961年在阿尔拉完全小学①毕业，我以全旗第八名的成绩考进尼尔基中学（现为尼尔基第一中学）读初中。从阿尔拉完全小学考上初中的人很多，但那时候年龄限制得很严，年满16周岁的不让参加考试，我班有几个因超过规定的年龄，没能上初中，抱憾终身。那时候很苦，正好赶上三年困难时期，学校伙食不好，在学校不仅吃得不好，更重要的是吃不饱。一天三顿饭，早饭不是小米粥就是玉米面糊糊，午饭是玉米楂子干饭或玉米面饼，晚饭是玉米楂子粥；副食只有菜汤、少量的咸菜、酱、葱等，分量很少，根本吃不饱。

那时家里的粮食也不够吃，根本没有接济我的能力。当时有很多同学因吃不饱纷纷退学，我家里得知这个情况后，把家里仅有的粮食（主要是玉米）省出来，炒熟后碾成炒面，托别人捎来。但炒面量也不多，别的同学都眼巴巴地看着你吃，心里也实在过意不去，没几天炒面就被大家吃完了。当时正是长身体的时候，能吃饱肚子是每个同学最大的奢望。每天到第四节课的时候，大家因肚子空空经常走神，难以维持注意听讲的状态，总是盼着下课铃响。甚至有挨着南墙座位的同学在课桌上把第四节下课铃响时太阳光照射的位置都用粉笔画上，眼巴巴地盯着太阳影子的移动。那种心情现在回想起来确实难以用语言和文字描绘出来。

当时同班有个同学叫李文玉，他是汉族人，他非常同情我的处境。看我把那点仅有的炒面分给大家，他很感动。在第一学期两个月后的某个星期六下午，他主动找到我说："第七节下课后你和鄂永明（家境更困难的一个同学）一起去我

① 阿尔拉完全小学，建于1932年，也有说是建于1933年。

家吧，虽然没有好吃的，但总能吃得饱。”听到这话我有些为难。去吧，彼此还不太熟悉，哪好意思去；不去吧，总吃不饱也难以忍受。经再三推辞，我们哥俩就跟着文玉同学去他家了。到家一看，院子里养着猪、鸡、鸭、鹅，后院栽有果树，树枝上果实累累。进到屋里，文玉妈妈正在做饭，看到我们就热情地问长问短。文玉应该已经跟家里打过招呼，所以他妈妈对我们的情况有所了解，而且能叫出我们的名字。等文玉爸爸下地回来，文玉妈妈马上摆好饭桌，把饭菜端了上来。饭是小米干饭，有炖菜，还有咸的鸡蛋、鸭蛋、鹅蛋等。

自开学后，我没有见过这么丰盛的晚饭。饭后，文玉的父母拉着我们俩的手说：“每个周末你们俩跟文玉一起回来，吃两顿饱饭。”第二天，我们吃完午饭才回去，背回了一书包玉米面饼和一瓶熟酱。这样，我们解决了吃饱的问题，就可以把心用到学习上了。文玉同学初中未毕业就退学了，我们还是每周末到文玉家连吃带拿，一直到初中毕业。升入高中后形势才有所好转，学校食堂大有改善，家里经济状况也好些了，时不时还能捎些馒头、面饼、炒面来学校，吃饭问题基本得到解决。

文玉同学虽然退学，但我们之间的来往始终未断，每当他遇到困难的时候，我总是想方设法尽力相助。至今我每次回想起那段艰难的求学经历时，心中总是充满对文玉同学及其父母的感激之情，总觉得如果不遇到他们，我一定不能坚持下来。可以说，我有今天是文玉及其家人帮助的结果。

（三）最幸运的是遇到好老师

达斡尔族有句老话，即要尊重老师，老师如同你的再生父母。一个人能够学有所成是与老师有很大关系的。能够遇到好老师，这是一辈子的幸运。我这一辈子，最幸运的是一直遇到好老师。

咱们莫力达瓦地区学校教育开始得比较早，自从阿尔拉完全小学建立到我读书，学校里既有当地的老师，也有不少外地来的老师，来自外地的老师学识一般都很好。在我读小学的时候，有很多不错的、学识高的老师，他们大部分是从扎兰屯“国高”① 毕业的。那时候的老师不错，有很强的敬业精神，认真

① 扎兰屯“国高”，伪满时期在扎兰屯建立的高中。

负责，学生也很努力学习。我们学校的学生经常在全旗考试中取得前三名的好成绩。

我读小学的时候有汉族老师上课，刚开始的时候一点也听不懂汉语，不知道老师说的是什么，但过了一段时间就懂了。老师担心我们听不懂，就特意讲得非常慢，还经常问我们听懂了没有，没听懂的人要举手。教师职业道德都特别好。恢复高考后的 1978 年，考大学的时候，就我知道的，尼尔基一中达斡尔族学生成绩比不过汉族学生，有的人认为是因为语言障碍；但我们学校的达斡尔族学生的成绩却不比汉族学生差。原因是什么？我一直在思考，但到现在也没弄得非常清楚。

我刚读初中的时候，学校老师有些是中师和专科毕业的，达斡尔族老师也不少，但学历不高，其中只有两位物理老师是从内蒙古师范大学毕业的。后来大学毕业生来得多了，学历不达标的老师都被调走了。那时大学毕业生来了很多，有 20 多人，都是立志到边疆最艰苦地方来工作的，就是支边[①]的。他们都来自内地，有江苏、湖北、四川和北京等地方的，基本上都毕业于有名的大学，如北京师范大学、四川大学等。这些老师当中，我印象最深的是曹年福和白音两位老师。

对我来说，能够受教于他们，我受益终身。曹老师的优点在于思想工作方法和教育方法好。他教导同学的时候从来不大声说话，而是慢声细语地讲道理。当时我学习成绩很好，但我没有交过入团申请书，因为看不惯有些人入团前积极，入团后消极，我不愿和他们为伍。曹老师就经常同我交流。白音老师的优点在于教学方法。白老师是数学老师，讲课很好。他不仅数学好，文科也好，特别是哲学。他从来不讲书中例题的解法，而是讲别的解法。他讲完后，再让你看书中的例题，进行对比，看哪个方法好、哪个方法不好，让你自己体会，学会如何分析例题，掌握技巧。等到学期末，他就归纳数学知识点（如定理），总结应用这些知识解题的步骤和环节。

可以说，我们通过老师的讲解学到了知识，增加了学识。更为重要的是，我们从老师的为人、做事、言谈举止中，学会了如何做人、怎样做人、做什么样的

① 支边，即支援边疆建设。20 世纪 60 年代，为促进边疆少数民族地区发展，国家动员内地一批青年支援边疆建设。

人，如何正确对待国家、集体和个人三者之间的关系。尤其是从曹年福、白音两位老师身上，我看到了人格的魅力，受到的教育影响了我一辈子，让我受益一辈子。因此，我把教过我的老师永远记在心中，永远感谢他们对我的教导。

（四）就读大兴安岭师范学校

1966 年高二下学期的时候，“文化大革命”开始了。当年 7 月份，白音老师首先被抄家和批斗。他是北京人，因被打成“右派”被下放到莫旗。他对我们很用心，记得所有的学生。因为是“右派”，他不能担任班主任，只能做副班主任。我们班同学曾和他说：“（老师）您被打成‘右派’是您的不幸，但（这）是莫旗的幸运，也是学生们的幸运。”当时一些学生去白音老师家里抄家，但我们班同学都没有去，我们也从来不贴他的“大字报”①。我们尊敬和感激他，他也对我们有特殊的感情。他曾经和我说：“像你们这样的学生，这么实在，很难得啊！”当时学校里已经没办法继续上课了，老师和学生们都被卷入“文化大革命”斗争中了。旗里“文化大革命”中形成两派，一个是保守派，叫“一二九”；另一个是造反派，叫“井冈山”。我当时属于保守派。后来，旗“革委会”②专案组要抽几个笔杆子写东西，我被抽调到那儿做文书工作。但我对“文化大革命”中这些做法很反感，不想干。正好赶上两派争权中“井冈山”派占了上风，我就在 1968 年 8 月回到哈里③老家，在生产队干了三年，从事劳动生产，如放木排、做木匠活儿。我刚回到家没几天，阿尔拉公社工宣队④就成立专案组，他们找我去做秘书，找到家里两次。为了躲避这事儿，我只好去放木排。放木排是很危险的活儿，爷爷不愿意让我去。我对爷爷说：“如果我不去，我能逃脱这些纠缠吗？你看这些人都到家里来好几次了。”

1971 年，黑龙江省大兴安岭师范学校招生，我抱着试试看的想法报名了。体检之后，我遇到一位亲戚也是父亲的好朋友，他在我上中学的时候不时地资助

---

①“大字报”，是张贴于墙壁的大字书写的墙报，始于 1957 年反右派运动，盛行于“文化大革命”时期。

②“革委会”，即革命委员会，是“文化大革命”期间各级地方政权和工厂、学校、医院等机构的组织形式，简称“革委会”。

③哈里，地名，莫力达瓦达斡尔族自治旗阿尔拉镇辖下的行政村，为达斡尔族聚居村落。

④工宣队，是“文化大革命”时期“工人毛泽东思想宣传队”的简称。

敖好章老师在莫旗达斡尔学会办公室（2016 年）

我，总是给我拿 5 块、8 块钱，说是我父亲让人捎过来的，其实那时候我父亲哪有钱呢。他还以为我早在农村娶妻生子过日子了，便劝我不要去这所学校，以后也许有其他上大学的机会。那年我已经 25 岁了，我想还是去吧，岁月不等人，这也是很好的继续读书的机会。如果我那年没去大兴安岭师范学校的话，我就应该去中央民族学院，就是现在的中央民族大学。大兴安岭师范学校学制一年，我被分到理化二班，二班都是年龄大的学生。

二、乡村工作岁月

1972 年，从大兴安岭师范学校毕业后，我被分配到阿尔拉中学工作。毕业时尼尔基一中校长想要我，觉得我学生时期数理化成绩不错，但我想着自己是中专学历，留在一中不好。正好阿尔拉中学校长也想要我，我就去了阿尔拉中学，在那儿教了 4 年书。当时学生也是吃不好吃不饱，一个星期也就吃一顿馒头，菜的油水也少。学生的基础不好，小学没学好，但是他们学习劲头很足。老师们也都非常用心，备课认真，对学生要求严格。

我把以前我的老师怎么做老师、怎么与学生沟通、怎么教学，潜移默化到我的教学实践中，并力求做得更好。即使现在，我的学生们也和我联系比较密切。我在做达斡尔族学会工作时，也会经常带着他们一起做。我教的第一届学生是我在阿尔拉中学的时候，也是学得最多和成绩最好的一届。这届学生当老师的多，做行政工作的也不少，很少有回家做农活的。他们赶上的时候好，那个时候正好是邓小平第二次复出，对教育进行了调整、整顿。

但下一届就没有这一届幸运了，赶上了“批林批孔”，那时正好提倡学习黄帅[①]、张铁生[②]。老师不敢管学生，管学生多了不行，管多了就被贴“大字报”，所以，老师上完课就走，学生写没写作业也不管了。当时学校变成那样，老师心里也很难受。到1976年，库如奇[③]中心校缺老师，旗教育局局长点名让我去。我先是普通老师，后来开始任教导主任、副校长。库如奇是山区，那时与阿尔拉相比，经济条件差，教育发展慢，老师学历普遍不高。

（一）在库如奇中心校当副校长

刚去库如奇中心校的时候，这个学校连正常的教学秩序都无法保证。学校能否有好的发展，校长很重要。我和校长两个人搭班子，相互配合得很好。我们先整顿学校，保障学校教学秩序。同时，看到老师教学水平不高，学历低，多数老师是代课老师，当时上面基本没有对老师的培训，我们开始给老师补课。承担补课任务的人员从本校优秀老师中选，每周六下午补课半天。我们从学校中找两个学历高、教学好的老师来给其他老师补课。语文老师是我的小学老师，她毕业于扎兰屯女子国高；数学老师是北京知青。他们至少辅导了两年半。我还跟教学点的老师讲，如果不嫌远，他们都可以来听课的。教学点的老师也有过来听课的。

这样做的效果很显著，学生成绩很快上来了，阿尔拉中心校的成绩赶不上我们了，我们在全旗排名第二。它也给老师带来了好处，在1980年代课老师转正考试的时候，我们学校有14名老师通过考试转正了，只有极个别老师没能转正。

---

① 黄帅，1973年底，黄帅在北京市海淀区中关村第一小学上五年级。因被班主任批评，黄帅给《北京日报》写了一封信。“四人帮”指示《北京日报》将此作为头条全文转载，并让黄帅到处演讲。由此，全国各中小学掀起了“破师道尊严”“横扫资产阶级复辟势力”“批判修正主义教育路线回潮”等活动。许多学校出现教师教不了、学生学不了的混乱局面。因此，黄帅在“文化大革命”时期被称为“敢于反潮流的革命小闯将”。

② 张铁生，被称为“白卷英雄”。1973年6月，张铁生参加被推荐上大学者的统一文化考试，在物理化学考试时，他没有在考卷上答题，而是在背面写了一封信。1973年7月19日，这封信在《辽宁日报》以《一份发人深省的答卷》为题刊登。各地报刊纷纷转载，张铁生一夜之间成了勇于交“白卷”的“反潮流英雄”。

③ 库如奇，地名，莫力达瓦达斡尔族自治旗所辖行政乡。

教师知识水平提上去了，教学方法改进了，教学质量有了很大提高。

为提高老师的积极性，改变教学管理方式，我们采取了小循环式。我们把年级按照一到三年级、四到五年级分两个阶段，要求老师一直跟班，以增强老师的责任心，因为跟班可以通过上下届学生成绩的比较，了解学生的成绩变化。这具有激励老师、让老师形成竞争意识的作用。那个时候在地方没有这种激励老师的提法和做法。

当时学校教学设备很差，桌椅一般是用旗里或别的学校淘汰下来的。由于教育部门没有足够的钱，要改善学校的教学条件，如教室、桌椅板凳、各种器材等，就得多方争取资金。我们主要是从教育局、财政局争取资金，还通过学校组织各种方式的勤工俭学等来筹集资金。后一种资金主要用来购买学生图书资料。学校设置阅览室，开设阅读课，安排一到三年级学生看画报、四到五年级学生读小说。有一个老师专门负责阅读课，记录每个同学的读书情况。这钱还用来购买体育器材，如篮球、跳绳、铅球、标枪等；建立鼓乐队，每次开运动会很多老百姓聚集过来观看，让老百姓也能了解学校情况，让他们也能支持学校的工作。在达斡尔族聚居区，以前老师很受尊重，具有一定的权威，老百姓比较容易接受和认可学校的做法。老师批评学生，家长也不会找到学校来，他们觉得老师都是为了孩子好，批评得对。有时候两个孩子在学校打架，或一个孩子被另一个孩子欺负了，个别家长会到学校找另一个孩子“论一论”，从来不会指责学校或老师管理不到位。这种事基本上很少发生的。一旦有这样的情况，只要老师出面劝解、协调，家长都能够接受。

库如奇是山区，交通不便，当地少数民族很少和汉族接触。我在库如奇中心校任副校长时，发现学生汉语基础差，接受汉语学习相对慢。小学一年级上学期的语文课讲不完，汉语拼音要用 6—7 周的时间才能完成教学计划。后来经过研究，就在学校设学前班。当时没有学前班的提法，当地也没有这样的做法，这算是我们的土措施。就是在小学之前设立一个班，招收当年上学的学龄儿童，于当年 4 月份开课，学生通过这一阶段的学习，为学习拼音、算数打下些基础。这种模式的效果还是不错的。

1981 年，我调到旗教育局工作，任教育行政股长，负责小学和初中学校的管理和统计。在那儿工作的时候，我把 1946 年以后的中小学资料都整理好，基本上每年出一个统计手册；调走的时候把那些手册都留在单位，结果他们都弄丢了。

（二）在阿尔拉中学办专业班

1985 年我去了阿尔拉中学。阿尔拉中学这时候已经过了发展的辉煌时期，教学好的老师大多都调出来到尼尔基镇的中学工作。学校原来的高中班被取消了，只剩下初中班。那个时候旗里已经建立达斡尔中学，学习成绩好的小学毕业生都被选拔到达斡尔中学，上阿尔拉中学的学生都是没考上达斡尔中学的。学校老师已经有些懈怠和怨言了，他们觉得学生苗子不好，怎么教也教不好，差不多就行了。

这种想法已经明显露出苗头，针对这种情况，我做老师的思想工作，要求老师“不要以为留下的学生基础不好就降低教学要求，对于教学我们只能加强不能削弱。我们能提高（学生成绩）多少，就提高多少。学生基础不好，但我们仍然要为学生服务”。

我当时还有一个观点是，我们眼光要放得远一点，把好学生送到好学校，让他们能享受到好的教育资源，好的环境学习对学生有好处，对达斡尔族也是有好处的。考虑到学生生源变化的情况，阿尔拉中学申办了高中畜牧兽医专业班，即职业高中。从呼伦贝尔市畜牧科学研究所聘请专业教师来给专业班上课，专业课主要由五位老师上。

当时他们的工资主要由上级支付，但不能解决上课时的伙食费和往返路费。我就去财政局争取财政补助，一部分为伙食费，一天一人 7 元钱；另一部分用于报销老师们的往返路费。但专业班就只办了这一届，我调走之后，没有继续办下去。

（三）四处筹钱办教育

我曾几次从教育部门调到行政部门。在政府工作的时候，当时政府没有把学校教学点的取暖费纳入财政支持里面，学校也没有钱，无法保障冬天教学点供暖。咱们这儿冬天又很冷，教学点冬天取暖就靠学生家长送学校一车柴火。每个学生家长觉悟不一样的，有的装多一些，有的装少一点，有的一点儿也不给。学校其他事情也需要村子的支持。

当时想着怎么能让教学点得到村子的支持，现在来讲就是家校社区一体化。为了这个，我就争取一个教学点设立一个行政校长，这个行政校长由村子里的村长或书记担任，任期两年，没有任何报酬，通过这种方式来争取村里对办学的支持。这样，学校有事情可以去找村委会，特别是村委会可以帮着管理学校的烧柴取暖问题，能够挨户通知、走户动员和监督家长送柴火。而且，在学校开展活动的时候，有些村子有钱，可以给予资助。

此外，更重要的是向上级争取财力支持。我感到那个时候发展教育总是面对资金不足的问题，四处筹钱成为重要的工作内容。熟悉我的人都觉得，就我这种性格的人怎么可能四处弯腰筹钱呢？我当时觉得这也不是为了自己个人的事情，为了教育事业和工作，怕啥，不丢脸。如果你不去找上级争取，上级不知道情况，就不会给予资金支持。若不能解决问题，我就一直去找上级，直到解决问题。脸皮厚点儿，无论对方怎么说，都先听着。

我在乡镇（政府）工作的时候，也一心关注教育发展，重视学校问题。我觉得任何时候知识都是重要的，没有知识什么都干不了，这是根本。不注重学校和教学，民族素质如何能够提高？乡镇的领导如果不抓教育问题，是不合格的。我在滕克乡政府的时候，管学校的事情比较多。1984 年到 1985 年正好有旧房改造项目，滕克乡教室都已旧得不行了。那次我去教育局的时候，正好那老师在任局长。他跟我说，你们学校教室真的不行了，我们给你们拿 5 万元，但你们政府得拿出 5000 元，才能拿到这 5 万元，5000 元也要返给你们用于学校教师建设。

当时我就签合同了，拿着合同就回去了。当时为啥有把握，那年从呼伦贝尔盟民族事务局那儿拿到了 7 万元，从旗里贷了 5 万元，不用地方政府还，是财政还款，这 12 万元用来建设农村俱乐部。从 12 万元中拿出 5000 元换得 5 万元，用 5.5 万元建成了教室。当时很多人对我的做法有意见，说我一涉及学校，总是优先考虑解决学校的困难和问题。

1989—1990 年我在达斡尔中学任校长，那时是达斡尔中学最为混乱的时候，学校没有围墙，社会人员可以随意进出，有些社会小青年时常进入学校滋事。学生都是十几岁，正是顽皮好斗的时候。学校是寄宿制的，为保证校园安全和住宿生的安全，维持学校的正常秩序，我晚上充当保安巡逻。当时学校还没有保安这个概念，更没有保安岗位，一般都是男老师晚上轮流值班，学校领导领着值班教师巡查校园。

白天去要钱。为啥白天去要钱？当时学校经费特别紧张，学校预算经费里面没有包括取暖费、水费和电费、助学金（后三项加起来为十四五万元）及学生经费。我们学校的经费跟尼尔基第三中学[①]是一样的，都是8.7万元。跟三中比起来，我们有很多住宿生和民族生，仅这几项就差十几万元。包干经费中只有人头费，没有办法，我只好去财政局要钱。

那时候，我好不容易说服旗长弄了两边的围墙，但钱不够，不能建大门。当时刮了一场龙卷风，南面的墙被吹倒一片。旗长过来视察后，同意学校将整个围墙都要弄，后来拨了10万元才把围墙、大门弄好。没有操场，地不平，上体育课非常危险，经再三申请才把平整操场的款项拿到。如果不去找钱，从哪儿拿到钱？拿不到钱，无法维系学校的正常运转。关键问题在于这些正常支出不在预算里面。我调走之后，财政局才把这些支出算在学校正常预算里面。

三、践行民族文化传承教育

当时工作调动太频繁，不然能把教育的事情做得更好一些。政府和学校的工作是两码事，我不太喜欢做行政工作，还是喜欢做教师的工作。原因在于做教师能够提高自己，促进学习。现在来讲，科技不断发展，社会不断发展，自己需要不断提高，不然不能适应社会。退休后，我做达斡尔学会[②]工作，仍然很关注教育和文化传承方面的问题。最近我也在思考这样几个问题。

首先，现在学生学习的主动性明显不高，新的“读书无用”的说法比较多。现在读书国家不包分配了，学生要自谋职业。改革开放之初，有的没怎么读书的人挣到钱了，有的人说他们没怎么读书都能挣大钱，为啥我就不能？现在，一些达斡尔族家庭重教、重学的风气也淡了。有的农村家庭妇女不种园子，不养牲畜，只爱打麻将。孩子饿了也不给做饭，就给孩子几元钱打发走，更别说重视孩子学习，让孩子有好的学习习惯。小孩小学没学好，上初中就跟不上了。

还有一个问题，就是撤点并校，小学都撤并到阿尔拉中心校。这种做法有问题，很多家长为了孩子安全着想，不送孩子到阿尔拉中心校上学。现在学校教学点都撤销了，孩子也少了，但不应该集中到一个中心校。我觉得应该想办法改善

---

① 尼尔基第三中学，一所初中学校，但不是寄宿制学校。

② 达斡尔学会，该学会为莫力达瓦达斡尔族自治旗民间社团组织，成立于1989年，主要致力于研究达斡尔族民族文化，发展达斡尔族民族教育，推动达斡尔民族文化传承和学术交流等。

情况，可以在邻近的几个村子设立一个教学点。

其次，基层现在两个地方特别缺人，就是学校和医院，很多大学生不愿来。基层医院很少好大夫，老百姓只好到旗里来看医生。像以前阿尔拉医院被认为不错，医生都能独立完成手术。就学校来说，现在很多老百姓把孩子送到旗里上学。前阵我去阿尔拉中心校时发现，农村学校要保住生源，除了改善教学条件，还要提高教师的教学水平。有一阵子，阿尔拉中心校生源少了，宝山镇学校的教育质量比阿尔拉的好。开阔浅村[①]村民有一阵儿都送孩子去宝山镇上学。现在阿尔拉中心校教学质量好了，去宝山和旗里上学的人才少了一些。

再次，民族文化传承问题。现在很多传统的技能传不下去了，没人会做了，学校也不太重视这个。我担任达斡尔学会秘书长之后，前后四次组织制作上百个曲棍球棍和十几个球，2009 年分别送给黑龙江梅里斯区达斡尔族学会、新疆塔城达斡尔族学会。达斡尔车，原来很出名的“草上飞”[②]，要做好的达斡尔车需要一年多的时间，现在会做的人不多。为了把制作达斡尔车技术传给后人，2012 年，我同其他两个木工，从选材到木材加工、制作，做了 10 辆达斡尔车。2015 年做了 16 辆，2016 年也在做，但做的没那么多。这个过程中也带出了制作达斡尔车的徒弟，这一阵子在忙着做达斡尔族传统农具之一木制手动“风车”。但我们的语言估计保留不下去了，已经基本定型了，现在能够坚持说达斡尔话的人越来越少。很多家长不太会讲汉语，还跟小孩子学说汉语。以前曾经出版过达斡尔语对话课本，有的小学曾经一周开一两次课，后来都没再坚持。

---

① 开阔浅村，地名，莫力达瓦达斡尔族自治旗阿尔拉镇所辖自然村，为达斡尔族聚居村。

② 草上飞，达斡尔族工匠制作的大轮车，因制作科学、实用，是山地、草原、沼泽地的极佳交通运输工具，被称为“草上飞”。

访谈后记

敖好章是新中国成立后培养出来的第一批达斡尔族本土教师。我和敖好章老师同属一个家族，他是我大哥的老师。2015 年暑假，我在旗达斡尔族学会办公室对敖好章老师进行了访谈。2016 年，我又对敖老师进行了补充访谈。访谈时间共约 7 小时。访谈用语为达斡尔语，个别词语用汉语。

敖好章老师一直守护在莫力达瓦达斡尔族自治旗的土地上。虽然工作调动频繁，但教师和校长始终是他主要的社会角色。退休后，他又担任莫旗达斡尔学会的秘书长，始终关注、思考民族教育问题，并致力于达斡尔民族文化的传承。2012 年他被达斡尔族同胞选为“我眼中的‘2012’感动达斡尔人物”。

访谈结束后，我按照要求跟敖好章老师要他的工作照片，却没有找到一张。他的学生告诉我，敖好章老师做事低调，很多事情都是亲力亲为，一丝不苟，但抛头露面的事情总是让给别人。最后，为了配合我们，他才在现场照了几张。

在敖好章老师的讲述中，我感受到的不仅是他耿直的性格、认真负责的态度和低调做事的风格，也深切体会到了他们那一代人从教的热情、奋斗的精神、工作责任感和时代使命感。在十分艰苦的条件下，他坚守教师品格，积极争取各种资源努力改善办学条件，千方百计提高教育质量。他对达斡尔族教育的奉献，对达斡尔族文化的守护，令我产生了由衷的敬意。

此文整理完成之后，经过了口述者本人的修改和审定。

雪域高原上的藏族双语教师

口述者：琼　色
访谈者：蔡凡弘[①]　沈晓燕[②]
整理者：蔡凡弘　沈晓燕
修订者：阿呷热哈莫[③]　魏曼华[④]
王成龙[⑤]

> 20 岁上小学

> 回家乡教书

> 资助学生

> 对教师培训的看法

① 蔡凡弘，上海市浦东教育发展研究院教师发展中心师训员。

② 沈晓燕，北京师范大学教育学部 2014 级博士研究生。

③ 阿呷热哈莫，彝族，四川师范大学教育科学学院讲师。

④ 魏曼华，北京师范大学教育学部副教授。

⑤ 王成龙，北京师范大学教育学博士，国家教育行政学院培训部教师。

琼色，男，1950年生。藏族，西藏自治区那曲地区聂荣县[①]人。1975年毕业于拉萨市文教局师训班，2009年毕业于西藏大学，获专科学历。先后在聂荣县查吾拉区流动帐篷学校、聂荣县查吾拉小学、聂荣县完全小学任教。曾获西藏自治区级优秀教师、地区级先进党务工作者等称号。2009年，被评为"全国模范教师"。2015年9月，获得首届"启功教师奖"。2012年退休，教龄37年。

---

① 聂荣县，"聂荣"藏语意为"悦耳谷"。聂荣县是西藏自治区那曲地区下辖县，地处西藏自治区北部、唐古拉山南麓，位于青藏高原腹地。2017年10月撤县设市。

一、20 岁上小学

1950 年，我出生在西藏自治区那曲地区聂荣县。我家有爸爸、妈妈，一个弟弟，5 个姐姐妹妹，总共有 7 个小孩。小时候家里穷得很，我从 7 岁开始就出去给牧主放牧。家里的姐姐弟弟都是这样，去比较富裕的地方放牧。西藏和平解放以后，政府给牧民分了牛羊，分了农地，自那以后我们自己养、自己放牧，我回了家。

（一）偷偷跑去上小学

1970 年，我开始上小学。聂荣县的一个寺庙里头有间小学，我就在那里读书。这所学校是由政府办起来的，是我们聂荣县里唯一的学校，学校里只有两个老师。这两个老师都是正式教师，他们是陕西和西藏的干校[①]毕业的，毕业以后来西藏任教。这样的老师以前是西藏高层学校[②]的老师，有文化，藏语水平相当高。我的这两个小学老师是在西藏和平解放的时候自愿参加了老师的工作，从干校毕业后直接分配到我们这里。但他们在聂荣的时间不长，大概 8 个月或者 9 个月，后因为人事调动去了拉萨工作。我小学所在的班里共有 21 名同学，只有 4 名女生，其余都是男生。我们学的课程不多，就是学藏文和数学。

上小学的时候，我已经 20 岁了。父母不太同意我上学，因为他们觉得靠文字工作是吃不上饭的，没有出路，只有放牧才能有出路。但当时我看到了一些援藏的汉族同志他们识字，并且生活条件不错，我就在想或许上学能改变我的现状。那时候我偷偷地跑去上学，住在学校里，吃饭也在学校。吃饭老师来管，虽然老师不是我的亲戚，没有这个义务管我们，但他们还是自己出钱来管我们的饭，那时候的老师真好。刚上小学的两三个月，我和家里完全不联系，3 个月以后家里

① 干校，这里指专门培养西藏干部的学校。

② 高层学校，指西藏和平解放前的旧式官办学校。

给我送了点糌粑[①]和奶茶，父母也没那么反对了。父母就一条心，希望我好，看我真的想上学就支持了。

我在聂荣小学读了一年多就毕业了，当时没有限制几年毕业，只要成绩好，一年也可以毕业。小学毕业之后，1972 年，老师把我送到当时的拉萨市文教局师训班，也就是现在的拉萨师范高等专科学校[②]（以下简称“拉萨师范学校”），我读了 3 年。

（二）就读师训班

我为什么去读师范呢？当时，我总觉得我们西藏这里很多人是文盲，从老人到年轻人都是文盲。聂荣县有两万多人，除了寺庙里头的喇嘛识字，其他人都不认识字，我觉得这就是我们这里落后的原因。聂荣县和拉萨比起来，拉萨这样的大城市好一点，不管怎么说文化水平相对高一点。我想，如果我们这里有了学校，有了培养下一代的地方，就能发展得更好一点。所以我想读师范，出来当个老师。

小学的时候，我在学校里的成绩比较好，但是到了拉萨师范学校，我就是班里成绩最差的了。因为师范学校其他的孩子大部分都是读过三四年的小学，还有读过五六年的，我上小学的时间跨度是一年多，但实际只上了 6 个月的小学，和他们比我自然差了很多。

在拉萨师范学校里，我主要学藏文和数学，还学了一点点汉语，汉语方面学的主要是日常的交际用语。虽然是师范类的学校，但因为我们这里落后，学校并不上教育类的课程。我在读师范学校期间，是半工半牧[③]，就是前半年上课，后半年去种地、种菜，半工半牧是国家的规定。毕业的时候，我的成绩在班里属于中等水平，这算是不错了。我的成绩从班级的末尾跑到中等水平是下了很大的功夫的。我学习很刻苦，早上我会比别的同学提前两小时去背书；吃完午饭后我接着去教室看书，基本不午休；夜晚的时候，我还会在熄灯后开手电筒看两小时左右的书。我周末也很少出去玩，会待在学校继续学习和看书。在师范学校里，我主

① 糌粑，将糯米蒸熟捣烂后所制成的一种食品。

② 拉萨师范高等专科学校，其前身为拉萨市文教局 1964 年创办的师训班。1975 年 8 月经西藏自治区人民政府批准成立拉萨市师范学校，2006 年 2 月 14 日升格为拉萨师范高等专科学校。

③ 半工半牧，指半工半读或半牧半读。

要集中精力学习藏文。我是这么想的，我回到家乡以后，要接触、教导的孩子全都是藏族农牧民的子女，他们只会说藏语，如果我说汉语他们是根本听不懂的，要教他们学文化、学知识就要用藏语。

1985 年 3 月至 1986 年 1 月，我到西藏民族学院干训部教育行政班进修。2005 年我到西藏大学进修，2009 年毕业获得汉语言文学（小教）专业专科学历。

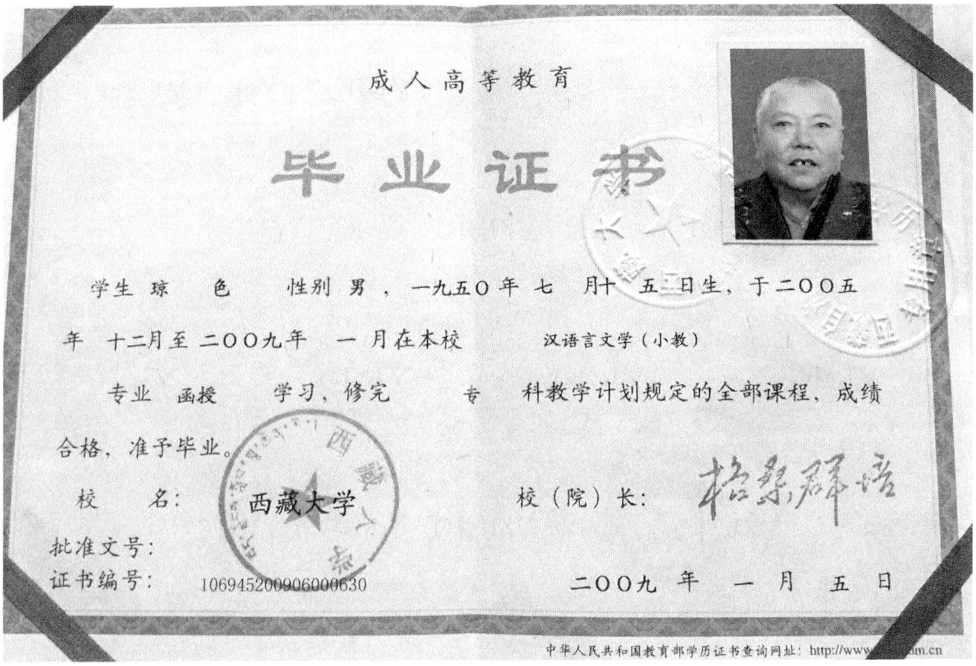
成人高等教育

毕业证书

学生琼　色　性别男，一九五〇年七月十五日生，于二〇〇五年十二月至二〇〇九年一月在本校汉语言文学（小教）专业函授学习，修完专科教学计划规定的全部课程，成绩合格，准予毕业。

校　名：西藏大学　　校（院）长：

批准文号：

证书编号：106945200906000630　　二〇〇九年一月五日

中华人民共和国教育部学历证书查询网址：http://www

琼色老师的西藏大学毕业证书

二、回家乡教书

（一）在流动帐篷里上课

在师训班学习了 3 年，1975 年毕业以后，我被分配到了那曲地区的聂荣县。起初没有具体分配我到哪里工作，只说是可以留在拉萨，但我还是毅然决定回那曲，当初我去师训班学习就是为了能回来教书。我们当地的牧民不懂拉萨话[①]，更不懂汉语，如果能有个本地的老师与他们交流，他们学得也更容易些。

---

① 拉萨话，藏语分成三大方言——卫藏方言（即拉萨话）、康巴方言（德格话、昌多话）、安多方言。藏族不同方言的人通话有一定的困难，但是采用相同的文字系统（记录的是古藏语语音）。

当时聂荣县的教育局叫文教科，科长是个汉族人，姓李。他看了我的档案之后就说："你在学校里头表现比较好，叫你到聂荣最远的地方，靠近青海的地方，你愿意不愿意？"这个聂荣最远的地方叫查吾拉[①]，我想了一下说："可以。"在师范学校读书的时候，老师经常对我们说，以后越是困难的地方你们越是要去，这才是好同志。我为了这个信念，当然还有就是当时年轻，思想也单纯，我说我愿意去。1975 年，我 25 岁的时候，就去了聂荣县的查吾拉区。

琼色老师（左二）与学生的合影（1982 年）

当时我是骑着马去查吾拉区的，走了整整 3 天。查吾拉区海拔 4500 米，是一个纯牧区地带，没有房子，只有帐篷，生活条件十分艰苦，牧民只靠马和牛出行。到了那里，我才发现那里根本没有学校。

我到查吾拉区政府报到，区人民政府的区长和书记都对我说这个地方没有学校。他们说："我们实在没办法，现在不能集体办学校。你自己想办法把学校建立起来吧。"他们的意思是，离区人民政府比较近的地方有一村、二村、三村、四村等，一共 6 个村，老师能不能到一个村教一周或者是教三四天，再去另一个村教几天。白天孩子们都要放牛放羊，晚上等他们回来的时候，我可以在帐篷里教他们。如果一些年轻人也愿意听课，我也要教他们。我答应了。就这样，我开始一个村一个村轮流在帐篷里给孩子们上课。上课和住宿都在当地的老百姓家里，也就是在当地的帐篷里，有的时候老百姓会打一碗酥油茶或酸奶给我喝。学

① 查吾拉，地名，位于聂荣县的最北部，唐古拉山脚下。

生听课都是免费的，我一分钱不收，购买教学用具和生活花销全靠我一个月 25 元的工资。

没有固定教室，所以很不方便。我一般到了一个村以后，先跟村长联系，请他们帮忙找一个可靠点的人家，还要帐篷比较大的人家。如果这个村里有乡长或书记的帐篷最好了，没有的话就叫村里的人帮忙找一户可靠的人家去住。后来去多了大家都熟悉了，我就可以随便在当地人家里转转。一个村里一般有 20 多户人家，他们都欢迎我去，因为上课这事既不影响生产，也不影响学生，这样村里的人就愿意让我给孩子们上课。那些牧民不光送孩子去，年纪稍大点的，20 多岁的人也会一起学习，主要学习藏文。

那个时候条件差，课都是晚上在帐篷里面上的，帐篷里面没有电灯，点的是酥油灯[①]或者蜡烛。我们上课没有桌椅，学生就坐在地上。我们也没有正规的黑板，就用自己做的木板——长 1 米、宽 50 厘米的木板当黑板用。当时，聂荣县教育局只给教材，给的教材也不够分，老师教课有教材，但是学生上课时一个班里可能只有一份教材。上课主要教藏文，数学教得很少很少，就是认识 1、2、3、4 这些数字就行了，藏文课占了大部分。

我们每天在帐篷里面上两个小时左右的课，短的话一个多小时。上课的时间也不能太长，这里天气特别冷，尤其冬天的时候冷得不行。我们这个地方属亚寒带气候区，高寒缺氧，气候干燥，多大风天气，年平均气温为 –0.9℃至 –3.3℃。夏天最热的时候最高气温是 9℃，最低气温是 3.5℃；冬天最高气温大概是 –12℃，最低气温是 –20℃、–21℃。所以晚上上课不能上得太晚，下课之后孩子们就各自回家。我就住在村长、乡长家里，或者其他可靠的人家家里。这种轮流上课的状况一直持续到 1980 年。

这样的流动学校，最多的时候班里有十五六个学生，最少的时候有八九个学生，班级人数会根据每个村的学生数量而变化。我一共要走 6 个村，在流动学校里，我与牧民、学生就像一家人一样过生活，吃住都在他们家里。对于上课的内容，当时还没有备课这一说法，我就是提前看课本，抓紧时间熟悉教材，再给学

---

① 酥油灯，即使用酥油作为燃烧源的油灯，多见于蒙藏地区，有着悠久的历史。其中的酥油是从牛奶或者羊奶的油脂中反复提炼出来的。

生们上课。

和查吾拉区一样，西藏的大部分地区都是一个区一名老师，老师人数很少。县附近的学校不是流动学校，老师都是公办教师。那个时候教师的工资不高，我每月 25 块钱的工资，不够补贴家用，只够我自己马马虎虎地生活。

琼色老师和家人（从左至右依次是琼色老师、女儿、妻子）

（二）固定帐篷里教学

1980 年的时候，国家要集中办学①，上级下了一个文件要我们集中办学。在哪里集中办呢？我们就在查吾拉区的区人民政府附近搭起了帐篷，在帐篷里给孩子上课。我把周围的孩子集中在这个帐篷上课。这个大帐篷学校就叫“查吾拉小学”，帐篷能容纳 50 个学生，这样的帐篷学校维持了 3 年。

在这所正规小学里，有 45 名学生，这些学生的文化程度参差不齐。区政府附近的学生我已经教了 5 年，根据我对学生的了解程度，我把他们分为 3 个年级，即一年级、二年级、三年级，由于人手有限，就我一个老师，我就把 3 个年级的学生都放在一个帐篷里头上课。帐篷的这边挂着一个黑板，一年级教完了以后，给他们布置一些作业，让他们在那里做作业，然后给二年级上课。二年级教完以

---

① 集中办学，20 世纪 80 年代中期以前，农村学校布局基本以“村村有小学，乡乡有初中”为原则。许多县的教育部门规定学校要建在村庄 2.5 平方公里之内，以便学生就近上学。但在 80 年代中期，中国进行了第一次较大规模的农村中小学布局调整，各级地方政府以农村初高中为重点，逐年撤并了一些初高中及小学。

后，也布置作业让他们做，再教三年级。一年级上课，二年级、三年级在一边复习，二年级上课的时候，其他两个年级复习，一个帐篷里同时有 3 个班。

集中办学的时候，条件稍稍好一点了。学校里有了两位老师，我是公办教师，而另一位老师当时还没有编制，是我从区里的老百姓里头寻来，聘请来当老师的，他的文化程度是半脱盲[①]水平。当时教学条件也艰苦得很，刚开始还没有桌椅，孩子们都坐在地上，或坐在木板上，就那么大一点地方。帐篷里面也没有灯或是其他的照明设备，只能点上蜡烛，一年四季都是如此。后来县教育局给我们分了桌椅和教材。县教育局离我们这里 155 公里，现在有了公路，这段 155 公里的路就不费劲了。那个时候由于交通不方便，我们都是用牦牛来运那些桌椅、板凳和教材。牦牛把这些东西从县教育局驮回来，最长的时候要 7 天才能到，最短的也要 5 天的时间。

虽然是正规的小学，但不像城市里面，这里的小学没有固定的上课时间，反正就是由老师来掌握。一般来说，上午可能上 3 个多小时课，下午上两个小时，一天上 5 个小时的课。除了吃饭，老师没有休息的时间，也没有时间回家。学生

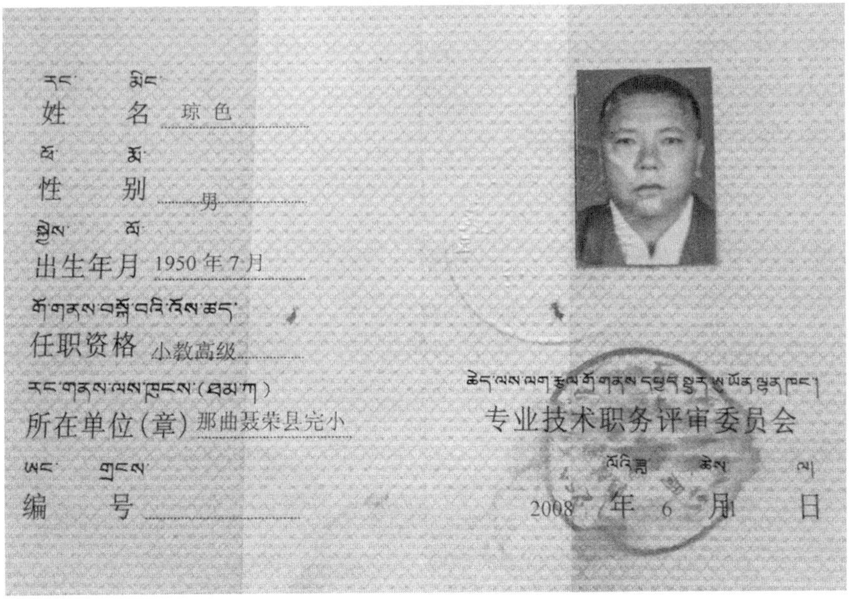
姓　名　琼色
性　别　男
出生年月　1950 年 7 月
任职资格　小教高级
所在单位（章）那曲聂荣县完小
编　号
专业技术职务评审委员会
2008 年 6 月 日

琼色老师的职称证书（2008 年）

① 半脱盲，指从非正规学校毕业、只懂得简单文化知识的人。

有走读生和住校生，住在帐篷附近的学生是走读生，白天读书晚上就回家里；从远的地方送来的学生，晚上就住在帐篷里。老师和学生都住在帐篷里。住的帐篷一共3间，男女分开，两个老师合住一间。吃的东西都是学生自己从家里带来的。查吾拉这边的学生家里都比较富裕，带牛羊肉的多；穷苦的学生不多，他们会带一点牦牛肉和奶渣①来学校。

在这所学校，所有的职务都由我来担当，如学校老师、总务主任、校长等。学校所有的事情我都要操心，我带着学生上课，还带着他们劳动、做饭。我一直都在学校里，当时还没有成家。周末的时候我还带学生们去捡牛粪，因为我们这里取暖、做饭都用牛粪。我们一般星期五下午捡一次，星期六上午捡一次，一周捡两次牛粪就够用了。

大约是1984年，我们盖了学校，不在帐篷里上课了。盖学校的时候，教育行政部门还不能给我们提供建校舍的经费，我就带着学生去外面挖虫草，然后拿去卖。当时的虫草一斤是11块钱，学生多了，差不多一年就能挖上一百多斤，

琼色老师接受沈晓燕的访谈（2015年）

---

① 奶渣，是一种发酵食品，由牛奶蛋白去血清后发酵而成。

把这一百多斤卖给公社[①]。我们再拿卖虫草的钱去买牛，再拉牛到拉萨去卖，卖的钱来买木材盖房子，就这样我们盖起了学校。后来，国家出资来盖校舍了。到1990年我离开查吾拉小学的时候，校舍已经不是帐篷了。

我30岁结的婚，我老婆在聂荣县附近的一个乡，离我上课的地方查吾拉区很远，所以我结婚以后也还是住在学校里。我35岁时有了儿子，儿子小的时候我也不在他身边，我就在上课的地方和家里来回走。我一年回家的次数很少很少，见到孩子的机会也很少很少。儿子小时候经常到外面去看有没有骑马的人经过，还问爸爸会不会回来。回家少，我就很少能照顾家里，但是我的老婆很少抱怨，毕竟实际情况就只能这样。她住在自己的父母家里，就是我的岳父岳母家。我的父母是我在查吾拉工作的时候去世的。父母去世的时候，因为工作的原因，我也没能见他们最后一面。因为当时没有公路，查吾拉那边离我们家很远，骑马赶路的话起码两天才能到。当时也没有电话等通信设备，有的时候父母病了，我也是很迟才知道。父母去世的消息，我一个月后才知道。

琼色老师的“全国模范教师”证书（2009年）

---

① 公社，即人民公社，是当时农村社会的基层单位，下设若干生产大队，每个大队下又有若干生产队。人民公社的存在时间为1958年至1984年。

（三）砖瓦房里双语授课

1. 藏汉双语教学。

1990 年，我调到了聂荣县，在聂荣县完全小学[①]上课。这所小学当时就两栋校舍，总共八九名教师，其中有两名汉族老师；学生一共 80 人，共 5 个年级。我和汉族老师相处得不错。现在（2015 年 9 月）的聂荣县小学有 95 位老师，1800 多名学生。其中有 25 位汉语老师专职上汉语课，有的时候汉语老师还会上体育课。我们到现在还是没有专职的体育老师。

在聂荣县小学里，我们都是用双语授课，除了汉语课，其他科目的教材都是藏语的，副科比如思想品德的也是藏语教材。学校的课程安排是上午 4 节课，下午 4 节课，课程内容有藏语文、汉语文、数学、音乐、思想品德等。其中藏语文和汉语文的课时是一样的，一周各 8 节课。

2. 教学、行政双肩挑。

到了聂荣县小学，因为我在学校里数学教得好，学校就让我当数学教研组组长。做教研组长时，我主要负责检查和指导数学教研组老师们的工作情况。接着，我当了教导主任，此后当了 4 年的副校长、6 年的校长，退休之前我还当了 5 年的党支部书记。

无论是做校长还是党支部书记，我都坚持学习，坚持一手抓好学校的工作，一手抓好自己的学习，两手都要硬。当了领导以后工作很忙，但我一直没离开过教学岗位。我继续上数学课，一周加上早晚自习，我还担着 18 节的课时。

走上学校管理岗位后，我感觉到学校管理必须平易近人，这个很重要。一视同仁也很重要，不管是对学生还是对老师都要一视同仁：这是干部的小孩，这是老百姓的小孩，他们两个打起来了，对待这个老百姓小孩严一点，对待领导的孩子放任一点，我从来都没有做过这种事情，我都是一视同仁的。只要谁不对，我就批评谁。如果领导干部的小孩和老百姓的小孩打起来，我一般先批评那个领导干部的子女。一视同仁这个思想我从来没有忘过，我对待老师们也是一视同仁。

① 聂荣县完全小学，即聂荣县小学，是琼色老师的母校。

还有一些学生不想读书了，溜校[①]了或者跑了，有的学生调皮捣蛋互相打架，这时候我都以教育为主。一次不行，就教育两次，两次不行就三次，三次不行就重复教育，他一定会有进步。比如以前我有一个学生，他是一个县干部的小孩，调皮得很，经常不听话。我就反复地教育他，有时候把他叫到我家里来教育，有的时候等别的孩子下了课再教育他，有时候我去他的家里到他父亲身边教育他。他聪明得很，学习成绩拔尖，后来还考了第一，上了内地西藏班[②]。

再比如，有的学生刚开始成绩相当好，突然有段时间成绩下降。碰到这样的事情，我就先问问这孩子周边的同学。这个孩子以前学习好，后来成绩下降，无非就是三种可能的原因：第一种，受同桌或者前后同学的影响；第二种，自己泄气了，觉得学不会；还有一种就是家庭的负担太重。我找到问题所在以后，就开始对症下药，帮助他们。还比如，我有个学生叫洛桑，本来是班里的第一名后来却下降到十几名。我及时去找他了解情况，发现是家里的负担太重才导致他成绩下滑。由于他的父母都在牧区，他是家里的长子，要给弟弟妹妹做饭，所以就耽误了学习。后来我就决定让他们以后在我家吃饭，这样可以多一些时间学习。

我觉得，一般来说，老师要是真心真意地教学生，一定能教好学生。这就需要老师付出真情和努力。要让老师们奉献、付出，学校领导的管理一定要到位。对待学校里的老师，我也有一套管理办法。学校里的条件比较艰苦，也有些老师是参加工作后打退堂鼓的。比如有一个汉族女教师，本身水平相当高，但是她的教学成绩不太好。她刚到我们聂荣的时候很不习惯，尤其是饮食不习惯。我们这里交通不太便利，方方面面都不便利，寒冬时节很难吃上蔬菜，大家都是吃牛肉和羊肉，这个年轻的女老师吃不惯这样的伙食。还有就是她离自己的丈夫太远，这也是一个困难，她心情就不好。她参加考试的成绩是全地区第一名，她教的学生的成绩在聂荣县却排最后。我就找她谈话。我跟她说，你自己的成绩那么好，而学生的成绩那么差，原因在什么地方？她就说她想走，

---

① 溜校，逃学的意思。

② 内地西藏班，1984 年西藏自治区决定开设内地西藏班，成绩优秀的学生可以到内地上学，1985 年正式招生。

她有离开学校的念头。她还说："我要是尽心尽力地教好了，当了一个好老师，你们就不会放我走。我要是马马虎虎的话，如果有一天调动老师，你们就会把我换走。"我对她说："你在这里做一天你就得教好，做一年你也得教好，教好的话，你什么时候走我就什么时候放；教不好的话，一辈子不放你。"她于是改变了主意，开始认真教书了。后来的两年，她带的班成绩相当好。我同她说，我说话算话，你有接收单位的话，我就同意你调走。她的丈夫是个军人，学校离她丈夫工作的地方有 90 公里。后来部队给她安排了工作，我就同意她调走了。

3. 学校条件改善了。

我们学校的办学条件是从 80 年代开始逐渐改善的。从 1982 年开始，国家给每个学生补贴 11 块钱的生活费。当时粮食的价格相当低，买 30 斤粮食五六块钱，学生就这样马马虎虎地过，吃饱没问题，吃好谈不上，吃饭就凑合着。到了 2002 年，我们县上统一安排学生的伙食。学生每人给多少奶茶、多少酥油、多少肉，县里算好后分给我们，我们拿钱去买。另外，学校运转也有了国家的补贴，虽然是不够的，但有了补贴总是好一点。实在不够了，学生就从家里带一点伙食来学校，比如肉。伙食钱就是孩子从家里带一点，国家补一点，社会捐一点，但社会捐助占得很少。

现在，我们聂荣小学有 1800 多名学生，95 名老师。北京有个神华集团来我们聂荣县对口援建，重建了我们学校。现在的小学改名叫"神华小学"，全称为

琼色老师（前排左四）参加全国教书育人楷模及优秀乡村教师代表座谈会后合影

“聂荣县神华（希望）小学”，也就是他们集团的名字。校舍条件变好了许多，是钢筋水泥结构的房子。

三、资助学生

聂荣县现在大约有 200 多位老师，其中 80 多位老师是我们本地人，而里面至少有 50 人曾经是我的学生。我常常跟我的学生说：“聂荣的教育非常落后，你们不好好学习，我们就后继乏人了。咱们这儿比较艰苦，有知识的外地人在这里住的时间不会长，今年被分配到这里，明年或是三四年后就调走了。如果是我们聂荣本地人的话，生在这里，长在这里，以后也会死在这里，我们就会永远扎根在这个地方。你们必须好好学习，考上大专，考上师范，为了我们聂荣的教育发展，为了我们聂荣的未来好好努力。”

我有一名学生是个孤儿，家里困难得很。他考上内地西藏班的时候，没有路费，身上一分钱都没有，我就到那曲地区教育局去向他们说明情况。我说这个孩子如果没有这笔钱和路费，就去不成内地班了。后来我给了他两千块钱，教育局也给了两千块钱，我们就把他送去上学了。

好多学生凑不出钱的时候，我就是这样帮助他们的。有的时候我自己给，有的时候我发动全体老师来捐款，还发动社会捐款。我一共资助过 17 名学生，发动他人和有关部门资助过 25 名学生。所以，我这里考上高一级学校的学生，没有一个因为交不起钱而上不了学的。

四、对教师培训的看法

在聂荣小学，我们很少进行集体备课，都是个人备课。备课情况检查，一周检查一两次，但检查并不很细致。国家教学大纲规定了要定时检查教师的备课情况，老师们都很配合，不敢怠慢。教育管理部门主要检查学生作业，学生作业如果改错了，或是没有按时布置作业，老师就要被罚款，这主要是为了了解学生学得怎么样，看看教师教得认不认真。

2000 年前后，西藏的基层教师培训虽然有一些，但是数量十分少，去内地参加培训的机会几乎没有，而校长的培训就比较多。退休之前我去内地参加过两次培训。第一次在 1998 年，我参加了国家资助的西藏民族学院教育行政班，培训了一年；第二次在 2002 年，还是在西藏民族学院培训了两个月。这些培训基本都是西藏自治区组织的。这几年面向基层老师的培训开始越来越多了。2012 年，我退休之前，教师培训一学期就有一次，半数的老师都能去，名额分配也比较恰当。这些培训或多或少都有效果，老师们学得多了，也就知道得更多了。

就我个人而言，我在教育行政班里主要学的是汉语和管理学，收获很多，但是我觉得许多管理上的理论与实际有些距离。这些管理学里的案例在文化层次比较高的教师身上或是在大城市的学校里能用，但是还应该区别对待，因材施教，什么样的学校用什么样的管理，什么样的老师用什么样的管理。

我个人感觉参加培训的老师有两种类型。有的老师去培训能认认真真地学习，所以总会有收获；而有的老师到培训的地方混日子，天天都请假，去培训的大城市里转一转玩一玩，这些人收获不大，回来以后还是和以前一样。这样的现象相当严重，归根到底是这些老师的责任心不强，对自己没有严格要求，对学生不负责，对社会不想做贡献。教师培训的出发点和目的都是好的，但是效果全看教师个人怎么想怎么做。老师要是觉得这是为学生和学校好，真心想学的，就能回馈学生和学校，这样的培训才是有效的。

这些年我把内地的许多高校都转过了，现在还有些教师培训让我去，我拒绝了。我说要让年轻的老师去，我坚决不去了。教育局让我出去培训是对我的照顾，但如果是去过了再去就没意思了。人老了，不要浪费这些宝贵的机会，应该多让给年轻人。

1990 年，在教书第 15 年的时候，我评上了小学高级教师。现在整个县里有两位特级教师，高级教师多得很，有二十几位了。2009 年，我被教育部授予“全国模范教师”荣誉称号，可以享受特级教师的各种待遇，但若是要评特级教师，需要再工作 5 年。我因为身体的原因就没有继续干下去，我的腿不行。在学校里我们的教室都是水泥做成的，不再是原来的土木结构，做老师的一天都站在讲台上，腿就受不了了，全都有关节痛。因此，我也就没有继续评特级教师了。评定职称是一件好事，老师在准备的过程中可以学到很多，也可以提高老师的教学水平。

现在我们聂荣已经完全不一样了，每年正规的小学、中学和大学的毕业生越来越多，留在我们当地的孩子也越来越多，这样就感觉很好。有文化就能大大地改变聂荣的落后面貌，没有文化怎么改变，不认字怎么行呢？

2015 年 9 月，我获得首届“启功教师奖”。这是一次全国性的优秀教师表彰大会，评选对象是长期工作在县以下（含县）农村地区基础教育一线、在教师工作岗位满 30 年的教师，尤其是在老、少、边、贫、岛等地区工作的一线教师，奖励长期坚守在当地教育教学第一线并做出突出贡献的教师。这个奖每两年评选一次，每次评选出 10 名优秀教师。获得这个奖项，我感到非常光荣，觉得这是对我一辈子教育工作的肯定。同时，我还被北京师范大学聘为“免费师范生校外导师”。

琼色老师获首届“启功教师奖”（2015 年）

在北京师范大学参加“启功教师奖”颁奖典礼后，国务院总理李克强在中南海紫光阁会见了全国教书育人楷模及优秀乡村教师代表。我作为教师代表被邀请在会上与总理交谈，我向李克强总理讲了自己的从教经历。他说：“你辛苦了！

学校现在有教学楼了吧？现在住得离学校远吗？”他还握着我的手连连感慨道："真不容易！”

琼色老师向李克强总理献哈达（2015 年 9 月）

访谈后记

琼色老师是首届“启功教师奖”获奖教师。正值这一全国性的优秀教师表彰大会在北京师范大学举行之际，我们通过校团委联络到琼色老师，对他进行了访谈。访谈分两次进行，分别于2015年9月7日上午、9月8日晚在北京师范大学京师大厦展开。访谈时间共约4个小时。访谈用语为汉语。

琼色老师是一位慈祥可敬的长者。作为一位少数民族优秀教师，他对教育、对学生有着深切的责任感和满腔热情。琼色老师面对的是牧区的孩子，并且是在海拔4500米的流动帐篷学校开始了艰苦的教学生涯，在一个个牧区轮流教学，主要教孩子们藏语文和数学。后来虽然有了固定的帐篷学校，但只有两位老师，他们两人承担了所有的课程，其工作任务之重、生活之艰难，令人难以想象，但他们无怨无悔。琼色老师到聂荣县完全小学工作以后，带着学生们挖虫草、卖虫草，自力更生，筹款盖起了砖木结构的学校。

在37年的教育生涯中，琼色老师从普通教师成长为校长、书记，成为学校的管理者。他的教育责任感、对学生的爱和教育领导力赢得了家乡人民和社会的高度赞许和尊敬。他曾荣获西藏自治区级优秀教师、国家级模范教师、首届“启功教师奖”等荣誉。这些荣誉承载了琼色老师的光辉业绩——他为西藏牧区的教育做出的巨大贡献，他在培养西藏牧区人才方面起到的突出作用。他获得了李克强总理的高度肯定。2015年9月，李克强总理在会见全国教书育人楷模及优秀乡村教师代表时，对琼色老师兢兢业业培养一代又一代藏族儿女，引领下一代继续建设西藏牧区表示钦佩和感谢。

琼色老师始终致力于通过教育来改善西藏牧区的落后面貌，他就像一盏明灯，指引着下一代回到牧区发光发热。正如他所说的，他是一颗西藏牧区发展路上的“石子”，是一块坚毅的巍然不动的磐石。

这次能够采访到琼色老师，听他讲述自己的人生故事，得益于“启功教师奖”颁奖的契机。20多位对地方教育事业做出突出贡献的一线教师齐聚北京师范大学，与师生展开了一场场颇具教育和人文关怀的对话，让我们在倾听和分享中又一次看到了一位位智、仁、勇兼备的优秀教师的光辉形象。

本文整理完成后，经过了口述者本人的修改和审定。

苗乡山沟里的守望者

口述者：王昌庭
访谈者：王思人[①]
整理者：王思人
修订者：魏曼华[②] 王成龙[③]

① 王思人，中央民族大学教育学院 2014 级硕士研究生，贵州师范学院教科所研究实习员。
② 魏曼华，北京师范大学教育学部副教授。
③ 王成龙，北京师范大学教育学博士，国家教育行政学院培训部教师。

王昌庭，男，1954年生。苗族，贵州省贵阳市花溪区高坡苗族区（1961年前后改为高坡苗族乡）人。1973年任民办教师，1995年转为公办教师，先后在三所乡村小学任教。1999年贵州省中等师范函授广播学校毕业，中专学历。2008年退休，教龄35年。

苗家人自古依山而居，据说我们这支苗族是从湖南、江西迁过来的，经过贵州贵阳喷水池、孟关等地，后来才来到硐口村。这个村寨的整体形状像一把椅子。相对来说，我们村是比较闭塞的，村里人没有什么文化，我父亲也不识字，我就是在这种环境中长大的。这样的环境，这样的民族身份，也就注定了我后来的生活方式。由于闭塞的环境，与外界的交流少，想出去就会很困难。因此，苗家人自古就是自给自足，易于满足。我们本地的苗族还有很多不同的称呼，有“白苗”“高坡苗”“红砖苗”。“白苗”这个称呼据说始于元朝，因为他们喜欢穿白色衣服。“红砖苗”的称呼大约出现在1952年或1953年，当时我爸爸和担任区长的叔叔看到我们的服装颜色是花花绿绿的，所以就把这种苗族称为“红砖苗”，从此就在我们那里叫开了。

硐口村的高坡苗女子

一、父辈影响

（一）最感谢的是父亲

从我自己来说，能成为一名教师，最应该感谢的是我的父亲。没有他的鼓励和培养，我现在可能还是一个文盲，一个面朝黄土背朝天的农民。父亲对我的影响是潜移默化的，直到今天，我的一些思想和观念都还受他的影响。父亲年轻的时候，土地改革正如火如荼地进行。我父亲是土地改革的老干部，也是最积极的一个，因此是高坡区入党最早的一个人，是他带部队进高坡的。我解释一下，高坡区，大约在 1958 年或 1959 年前叫作高坡苗族区，到 1961 年前后才改为高坡苗族乡。但遗憾的是，我父亲一个字都不认识，所以他只能回到村里。可是他不服气，也不甘心。从此他把自己的抱负和理想寄托在我身上，希望自己的子女能完成自己无法完成的心愿。这样一来，我肩上的担子就沉了，我父亲希望我即使什么也不做也要把学习学好，去当一名教师，回来给家乡的孩子教授知识。这样一来，苗家人以后就不会吃不认识字的亏。拿我父亲来说，如果他识字，那肯定就可以到区里当干部了。我爸有两个孩子，姐姐和我，不过在我很小的时候，姐就嫁人了。姐姐出嫁后，家里做事非常缺人手，尤其是在那个挣工分的年代。我上高中的时候，父亲就 50 多岁了，还经常生病，挑水喝都成问题。那时挑水是每家每户的日常生活，要到溪边或是井边挑水，而且一般要在天蒙蒙亮的时候去挑，因为那时候的水特别清凉。直到 2001 年，水管才通到村里。所以我最后选择回家，放弃了上大学的机会。

我不读书回家了，也就等于要准备成家的事了，成了家做事的时候起码还可以让自己的妻子搭把手。我高中毕业回来后，我爸就一直希望我在家乡教书，把孩子们从山里带出去，所以他平时都不让我做家务，加上我自己一心扑在学校，也是没有时间的，只有周末才可以帮到家里。

我父亲这辈子对我影响最深的有两点：一是从送我上学开始，他就强调知识的重要性；二是无私奉献精神，但凡谁家有困难，他都二话不说地去帮助别人。在最困难的时期，他身上只有一两粮票[①]，但是如果有人需要的话，他也会送给

① 粮票，20 世纪 50 年代至 90 年代，我国对城镇居民发放的一种购粮凭证，城镇居民必须凭粮票才能购买粮食。

别人。

我一直觉得如果自己不好好学习，不好好教书，就对不起他老人家。可以这么说，因为父亲的支持和鼓励，我才有机会走出山里，走上读书求学的道路。最后也因为父亲的缘故，我又选择回到了村里，一待就是一辈子。

（二）叔叔是我学习的榜样

对于我们苗家人来说，读书或是不读书，与家里长辈的影响是息息相关的。我们这个家族，自古以来就重视文化，像我叔叔就是一个有文化的人。他当年非常厉害，“文化大革命”时期，他从高坡乡乡长降级到村里当支书，可是他的才能并没有因此被埋没，他勤勤恳恳地为村里谋福利，我们硐口村是我们县最早有柏油路的。村里学校能建起来，也是我叔叔和我父亲的功劳。后来流行一句话：“摆省凼夯好姑娘，腊里五寨好鸭蛋，谷孟果里好豆汤，硐口大寨好人才。”① 当时谁家有事都找他，在当时这可是非常值得骄傲的事，我叔叔踏实、好学、努力、无私奉献，是我学习的榜样。

王昌庭老师（中间）与访谈者王思人合影（2016 年）

---

① 摆省凼夯、腊里五寨、谷孟果里、硐口大寨都是地名。

二、山外求学

（一）只有一名老师的小学

我 7 岁（1961 年）时，父亲送我到硐口村去上小学。硐口村是一个由 5 个寨子组成的村。不幸的是大约上了一个月，学校就垮了，主要原因是三年困难时期生活比较艰难。

大概两年后，村干部出面去找上级政府，希望把学校建在我们大寨。之前正规的学校在硐口村木老寨，在大寨只有一间破房。当时我爸是甲定乡的乡长，他和我叔叔去向政府说明情况。我们家所在的寨子叫大寨，因为它是硐口村里最大的寨子。当时学校就建在大寨，距离我们家不远，走几分钟就到了。后来，大概是 1963 年，政府派了一名教师到硐口小学来给孩子们上课，我还记得他叫吴应程，他的家就在现在的龙里县高山寨。说起这位老师，那可真是个全才，所有的科目都是他一人教。他对我非常照顾，可能是因为我年龄小而且肯努力、成绩好。我就这样一直读到了六年级。

要知道，那个年代在我们这里说汉语、懂汉字的人很少，有文化的人更少。我自小就喜欢书法，最开始写得不好，但一直兴趣不减，从拿起毛笔那天起一直到现在再没放下。因为字写得好，数学成绩也好，所以老师对我的关注也就比较多，我还得了个外号——“小神童”。那时候哪知道什么是神童，只知道神很厉害，所以自己也就很得意、很开心，逢人就说“我是小神童”。小时候最得意的就是得到老师的奖励，奖品一般是作业本和奖状，这两样东西是自己优秀的最好证明，我会小心翼翼地把它们保存起来。老师有事情也常会叫我帮忙，慢慢地，我的自信就建立起来了。

我一直是德智体全面发展很好的学生，从小就耿直、善良，看到同学有困难，就会主动去帮助他们。另外，我这个人比较喜欢运动，羽毛球、乒乓球、篮球都会打，尤其是擅长跑步和打篮球。以前条件比较艰苦，我们就自己动手制作活动器材，乒乓球拍就是用木板自制的，有时候用书来当乒乓球拍。也没有篮球架，就是用铁丝扎成圈钉在一面木墙上作为篮球架。印象深刻的是跑步，记得我还拿过 800 米和 1500 米的赛跑冠军。

1968 年我小学毕业后，我们这边“文化大革命”就开始了，课也停了。

（二）“文化大革命”中的中学生活

我们高坡乡一开始没有初中，这对我们来说很不幸，因为学习生活很自然也就停下来了。1968 年，高坡乡有初中了，建在杉坪村。杉坪村是高坡乡的一个自然村，地理位置不错，但因为搞“文化大革命”，我们没上多少课，就又回了村里。

1969 年，一个知识分子被“下放”① 到我们村，他叫米家驥，当时我们叫他“牛鬼蛇神”②。有人说他是国民党旧军官，还有人叫他“臭老九”③。后来我们才知道，米老师是个知识分子，老家在四川，到我们村里“改造”来了。他来到村里的时候，是穿着中山服、讲普通话的，从他的言谈举止就知道这个人不一般。一开始村里让他干一些搬砖、扫厕所之类的脏活累活，我父亲知道后，觉得他不该干这些活，于是跟他说，你干脆在我们这里教书得了。就这样，1969 年，米家驥老师在我们高坡乡硐口村大寨办初中，用以前的老仓库作为教室。一开始只有他一位教师，数学、语文、政治课都教我们，上体育课喊“立正”“稍息”的时候特别有军人气派，可以说他还是很厉害的。当时的学制是两年，时间过得很快。

后来区里的红卫兵要来抓他，我父亲急了，对红卫兵说：“不许抓，他是我们村里的人，哪有什么反动分子！”也许是当过兵的缘故，我父亲临危不惧。红卫兵不听还是硬要抓，我父亲就叫了村里的年轻小伙拦着，这样米老师才没被抓走，后来让他在杉坪小学做教导主任。

初中的时候，我被选拔出来代表学校去参加体育比赛。比赛的时候，全区的观众都会为我加油，他们叫我“小包车”④。我个子不高，但跑得快，就像“小包车”一样。说到打篮球，我们学校那时候是很出名的，在高坡苗族区，但凡参加比赛，都能拿到第一，也代表过高坡参加花溪的比赛。在高坡参加比赛的时候，如果对方抽到是和我们打，他们就主动放弃了。

---

① 下放，干部、知识分子到农村、工厂参加体力劳动，被称为“下放”，始于 20 世纪 50 年代后期。

② 牛鬼蛇神，最早源于毛泽东 1955 年 3 月的《在中国共产党全国宣传工作会议上的讲话》：“最近一个时期，有一些牛鬼蛇神被搬上舞台了。”（《毛泽东选集》第五卷）后来，“牛鬼蛇神”的语义有对象和宽窄的变化，但都是作为负面社会形象出现。

③“臭老九”，对知识分子的蔑称。“文化大革命”期间，知识分子被排在地主、富农、反革命、坏分子、右派分子、特务、叛徒、走资派之后，位于第九，被视为“改造”的对象，故称“臭老九”。

④ 小包车，当地农村当时把小汽车叫小包车。

1971年9月，我到青岩贵璜中学上高中。当时面临最大的问题是路途遥远，从家到学校要走一整天的路，有时候走到半路上鞋子会破，我就用草绳绑起来继续走路，我不怕这些苦，可以出来读书就是天大的恩赐了，开心都来不及，从未想过抱怨，或者说在心底就没有抱怨这个想法。上高中还有一个好处就是国家每人每月发20斤米，所以我从家拿来学校的米比较少。高中的时候我在语言方面没有什么障碍，因为我们从小就和汉族学生生活在一起，所以汉语水平还算不错。我穿的衣服是自己家人做的，是蜡染的。我同桌家里经济条件很好，喜欢篮球，因为我和村里的小伙伴会打篮球，所以很快就和他成了哥们。他常常叫我们去他家吃饭，有时候我们还在他家住。当时的高坡又偏又穷，特别缺有文化的人，所以我和我弟弟一毕业，就被叫回来当老师。我的求学之路到此就结束了。

一日为师，终身为父。对我影响最大的莫过于李家云老师。在我看来，他的相貌、才识、人品都是无可挑剔的。他的人格魅力一直吸引着我，他的教学方法、教育理念、管理方式一直影响着我。记得有这么一件事，1978年“拨乱反正”之后，李老师被调回沙坪小学当校长。大概当了4年的校长之后，他又被调到教育局工作，在那一直做到退休。他现在居住在花溪。我和李老师关系非常好，常常会去看望他老人家。我一直有个遗憾，就是没有听他的话继续读大学。

三、村小老师

（一）一心扑在教学上

我第一次上讲台是1973年，在高坡乡五寨村小学当代课教师。第一次上课时我照着书本读，很快就下课了，心里很紧张。我的个子不高，年龄也还小，班上的学生和我差不多大，他们还时常跟我开玩笑，找我摔跟斗。当时代课教师工资是一个月27元，和正式老师一样。一年之后，我申请回到家乡，在硐口小学当民办教师。从1974年9月我就开始在硐口小学教书了，条件自然也是艰苦的。回到家乡之后，我深切感受到这里紧缺知识，便一心扑在教学上，目的只有一个——为自己的家乡培养出更多的人才。所以，我一直都不计较报酬，不跟别人比工资，感觉自己从第一次上讲台到退休都是一样的精神面貌和心态。1995年，我转成了公办教师，工资上去了，生活也慢慢好起来了。

对于我来说，和孩子们沟通没有什么技巧，就是用心，真心对他们好。记得在硐口当老师时，有一个学生家里很穷，上不起学，但成绩不错，我不想让她辍学，所以就去上门动员。当时的学费是几块钱，但我的工资也不高，也根本没有其他收入。可是这个小姑娘很好学，所以我跟她家里说，学费我来承担，让孩子好好上学。遗憾的是小姑娘上到初中就不上了。这样的事情很多，我也时常去做一些动员说服工作。又如，一个叫王显文的学生，当时成绩不错，但家里条件不好，所以我就去做他家长的工作，几个晚上的工作之后，家里就同意他去上学了。

王昌庭老师的教师资格证书

（二）早出晚归

我在硐口小学当老师的时候，虽然 8 点上课，但我每天 7 点左右就到了学校，下午都是四五点左右才下课。到校之后，我一方面备课，另一方面还要去辅导早来的学生。他们大部分都是苗族，本身说汉语都存在很大的问题，更别提学习新知识了。

抓学生成绩，我主要采用课外单独辅导，这种方式最有效。具体来说，我每天早上第一个来学校，晚上最后一个离开，这样我就有更多时间跟学生们在一起，可以利用早来和晚回家的时间来辅导学生功课。孩子们的家长大多数都是没有文化的，即使有，也是忙于农活，没有时间管自己的孩子，所以我就主动承担起这个责任。

虽然家里很需要劳动力，但是我没有为家里做过什么农活，这是我很惭愧的地方，但也没办法。我很热爱教师工作，所以在我爱人进门前就跟她说好了我是不会干农活的。当时晚上没有电，所以没有晚自习。我回家吃完饭，就点煤油灯备课、批改作业，一晚上也就过去了。这样，我就没什么时间做家里的农活了，我能帮家里做的无非就是挑挑水、做点饭等。除了学校事情很多，村里有什么事情也经常来找我，比如写什么东西、看什么文字等。

因为在教学和校长管理方面取得了一些成绩，我也获得了一些奖励。1979年，我被评为“贵阳市先进教育工作者”；1985年，我在硐口小学时被评为“花溪区先进教育工作者”；1989年在成绩评比中，我的学校获得全乡学校排名第一；1991年我被评为“花溪区先进教育工作者”，等等。对我来说，荣誉和物质的鼓励，是对自己工作的肯定，更是对我工作的鼓励和鞭策。如果说做教师是为了荣誉，倒不如说是给自己的心找一个家。现在细想其中的原因，一方面，我注重教学，钻研教材，那时候没有辅导书之类的资料，只有教材。另一方面，引导学生爱上学习，自己作为老师也主动去辅导学生，所以他们的成绩提升就比较快。

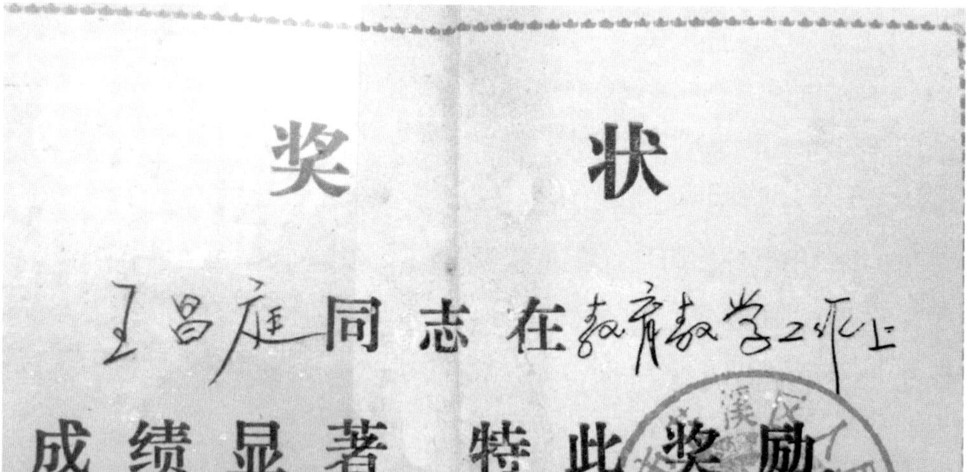

王昌庭老师的获奖证书

四、校长生涯

我之所以能当上校长，一方面是自己教学的成就，兢兢业业的工作态度；另一方面是我能扛得住事情，遇到问题能找到办法去解决。

（一）扩建硐口小学

1985 年，我当上了硐口小学校长。在当校长期间，我做得最多的就是为村里谋福利，为学校的基础设施建设奔波，为整个教学水平的提高而操劳。

我感觉最自豪的就是扩建了咱们硐口小学（1997 年扩建，有一段时间叫“弘福小学”）。为了扩建学校先要修路，因为路没通到村里，不方便运东西。为了修这段路，村干部来找我，希望我动员村民。我就一个人挨家挨户地去动员说服因修路被占用土地的人家，“如果学校扩建了，对于每家每户都是有好处的”。要知道田地可是老百姓的命根子，很多不愉快、邻里矛盾都是因为争田争地而发生的。为了建村里的小桥，当时没有木材，我就把家里的墙拆了，才有木头建这座小桥。我和村民杨佐雄两人天天找其他村民做说服工作，别人家不愿意让地，不得已，我就用我们家的地跟他们家换，最后还是我们出让自己的地给他们了，他们才同意出地建路。

这样的事情举不胜举。可是在有的人眼中，以为我们得到了多大的利益，才肯出让自己的田地，实际没有得到什么好处。

有的村民目光比较短浅，只看到眼前的一亩三分地。争也是争自家兄弟的，本性倒不坏。我大儿子当村长的时候也常发生这样的事情，他也会来征求我的意见，“可不可以出让咱家的地”。这时，我觉得这孩子慢慢继承了我的胸怀，我对他说，你自己决定，以后村里的发展就靠你们年轻人自己去奋斗，抓住机遇就好，我没意见，你母亲若有意见，我来解决。

修路的时候，扶贫单位拿出 2000 元人民币，我们就出工出力。我去动员村里的人来做这个事的时候是没有困难的，在村里说话，我还是有分量的。

建校成功，可以说是我和我叔叔的功劳。当时，我叔叔是惠水县民族中学党支部书记，他去找了时任贵州省省政协副主席王思明，以前他们是上下级关系。为了扩建这所学校，通过他的引荐，我认识了弘福寺[①]的方丈。方丈亲自到学校看

---

① 弘福寺，位于贵阳市黔灵山群峰中心，距城约 1.5 公里，为贵州首刹。弘福寺建于 1672 年。

之后，决定投资修建，操场也由他提供20包水泥，但有个要求，要把学校命名为“弘福小学”。我叔叔和我就去发动全村的人，自己挖，自己找板，全村上上下下一起做，10天左右就修好了。

王昌庭老师在硐口小学（2016年）

2002年，我们学校迎接市里的检查。可能是太累了，我当时就晕了，走进办公室休息了30分钟左右，又坚持回来接待领导。第二天我去医院检查，是高血压。我的高血压比较严重，当时走路都不行了，一点力气都没有，很多人都觉得我将不久于人世，可以说到了人生的低谷期。后来治疗了很长时间，我才从“鬼门关”走过来。2004年的时候，因为身体原因，我就申请从校长岗位退下来，只做一名普通老师，这样能减轻点压力。当时，我希望自己能够活到60岁，就心满意足了。我现在已过60岁了，还是很希望能够活得更久一些，看看村里的变化。

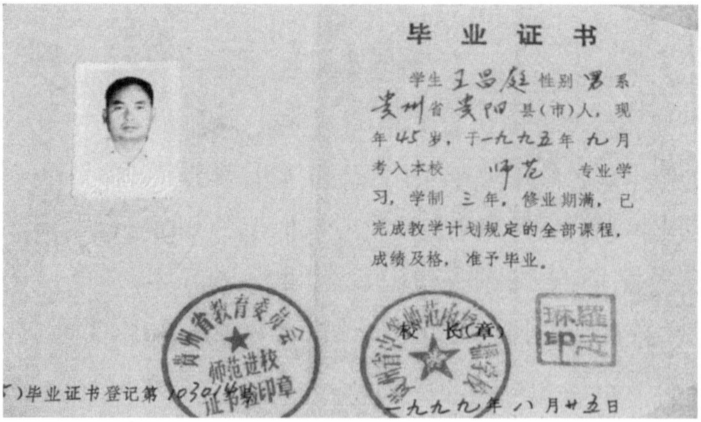

毕业证书

学生王昌庭性别男系贵州省贵阳县(市)人，现年45岁，于一九九五年九月考入本校师范专业学习，学制三年，修业期满，已完成教学计划规定的全部课程，成绩及格，准予毕业。

贵州省教育委员会 师范进校 证书验印章

校 长(章)

)毕业证书登记第10301

一九九九年八月廿五日

王昌庭老师的中专学历证书（1999年）

（二）到甲定小学当校长

如果我当时不去甲定小学教书，后面的事情就不会发生。那是2001年，甲定要划片区，也就是说把甲定村、高寨村、克里村的学生集中到甲定小学上学。高坡苗族乡政府叫我去当甲定中心小学的校长。我很不想去，一是当时我身体不是很好，二是我对自己当时的生活状态很满意。但上级多次找我谈话，教委的人说让我去整治甲定小学，我只好答应了。

到甲定小学后，我发现甲定小学教师常有酗酒的，学生不到300人，学习氛围和学生成绩都比较差，有三个班的平均成绩分别只有5分、7分、8分，而满分是100分，学习差的太多了，还有学生谈恋爱的。我上任后，就把教导主任换了，把管账的人也调到其他学校去了。我把弘福小学的蓬勃老师和国智老师调过来协助我的工作，一个当教导主任，另一个兼管学校财务。后来我把酗酒的教师也调到别的学校，引进了一批年轻实干的老师。很快学校的风气就变好了很多，第二个学期学生人数就达到500人，很多别村的小孩也来这里上学了。

我发现这里的许多家长不重视孩子的学习，学生也不用心学习。一些学生晚上去逛马路、谈恋爱，我碰见好几次，我就对他们进行教育、家访，他们才慢慢有了改变。

在甲定小学做校长这几年，总结下来主要有三点经验：一是对问题的准确把握，甲定小学的问题主要是教师问题；二是采取有效的措施，把爱喝酒的教师打散、调走，积极落实“两基”工作；三是身先士卒，许多事要亲自动手，不能只是发号施令，所以我常常是加班加点。

（三）对“撤点并校”[①]的看法

“撤点并校”有利也有弊，有利的就是资源整合，在硬件上能够与城市之间缩小差距，也就是现在所说的义务教育均衡。加上计生工作的开展，村里的孩子少了，你看现在的班里还不到10个人，容易造成教师资源浪费。不利的就是孩子们上学远了，教学质量也会受到影响。一些苗族学生在不熟悉的地方上学，有

---

① 撤点并校，2001年《国务院关于基础教育改革与发展的决定》指出：按照小学就近入学、初中相对集中、优化教育资源配置的原则，合理规划和调整学校布局，即所谓“撤点并校”。2012年，该政策被叫停。

可能会有打架、斗殴等问题的出现。

现在的教师大部分是汉族人，又是外地人，他们对农村孩子不太了解。一是没有时间，二是一些老师把来乡村学校工作当作一个跳板。我担心那些胆子小点的、年龄小一点的学生，他们不敢说话，会变得更加内向，不懂的知识点也不敢问老师，甚至打架斗殴之后就不愿再回学校。住校生也会有一些问题，比如孩子的养成教育、心理健康问题，以及对本村文化的陌生，没有归属感等。

现在，我们村里的人越来越少，我害怕孩子们的素质越来越低，出现新的“文盲”，这是很可怕的。我一直觉得，学校在村里，村里的人才会多，一旦撤销学校，人也就会跟着走了。

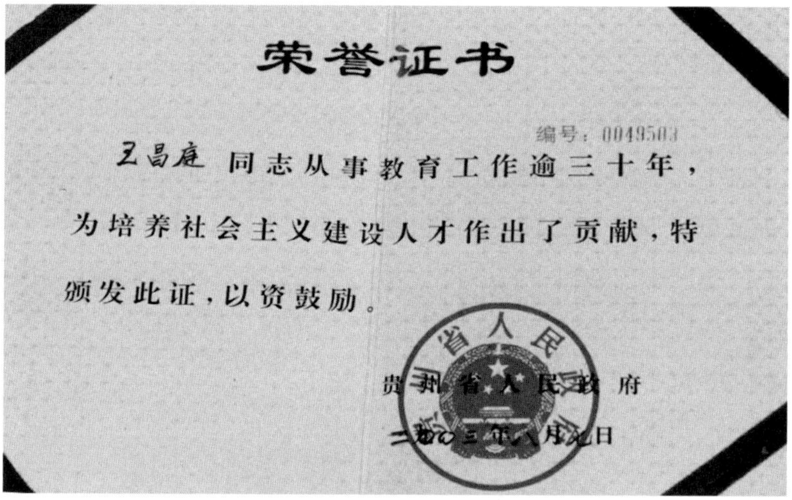

王昌庭老师从教三十年证书（2003 年）

五、晚年生活

我对工作一直都比较负责，在处理人际关系上确实做得比较好。一个人只要用真心去对待别人，他就会被你感动；如果自己总是口是心非，说了不去做，一回两回别人信你，久了也就失信于人了，别人知道你的德行，就会不尊重你。所以，最关键的是守信用，答应了别人的事情就要去办。对于自己来说，想要去办的事就要努力去做好，多为他人做事，那么有事情的时候只要你说一声，他们就会去办了。比如修建学校这个操场，当时我一句话，大家就积极响应，很快就建好了。一个人的信用是很重要的。对于自己，我不喜欢到处说自己做过什么，做过就好了。

（一）处理村里纠纷

咱们高坡苗族乡文教办的领导对我说过："你不仅仅是一个校长，你比一个支书、村长在很多事情上的作用更大。"的确，村里大大小小的纠纷，我都解决过，也习以为常了。主要是一次次地去上门说服教育。在我一生中，这些事做过无数次，似乎我所有的时间除了学校就是村里的事情，再也装不下其他了，以至于在家里的时间是很少的。举一个简单的例子就是，当时硐口村小学的田老师家和村民杨某某发生冲突，田老师就找我去调解。在村里，因为田地、山林的争夺，会不时出现问题，如果不是我一直在调解和压着，也许打架就会经常发生。

现在我已经离开了讲台，也很少参与村里的大大小小的事，主要是写一些文章记录咱们这个家族的过去和现在。

（二）子女教育

苗家谚语说："会说就说别人，不会说就先从自己说起。"孩子越多越好，"多子多孙，多福多寿"，这是咱苗家人的思想。自古以来，苗家老人就是这样口耳相传的，所以特别鼓励生小孩，生了就得教育。所以，我对儿子们的教育一直很上心。我一直教育他们，看到别人优秀不要妒忌，要去接近他，向他学习，千万不能去做伤天害理的事情；对待老人，一定要孝敬，不要跟老人计较；敢于向恶势力挑战；不要瞧不起穷人家和较软弱的人，要雪中送炭，尽自己的微薄之力。我骂是骂，支持照样支持。父母都是这样，应该不仅仅是苗家人。现在，几个孩子也在这样做，尽自己的能力去帮助那些需要帮助的人，这是我比较欣慰的一件事。其实，从小我就是这样一个人，应该是个性使然，从小就喜欢帮助别人。

我两个儿子读书时成绩都很好。当年我大儿子参加警校考试成绩不错，体检也合格了，公安局也都到家里政审了，家里人就觉得好好在家等着录取通知书就行了，可是最后没有等到通知书。我当时很困惑，一年后才打听到，他是被人顶替了。他后来到高坡派出所工作，也知道了当年的事情。

知道这些暗箱操作，我很气愤，但是我还是告诉儿子不要抱怨，也不要自暴自弃。我对他说，干什么都要凭着良心去做，好好干好自己的事情，我都会支持你！我们要行得正，方可树立威信。

村里现在的水池，是我大儿子当村长时修建的，他把自己的土地让了出来。

这个水池不仅仅方便了全寨的人，还美化了村子。卫生院也是他找地方建的，如果当时找不到地方就得放到其他寨去了。本来咱村就比较偏，再不把一些基础设施建好，以后来的人就更少了。当官就要为大家谋福利，不要谋私利。

我二儿子当年考中学，成绩也名列前茅；他高考的时候，我被下了病危通知，他说要放弃高考，在同学的再三劝说下才参加了高考，最后没有考好。我劝他复读，他说再复读一年报考军校年龄就不达标了，所以不想复读了。最后他读了大专。两兄弟现在做事都很认真负责，也许是受到我父亲和我的影响。

现在农村有不少家长不重视教育，认为读书无用，孩子很小就结婚或是出去打工。这是我很担忧的问题。在这个年代，不改革不创新是不行的，用以前的经验是不行的，那会永远穷下去。

在村里，敢做事的人会受到很多人的质疑。我就告诉孩子们别人怎么打击也好，怎么讽刺也好，不用管，“唾沫淹不死人”，只需做好自己的事情。把事情做出来，风言风语就会不攻自破，别人就会知道你做的是对的。人就是这样，你去做，别人就会风言风语打击你，这是避免不了的事情。但只要是正确的，我们就要坚持。

（三）对生活的一些思考

我现在是爷爷了，但还是渴望学习新知识，了解新事物。我每天都看新闻、写东西，一直紧跟着时代步伐，希望一代一代的子孙们能够接受更好的教育。比如学校的教室可以敞亮一些，要有更多优秀教师。我们这里实在是太闭塞了，要让我们的孩子能够看到外面的世界。还有就是希望自己的子孙以及村里所有的孩子都能考上大学，学到真真正正的本领，既可以体面地在大城市里生活学习，也可以回到村里建设家乡，熟悉村里的民风民俗。这是我的愿望。

背部的装饰就是背牌

比如，正月初八的“游方”，高坡苗族乡各个村寨的人到硐口村聚会，用咱们苗族语言说就是“shukongbia”，翻译过来就是“赶场”，用官方的语言说就是“游方”。比如说，2015 年正月初八，硐口村大寨举行了斗牛比赛、斗鸟比赛、芦笙舞比赛、刺绣比赛等各种活动，我是芦笙舞比赛的主要负责人。一大早我就整理材料、确认参赛的队伍名单。我希望在外地求学的孩子们能帮我找些书籍，尤其是关于苗族历史的，还有楚国历史的详细资料，因为据说苗家的高坡苗族射背牌[①]与楚国有关。

射背牌是咱们高坡苗族乡人的一种独特的活动，展示了芦笙舞、射击、盛装服饰、银饰等民俗活动，是苗族婚俗文化中独特的模式。同时，进行射背牌时，苗族女子的服饰、背牌等均表现了非凡的刺绣技艺，仪式进行时还有芦笙舞蹈表演，具有很高的非物质文化价值。我想射背牌应该在咱们高坡苗族乡一代一代地传承下去。

现在，最开心的是有一帮好朋友。现在我是花溪区劳动模范协会的会员，协会一般五一节、教师节都会聚聚、吃吃饭。我现在选择一种自己喜欢的方式生活，不抽烟不喝酒，每天保持良好的心态。

作为教师，我最大的体会是，自己出了学校之后依然有很多人叫我“老师”“校长”，这是很开心的事，做老师的快乐也就是在这里，能够得到家长和学生的认可。虽然称不上桃李满天下，但每当遇上一些我不认识的、叫我“老师”的人，他们说“老师，你教过我的”，听到这句话，我是很高兴的。

身着苗族服饰的王昌庭老师和王思人合影（2016 年）

① 高坡苗族射背牌，是高坡苗族独有的一种民俗活动，流传于龙里、贵定等相邻地区的苗族村寨。

访谈后记

对我而言，这篇口述史有其独特的意义，细细说来主要有三个方面。一是自己的民族身份。作为苗家儿女，我们对本民族文化以及习俗都有着很深的情结，也有着同样的期盼，希望苗族文化能得到传承和发展。尤其是自己有幸来到北京求学，视野开阔了，并结识了不同领域的优秀人物，这种情感就越发强烈。二是访谈对象是自己的亲大伯，虽是亲大伯，但因家里不挨着，接触很少，对他不甚了解。关于大伯的事情，都是从别人口中听说的，对他的敬佩也都是深藏心里。三是大伯所生长的环境、工作地都是我熟悉的。我听着大伯的讲述，又一次重温了那些温暖的故事，仿佛岁月没有带走什么。

大伯很谦和、亲切，访谈中时不时哈哈大笑，尽管对于过去一些不愉快的经历也许是不愿意提起的，但还是娓娓道来。因为他希望把他的人生经验和感悟都告诉我、告诉下一代，让我们更好地生活。

最后一次访谈是 2016 年 5 月回家调研。我把整理出来的文字给大伯看，他又补充了一些新资料。

我想，未来的人生之路，我也会遇到困难和挫折，但想到远在故乡的大伯依然坚持对山村、对苗族文化的研究，对村里人的关心，这都会给我能量去战胜困难。或许，我也会成为一名苗乡的守望者。

本文整理完成后，经过了口述者本人的修改和审定。

走下大兴安岭的鄂伦春族教师

口述者：莫贵勇
访谈者：包　锋[①]　韩雪军[②]
整理者：包　锋
修订者：魏曼华[③]　王成龙[④]

① 包锋，呼伦贝尔学院教育科学学院副教授。
② 韩雪军，蒙古族，呼伦贝尔学院教育科学学院副教授。
③ 魏曼华，北京师范大学教育学部副教授。
④ 王成龙，北京师范大学教育学博士，国家教育行政学院培训部教师。

莫贵勇，男，1959年生。鄂伦春族，内蒙古呼伦贝尔市鄂伦春自治旗人。1978年高中毕业后服兵役，参加过南疆保卫战，1980年退役。后在内蒙古师范学院进修，1984年至今在鄂伦春民族中学任教，先后担任教导处主任、政教处主任。现任鄂伦春民族中学后勤主任。

1959年，我出生在茫茫的大兴安岭深处的一个鄂伦春族家庭。我家祖祖辈辈、世世代代以狩猎为生，是纯正的鄂伦春族人。“鄂伦春”一词有两种含义，即“使用驯鹿的人”和“山岭上的人”。“鄂伦”的发音与驯鹿的发音“oron”相同，“cho”是表示人的附加成分，两者合起来为“oroncho”，即“鄂伦春”，汉语就是“打鹿人”之意。我们民族有语言但没有文字，一般通用汉语文，信奉萨满教，崇拜自然物。

鄂伦春族长期处于原始社会，社会内部尚未形成分工，只有男女老少之间的自然分工，生产以集体狩猎为主，采集和捕鱼为辅。获取猎物之后，与“跑山”[①]的商贩通过“以物换物”的方式，换取大米、盐、弹药、药物等生活物品，商人通过“以少换多”的物物交换从中盈利。当时，鄂伦春族人四处迁徙，吃兽肉、穿兽皮，住在八面透风的“斜仁柱”[②]里，深山里交通闭塞，出行工具主要是靠马，没有道路，

莫贵勇老师（左）在宾馆接受包锋的访谈

① 跑山，在大兴安岭地区指那些专门在山中游走从事收售林区特产的商贩的活动。

② 斜仁柱，是一种用二三十根六米长的木杆和兽皮或桦树皮搭盖而成的简陋的圆锥形房屋。

只有马道。我们所在的部落古里乡[①]距离鄂伦春自治旗政府所在地阿里河镇有几百里的路程，交通极为不便。我们鄂伦春族人的故事，就像一首歌里唱的那样：

高高的兴安岭一片大森林，
森林里住着勇敢的鄂伦春，
一呀一匹猎马一呀一杆枪，
獐狍野鹿满山遍野打呀打不尽。

20世纪50年代，国家出台了“下山”政策[②]之后，鄂伦春族人陆陆续续地下山了，从山上到山下[③]，结束了狩猎生活。我们家是1958年从大兴安岭林区下山的。

在大兴安岭地区生活的鄂伦春族人，较大的部落有两个——南部和北部。南部的部落族人基本都姓莫，而北部部落的族群较大，人数较多，姓氏也较多样。鄂伦春族人很少，现在只有8000多人。

一、狩猎民族的记忆

（一）鄂伦春族人的传统和风俗

我父母都没有上过学，靠打猎为生。我家中当年至少有5杆枪。在我的印象中，鄂伦春族家庭子女较多，少则五六个孩子，多则十一二个孩子，我的家庭共有兄弟姐妹8人，我排行老三。那时候，给生活在山上的鄂伦春族人的新生儿接生，自然地落在了部落中年龄较大的妇女身上。她们经验丰富，通过口耳相传的方式从老一辈那里获得了接生的知识。

我是最后一批在撮罗子[④]出生的，出生后不久，我们家就下山了。当时没有幼儿园或者学前班，我的学前教育主要是在家中由父母及老人进行的。比如，按照鄂伦春族的传统，一家子吃饭，过年过节请客，即便席面上有再喜欢吃的肉，孩子也是不允许先动筷子的，除非老人说可以动筷子了。尊敬老人在鄂伦春族的

---

① 古里乡，地名，位于鄂伦春旗东南部。

② “下山”政策，是指政府号召生活在大兴安岭林中的鄂伦春族人实现定居的相关政策。至1958年前后，鄂伦春民族从游猎生活实现了定居。

③ 访谈中，莫贵勇老师提到最多的两个词是“山上”“山下”，或许，这种从“山上”到“山下”看似很简单的一种生活场所的改变，对于古老的鄂伦春族却是整个民族发展史上一个极为重要的里程碑式的事件。

④ 撮罗子，又称“斜仁柱”。

族规中特别重要，小辈和晚辈一般不可以和长辈坐在一起吃饭，小辈还得负责倒酒，篝火烤的肉必须先给老人，桦皮篓子[①]酒先给老人倒，老人举行完敬天敬地的仪式后，先动筷子，之后晚辈才可以吃。

（二）“文化大革命”期间上学

1966年我7岁的时候，开始接受学校教育，而之前我所受的教育均为家庭的口耳相传。在小学阶段，教师数量不足，印象中我就读的小学只有两名教师，学习科目也只有语文和数学两科。当时学校实行的是复式教学[②]，一年级、二年级和高年级的同学在一间教室，老师往往是先给高年级的同学讲完课，再给低年级的同学讲课，课后再由高年级的学生辅导低年级的学生学习。当时的学校就是一间土房，大约到了1971年，政府盖了砖房，学校就比较正规了。我们学校的学生非常少，因此学生不分民族均在一起上课，除了鄂伦春族，还有汉族、蒙古族及其他少数民族的学生。随后，在阿里河镇的农场也有了学校，加上原有的林场学校，教育资源相对更多，结束了复式教学和混民族教学，实现了分班、分民族教学，主要由几个当地的老教师用汉语授课。

我在古里乡上了6年小学之后，1972年又在乡里上了两年初中，1974年到大杨树镇上了两年高中，1976年毕业。我的整个受教育阶段均在“文化大革命”期间，我觉得啥也没学到。在家务农一年之后，1978年征兵，我就当兵去了。

初中的时候，学校对学生进行了分班，我被分到了农机班，有的学生被分到宏医班。农机班的学生主要学习发电及农场农具保护，宏医班主要学习基本的医疗知识。我印象最深的就是体育课。体育课及音乐课没有教材，体育课就是放羊，学生自己玩儿。那时候不穿鞋，到了夏天，趿拉板儿（拖鞋）也不穿，光脚丫子上学。条件好一些的同学穿“其哈密”[③]上学，冬天夏天都穿这种鞋，也可以穿上它踢足球，上山打猎的时候也可以穿。其哈密这种鞋走路声音比较小，猎物不容

---

① 桦皮篓子，指用桦树皮做的一种盛酒器。

② 复式教学，把两个或两个以上年级的学生编成一班，由一位教师用不同的教材，在同一节课里对不同年级的学生进行教学的组织形式。教师给一个年级讲课，让其他年级学生做作业或复习，交替进行。目前，在人口居住分散、交通不便的山区、牧区和农村仍然有学校采用复式教学。

③ 其哈密，鄂伦春族人用狍子皮毛做的一种鞋。

易发现。冬天的时候也穿“棉钻辘”①。那时物质生活比较贫乏，一双鞋往往是家里的孩子轮着穿，循环利用。

在我10岁左右，也就是1968年或者1969年的时候，古里乡来了一支部队，这个部队就像书里说的一样，不拿群众一针一线，也不住老百姓家里，在屯子边上安营扎寨，自己做饭，第二天还给老百姓干活。待了3天之后，这个部队离开了。当时我就感到，当兵是为了老百姓，长大了我也要当兵，也要为老百姓办事。因此，1978年我就当兵去了。

鄂伦春族传统上较为重视教育。我的兄弟姐妹8人均接受过正规的学校教育，而且基本上都上完了初中。在我的眼中，鄂伦春族人较为重视教育，我父母一直支持8个孩子上学，但当时上学不需要家里出钱，主要依靠政府每月14元的助学金来保障并完成学业。那时候一个月14元已经非常多了，能养活一家人。同时，家里还种地，打的粮食都是自己吃，从狩猎生活变成了农耕生活。而真正的禁猎是从20世纪80年代开始的，80年代之前我们家还部分依靠打猎生活，那时候的鄂伦春族家庭都有猎枪。我们鄂伦春族人感觉这种过渡真是非常快。

莫贵勇老师（左一）和家人

① 棉钻辘，一种手工缝制的、用棉花和棉布制作的棉鞋。

我的小学和中学时代都是在“文化大革命”中度过的，有一件事我记忆犹新。“文化大革命”期间，鄂伦春第一中学的一位教师被红卫兵整得受不了了，从一间厕所跑了出去，跑回家之后就自杀了。那个年代，教师的地位突然受到了扭曲，而这种扭曲对于知识分子而言往往是致命的。

二、换下戎装重拾笔

（一）上大学

我当了两年兵，1980 年 11 月退役。1981 年，我被推荐到内蒙古师范学院[①]进修。由于鄂伦春民族中学师资缺乏，经过“推荐式”的选拔，我和其他 9 名鄂伦春族有意深造的年轻人被送进高校学习，大部分所学专业为师范类专业，具体所学专业由本人自选。因为爱好，我选择了生物教育专业，3 年后获得结业证书。

在内蒙古师范大学学习期间，我被编入 1980 级生物教育专业汉授班[②]。当时，在我们学校有汉授班、蒙授班[③]等。在汉语授课班中可能会有部分蒙古族或者其他少数民族学生，在蒙古语授课班中也可能有部分汉族学生或者达斡尔族学生、鄂温克族学生等。

我感到那时候同汉族学生一起学习好处非常多。因为鄂伦春族下山之后，由说鄂伦春语到说汉语的转变有困难，而大学期间接触汉族学生，对于提高汉语水平十分有益，语言流畅了，学习成绩也就上来了。另外，之前的鄂伦春族学生大多为单独编班，同其他民族的接触机会受限，不利于民族之间的交流和相互理解。大学 3 年学习之中，我们没有到中小学实习过。

在一起读大学的 10 名同学中，有继续进修的，有走仕途的，一直从事教育事业的就那么几名同学。热爱教育事业是我一直没有改行的主要原因。选择了教师这一职业作为自己的事业，我没有动摇过也没有后悔过，要是让我重新选择的话，我还会报考师范学校。

---

① 内蒙古师范学院，1982 年更名为内蒙古师范大学。

② 汉授班，即汉语授课班。

③ 蒙授班，即蒙古语授课班。

（二）第一位专业的生物老师

鄂伦春民族中学始建于 1981 年，此前鄂伦春自治旗只有一所中学——鄂伦春第一中学。鄂伦春民族中学建校后，将一中的部分教师和部分学生调到新成立的民中。目前，一中为初中，民中为完中[①]，初中生源由教育局普教科分配，两校的生源没有太大的差别。

1984 年，我回到鄂伦春自治旗，在鄂伦春民族中学当了一名生物教师。当年，我是属于定向培养的，直接到鄂伦春民族中学工作。除我之外，其他老师基本上都是从别的学校调入的。当地政府给予鄂伦春民族中学很大的优先用人权，同等情况下，优先满足鄂伦春民族中学的用人需求。只要有教育局的推荐，即可进入鄂伦春民族中学任教。对教师的家庭出身也没有限制，主要是“唯才是举”，看个人的专业素养和能力。当时，鄂伦春民族中学和我同龄的教师多为高中学历，后来他们通过自考、夜大、函授等提高了学历。

上班后不久，学校就安排老教师对新教师进行“传帮带”，使我很快地适应了教师工作。当时，社会对教师挺认可的，而且学生都来自乡下，寄宿生多一些，比较好管理。老百姓也愿意送孩子到学校上学，政府给学生生活补助，课本全部免费，作业本、钢笔等都会供应，上学基本不花钱。教师在当时是比较受欢迎的职业。

我在鄂伦春民族中学讲的第一节课是“植物的生长”。当时上讲台一点都不紧张，因为班里只有 10 多个小孩。刚参加工作之初，由于学校的硬件设施不足，有的实验做不了，所以我就充分发挥自己熟悉自然环境，依靠大兴安岭这片广袤的森林资源，自己动手做教具，做实验。另外，我也通过学校及个人关系，同其他学校互通有无，基本上较好地完成了教学所需要的实验任务。

比如讲到“解剖鱼”的时候，我就带领学生去河里抓鱼，然后进行解剖，剖开之后还能看到鱼的心脏在跳，特别生动形象，学生也易于理解学习。大兴安岭地区有宝贵的动植物及其他自然资源，这为生物课教学提供了诸多的便利条件。在授课方式上，我基本上用到了生物课程所需要的所有方法，在教学上有一定的自由度与自主权，但是不会超大纲。对于“评课”这一环节，我所在的生物组每周都有计划，都会听课。

---

① 完中，即完全中学，包括初中和高中。

作为鄂伦春民族中学第一位专业的生物教师，我在专业发展方面也面临着“孤独”的尴尬，我讲课很少有老师来听课，更谈不上同事之间的相互交流。由于上生物课的班级少，因此课时也少，初一初二初三各为每周两节课，学校要求的是满课 16 周，课时量不够，因此学校会为我安排其他事务性工作来代替教学工作量。

在教学岗位上，我一直教授生物课，到后期的时候，做过班主任、教导处、政教处工作等。大约 1993 年，由于身体原因，我从一线教学岗位逐渐调整到管理岗位。1998 年左右，学校的年轻教师慢慢多了起来，我就不用上课了。刚开始管理学生宿舍，后来管理食堂，后来又被调整到学校图书馆管理图书，上级领导来了负责汇报工作。

鄂伦春旗当地的孩子只要自己愿意上学，基本上都能上完初中。但是由于鄂伦春旗乡下教育条件比较落后，从乡下毕业的小学生到了阿里河镇读初中之后，学习很难跟上。因此“普九”尽管从数量上得以实现，但在质量上却不容乐观。在经历中考的选拔之后，由于成绩差的原因，能上高中的孩子更少。当地政府为了照顾鄂伦春族的孩子，出台了一系列的优惠政策，比如鼓励参军，退伍后政府负责安排工作。另外，对于上了高中的那部分学生，在参加高考的时候可以报考少数民族预科班，它录取分数相对较低，所以考上的比较多。

我从教以来，很多的学生都考入了中师，当时报考中师的学生大多是班级里学习最好、最用功的学生。当时，中师非常难考，因为竞争激烈，而且毕业之后国家包分配。鄂伦春旗参加中师考试的学生大多考入扎兰屯师范学校[①]，我们学校有不少教师就是从扎兰屯师范学校毕业的。我认为中师毕业的学生业务方面都很强，因为他们底子厚，学习好。

（三）骑马家访

鄂伦春民族中学的住校生较多，而住校生中大多数又是乡下的孩子。他们从小生活在林区深处，不愿意或者不习惯上学，更不习惯学校严格的管理及枯燥的学习生活——又要写作业，又要被老师管，在乡下自由得多，因此经常往家里跑。

---

① 扎兰屯师范学校，现名为“扎兰屯职业学院”。

有两件事情让我记忆深刻。

当班主任的时候，我们班有两名女生不爱上课经常往家跑。我就想了一个办法，那就是给她俩安排早上为班里打水的办法来“盯住”她们，这在一段时间内起到了较为明显的效果。但是好景不长，坚持了两个学期之后，其中一名女生突然失踪了，我马上到很远的托河乡家访，与她的父母沟通，最终将这名学生找回学校。

还有一名女生，来自离异家庭，上初二时总往家跑，她父亲的管教特别严厉，学校管理也严格，但是在初二的时候这名女生怀孕了，后来自动退学。当老师这么多年，我的感受是，单亲家庭或离异家庭的孩子最不好管理，尤其是这种情况的女孩子又不能体罚，加大了教育的难度。

记得有一次，为了保护学生的自尊心，我把犯错误的一名学生叫到办公室个别谈话。学生犯了错误，被老师训话之后，回家一般不和父母说，害怕说了之后挨一顿打。

学生毕业之后，同我还经常保持联系的也不少，学生较为尊重老师。对于学生早恋，我一旦发现早恋的苗头，就会做工作，将其扼杀在摇篮之中。在具体方法上，我采取了说服教育为主的策略，教育早恋的学生把主要精力用在学习上。

大部分家长重视子女教育，不重视的较少。比如部分家长认为，孩子交给学校了，就应该由学校来承担一切的教育工作。有些家长告诉老师：“管得狠点儿，再不行就揍，别打坏就行。”工作多年之后，我还与部分家长保持着联系，家长十分热情，叫我路过家门口就到家里吃饭，说明家长对我的工作还是认可的。由于林区交通不便，我经常需要骑马家访，有部分学生家离阿里河镇较远，还得在学生家中借宿。

（四）从活字打字机到复印机

刚参加工作的时候，学生手中的教辅资料不是很多，因此教辅资料就只能由学校自己印刷。学校规定课本和练习册只能订一本，订多了属于浪费资源。说起印刷教辅资料，我对几种传统印刷工具有着深深的记忆与复杂的情感。

在鄂伦春民族中学，最早使用的是活字打字机。由打印员从铅字库里一个一个地找字，然后往板里按进去，按顺序组成句子。好几千个字，不好找，字太小，效率低下，那时候用打字机主要是打印文件之类的材料，像课文那样的东西打印不过来，要是不熟悉字库的话，一天也找不到几个字，一句话都弄不出来。

后来，学校印教辅资料开始用油印机，我现在都对油印技术的流程记忆犹新。先用钢板刻在蜡纸上，刻完之后推一下轱辘[①]就印好一张纸。那个时候学生少，推十多份就够了。由于技术落后，印刷出的材料经常出现有的地方油墨浓，有的地方淡的情况。蜡纸和刻笔的使用是技术性最强的一道工序，当年我经过同事的指点，尝试3次后才印出东西。对于经历过油印时代的教师和学生来说，印偏、漏印、墨香、手黑这几个特征，是油印机带给我们的共同记忆。

在我的印象中，鄂伦春民族中学在2000年后购置了复印机，老师们看着一张张工整清晰的资料从机器中输出的时候，都感慨时代的进步和科技带给人们的工作及生活的便利。

（五）教研活动和培训

我们中学分不同的学科组进行教研活动，生物和化学在一个教研组。教研活动的形式主要有听课、评课、集体备课等。听课、备课意义较大，而集体备课多流于形式，效果不明显。教师参加教研活动较为积极，因为大多数教师认为该项活动为教师的分内之事。教研组组长会记录每一次教研活动中教师的参与情况，在年底考核时作为参考，这就有了一定的约束力。

教研活动对于教师讲好课有很重要的意义。对于某些稀里糊涂的教师，如果教研室不督促其认真备课，他可能走上讲台就会糊涂一辈子。互相听课对于教师的专业成长也十分有帮助。

我们鄂伦春民族中学一般是选择有组织能力的、讲课和评课水平较高的老教师来担任教研组组长。在我看来，教研组不是一个行政组织，而像一个大家庭，总得有一个管事儿的。如果教研组长的能力不足，教研组很可能就会流于形式。

鄂伦春民族中学每年寒暑假都要组织老师参加培训，主要培训地点在呼伦贝尔学院。国家级的教学改革之类的培训，主要参加人员为教研室主任，由呼伦贝尔市教育局统一组织到海拉尔区参加培训，然后教研室主任再培训本教研组的教

---

① 轱辘，油印机的工具，油印时，用轱辘在刻板上推，以便将字印刷到纸张上。

师。对于继续教育培训，我认为短期培训的作用有限，不少课程流于形式，对教学工作的实际指导意义不大，而且大多数参加培训的教师首要目的是通过培训拿到继续教育学时，为评定职称创造条件。

（六）一言难尽的晋升和评优

我是通过继续教育获得教师资格证的，当时的教师资格证获得方式与现在不同，不需要考试，直接参加完培训就可以获得。我刚参加工作时是中教初级职称，属于直接评聘。3 年之后评上中教中级。在评聘中教高级的时候，我自愿放弃了。当时，中学职称评聘标准有一条是要求发表论文，但有的论文是靠花钱发表的，我认为这完全是流于形式。我看不惯这种做法。当然，职称评定对于促进教师专业水平的提高还是有帮助的。

在评奖评优方面，学校加大了对优秀教师的物质奖励力度，大家的积极性较高。优秀教师的选评主要看教师工作期间的业绩，但是业绩是一个很不容易被量化的考核指标，能量化的仅仅是教师的出勤、所带班级的考试成绩等。因为同年级的学生大多数是由同一名教师任教，因此考试成绩参考意义不大，而不同年级不具有可比性，比如初三存在升学率的问题，好比较，但是初三与初一、初二比较则较为困难。因此，优秀教师的评选标准需要进一步完善。

莫贵勇老师的教师资格证书

三、回忆与思考

（一）参加南疆保卫战[①]

参军的日子我记得很清楚。1978 年 12 月 22 日，我从鄂伦春旗阿里河镇出发，1979 年 1 月 1 日那一天到达兵站——湖南云湖桥镇，那是距离毛主席的故乡湘潭 20 多公里的一个地方。军训的时候，印象很深的一件事是我掉进了铁路沿线的冰窟窿里，后被战友拽了出来。

参军时的莫贵勇老师

在 1979 年南疆保卫战中，我作为铁道兵被派到前线。其实我的枪法极准，曾被称为“鄂伦春第一枪”，可惜没有经历战争场面，主要负责后勤保障与供给。当时国家在日子不太好过的情况下，却保障了战争的需要，将大米白面一麻袋一麻袋地运往前线。

我当了两年兵，于 1980 年 11 月退役。

---

① 南疆保卫战，也称对越自卫反击战。

（二）一些思考

1984 年，我刚参加工作时工资大概每月 30 元左右，这样的工资水平在当时生活起来很容易。以前虽然东西少，但政府会免费发放一些煤和粮食等。

这几年在鄂伦春民族中学，我每年年底的绩效工资约为 1 万元，加上底薪每年的收入在五六万元。我认为现在的工资金额多了，但是购买力提高不多。我觉得，绩效工资的激励作用不是十分明显，因为年终绩效工资的发放，无论从数量上还是从奖励上，在校教师都差不多，没有真正的“绩效”。但是有一点值得称赞的是，2009 年内蒙古自治区教师实行绩效工资改革之后，班主任岗位工资提高幅度较大，扭转了以前教师不愿意当班主任的现象，形成了许多教师都想当班主任的局面。

（三）婚姻与退休生活

当时，在人们的心目当中，找对象就要找教师。我成家之后，我们夫妻双方均承担着家务及子女教育。家里的活主要是烧火做饭，我负责劈柴、子女看护和教育，妻子负责接送孩子。我育有两子，大儿子毕业于呼伦贝尔学院初等教育学院，二儿子目前就读于内蒙古民族大学。两个孩子都挺有出息，我很欣慰。

我今年已经 57 岁（2016 年）。按照我们这里的退休政策规定，再有 3 年就可以办理退休手续。退休之后，自己找活儿干吧，愿意干点啥就干点啥，能干点啥就干点啥。只要身体条件允许，上街扫大街也行。我也想过退休后出去旅游，但是前提必须是挣钱和攒钱。我现在总想着祖辈在山上生活时住过的山洞，有点向往野外生活，但是还是选择现在的生活方式。

访谈后记

2015年春节前，羊年春节的腊月二十三农历小年，带着对鄂伦春自治旗悠久灿烂厚重文化的敬畏，及对鄂伦春族教育发展强烈的探索欲望，我们（包锋、韩雪军）登上开往鄂伦春自治旗政府所在地——阿里河镇的火车，去访谈莫贵勇这位鄂伦春族教师。当时，莫老师正忙于筹办儿子的婚事，但仍然抽出时间接受了我们的访谈。访谈用语是汉语。

因为小时候唱过的《鄂伦春小唱》，我们对鄂伦春族有了“森林”“打猎”等初始印象。这次有机会直接与从小生活在大森林里、有过打猎经历、参加过南疆保卫战的鄂伦春族老师莫贵勇面对面地坐在一起，我们激动的心情自不用说。

访谈中，我们感到莫贵勇老师对祖辈在原始森林中的生活十分怀念和向往，对马和狗这两个鄂伦春族最好的朋友，还有森林，都有十分深厚的感情。生于1959年的莫贵勇老师，正好赶上了政府针对鄂伦春族的“下山”政策，因此可以这样说，莫贵勇老师的成长经历，就是一部中华人民共和国成立以来鄂伦春族人民生活、学习、工作等方面的“变迁史”。而鄂伦春族半个多世纪的教育发展史，通过亲历和见证莫老师的叙述，在我们的脑海中也逐渐地清晰起来。访谈结束后，我对莫老师提起了小学时的一首儿歌《鄂伦春小唱》，莫老师特别高兴，并兴致勃勃地和我们一起完整地合唱了这首歌。

在本文定稿之际，中央电视台军事农业频道《乡土》栏目，在2016年8月1日播出了《走下山岭的鄂伦春人》节目。在这个节目里，莫贵勇老师身着鄂伦春族民族服装，详细地介绍了鄂伦春族的历史、文化和独特的民俗生活。看后，对走下大兴安岭的鄂伦春族和莫贵勇老师，我们有了更多的亲切感和熟悉感！

本文整理完成后，经过了口述者本人的修改和审定。

鄂温克族女教师的草原往事

口述者：额尔登其其格[①]
访谈者：包　锋[②]　阿丽木拉[③]　乌妮尔[④]
整理者：乌妮尔　包　锋
修订者：魏曼华[⑤]　王成龙[⑥]

- 我的教师之路
- 对民族文化和教师职业的感受
- 家庭和退休生活

① 额尔登其其格，有的奖状、证件上写的是“额尔敦其其格”，有的写“额尔登其其格”，最后本人确定为“额尔登其其格”，所以全文通用的是这个名字。
② 包锋，呼伦贝尔学院教育科学学院副教授。
③ 阿丽木拉，女，达斡尔族，日本宫城县青叶区仙台日中贸易商事。
④ 乌妮尔，女，蒙古族，呼伦贝尔学院教育科学学院讲师。
⑤ 魏曼华，北京师范大学教育学部副教授。
⑥ 王成龙，北京师范大学教育学博士，国家教育行政学院培训部教师。

额尔登其其格，女，鄂温克族，1959年12月生，内蒙古自治区呼伦贝尔市鄂温克族自治旗人，1980年毕业于内蒙古海拉尔蒙族师范学校（大专班），先后在鄂温克族自治旗伊敏苏木中学、鄂温克族自治旗鄂温克中学、鄂温克族自治旗综合职业中学任教。2013年退休，教龄33年。

我的名字叫额尔登其其格，出生在20世纪50年代末，父母是鄂温克族牧民，儿时居住在鄂温克族自治旗伊敏苏木苇子坑生产队（现为苇子坑嘎查[①]），包括我在内，家中姊妹共7人，加上父母，共有9人，我排行老二。父母亲都是牧民，他们在使用蒙古语授课的小学读了两三年，文化程度达到小学，但不能用汉语交流。在20世纪60年代，我们家居住在草原深处，家庭情况一般。我在海拉尔一中就读期间，母亲去世了，父亲自己带大了家中7个孩子，以传统畜牧维持生计，生活非常清苦。

1967年，我在鄂温克族自治旗伊敏苏木苇子坑生产队上小学，当时的小学是五年制。1972年在生产队的中学就读了一学期；1972年9月因为父母较为重视教育，就把我转到了苏木中学接着念；1973年初又转到了海拉尔第一中学继

2016年2月25日，额尔登其其格老师（右）在家中接受包锋、阿丽木拉、乌妮尔（左）的访谈

① 嘎查，蒙古族的行政村叫作嘎查。

续读初中（当时的海拉尔第一中学有初中部，为今海拉尔蒙古族中学的前身）。1978 年我考上了当时的内蒙古自治区呼伦贝尔盟海拉尔蒙族师范学校，1980 年获得蒙古语专业专科学历。1980 年被统一分配到当时的呼伦贝尔盟鄂温克族自治旗伊敏苏木中学，成为一名初中蒙古语教师。1984 年，由于苏木撤并学校，调到现在的呼伦贝尔市鄂温克族自治旗鄂温克中学继续担任蒙古语教师。工作期间，1988 年至 1990 年去了呼和浩特市的内蒙古教育学院学习，获得本科学历。1990 年开始承担高中蒙古语课程。2008 年，因学校资源整合、改革等原因，鄂温克中学的高中部合并到了鄂温克族自治旗职业中学，因此我 2008 年调至鄂温克族自治旗职业中学任教，2013 年正式退休。

回望我的工作生涯，我一直是随着国家教育政策的调整而变换自己的工作，兢兢业业，过了大半辈子。

一、我的教师之路

（一）懵懵懂懂地走入师范学校

20 世纪 70 年代，在相对封闭的基层牧区环境内，我一开始并未有成为教师的意愿，安然地过着平凡的日子。作为普通老百姓，父母亲较为开明，知道子女受教育的重要性。1977 年恢复高考时，我是鄂温克族自治旗伊敏苏木苇子坑生产队的回乡知青，参加了高考。第一次高考的时候，有两层考试，先在苏木进行一次选拔考试，合格之后才有资格到旗里参加高考。我通过了苏木的选拔考试，但是因为当时的牧区交通不便利，加上自己年纪小，对上大学这个概念也是懵懵懂懂的，没去参加旗里的高考。因为我在中学就读期间一直成绩较好，又是回乡知青，因此 1978 年再次参加高考，得到了鄂温克族自治旗教育局的推荐，后来收到了海拉尔蒙族师范学校大专班的录取通知书。

我上了大学之后才得知，有的比自己考试成绩差的同学去了自治区的重点大学就读，自己也不了解当时的形势，所以拿到录取通知书就乖乖去报到了。在过去，刚刚恢复高考制度时，高校招生不像如今国家直接统一招生。当时初中毕业就允许以同等学力报考各类专科学校，根据考试分数，得到教育局推荐才可以进入相应录取分数的院校，这样就有了可人为操纵的机会，所以才会出现比我考试分数差的同学被推荐到重点高校的情况。

因父母的开明，家中姊妹均受过不同程度的教育，除了我，我的一个妹妹也上过师范专科学校。另外还有个妹妹改革开放后到日本留学，在日本东京外国语大学一直读到了博士，但是后来得了癌症，英年早逝。

鄂温克族虽有自己的语言，但没有文字。在以蒙古族作为主体民族的内蒙古上学，我和弟弟妹妹，甚至包括自己的父母，从受教育开始，都是进入蒙古语授课的学校就读，成为蒙授生[①]。后来的大学招生、录取，甚至工作也按照蒙授生的要求进行。

当时民风较为淳朴，老百姓知识面也不像现在这么广，也不知道哪些学校好。多数人都认为只要是考上一所学校，中等师范也好，高等师范院校也好，将来都会有出息的。我考上海拉尔蒙族师范学校之后，父亲非常高兴，还亲自将我送到学校入学。乡亲们也都挺羡慕我的，都夸赞这家的姑娘很厉害，考上师范学校了。总体来说大家都认为考上师范学校是不错的。

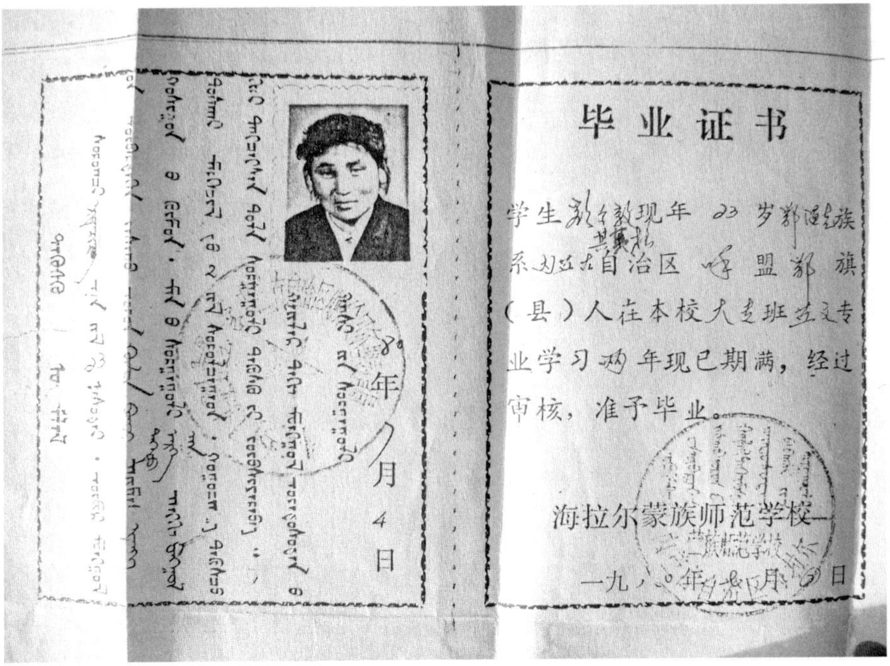

额尔登其其格老师的大专毕业证书

① 蒙授生，即接受用蒙古语授课的学生。

我是回乡知青，我读中小学时学校就有知青当老师。知青多数来自北京和天津两地，当时觉得知青都很有文化，很是羡慕。他们与牧民成了好朋友，有的甚至最后都精通蒙古语，积极主动参加劳动，闲暇时还给我们这些小孩儿讲故事，返乡后还与牧民们书信往来。我想，我能考上大专，和这些知青老师有很大关系。

（二）慢慢学习当老师

1. 第一次讲课一句话没说。

那时，不管是中专还是大学毕业生，都由政府统一分配工作。我们的观念也非常纯朴，也没有留在条件好一些的城镇学校工作的想法，大家都服从分配。1980 年毕业后的那个暑假，我一直在家边放牧边等分配工作的消息。其实毕业时我的档案已经从学校转入了鄂温克族自治旗教育局，但由于当时的通信条件不太好，直到接收我的伊敏苏木中学开学已有两个月时间，校长亲自到我家通知，我才匆匆来到学校报到，开始参加工作，还领到了前两个月的工资。

20 世纪 80 年代初，牧区基层学校的教师都是直接从教育局分配的，然后学校自己领回分配来的毕业生。他们没有岗前培训，到学校直接上讲台上课。当时的师范教育训练严格、有序、有质量，毕业生均是直接可以上讲台的成熟型教师，因此学校并无入职考核，比较信任当时的师范教育，认为师范毕业生受教育程度、教态、教学方法方面都是比较好的。刚刚教书的时候，当地年长牧民的文化程度绝大部分只能达到小学，我们这一批算是较早外出求学、文化程度比较高的牧民子弟。

在伊敏苏木中学任教时，放假期间，我经常组织学生帮助牧民们剪羊毛、挤牛奶、拉备粮草等。当时学校还养了一些牛羊，学生也会负责照料学校的牛羊，学校将这些牛羊肉作为学生的日常伙食和教师们的新春佳节的一点点福利。牧区的学生都愿意积极参加牧区劳动。到了春秋干燥易燃季节，一旦出现草原火灾，老师们就会带领学生来到牧户家的草场帮忙扑火。到了夏季，平坦无垠的草原上出现暴雨，导致草原上的河水大涨，出现水涝，直冲牧民的夏令草场。这时师生们都会帮助牧民搭建大坝防涝。撤并学校时，学校原来饲养的牛羊都卖了出去，所得收入都分配给了教师们，作为最后的福利。

我刚参加工作时，伊敏苏木中学拥有独立的校舍，跟小学是分开的，各自都有独立的学校用地。初一到初三共有三个班，独立成班，并没有把三个年级整合成一个班授课，而是各自进行独立教学。当时的伊敏苏木中学，一个年级只有一个班的学生。在教学任务方面，根据老师的多少来安排每个老师的工作量，我平均一周一般能达到十几课时。除了自己的专业蒙古语课，如果其他课程缺教师的话，如历史、地理等文科课程，我也会被安排去上。有时一学期要教两三门课，几乎没有从事其他工作的时间。当时的中学老师在教学内容方面都是严格遵守自治区的各学科蒙古语授课的教育方针，结合政策法规，根据教研室的规定，分配整理自己的教学内容。授课方式大体按照我们学过的教育学理念，也根据学生具体情况、老师自身的条件与教学能力等，进行本土化的调整。

我第一次上课，现在想起来特别搞笑。第一次面对一个班的学生上课，而不是试讲，这感觉是完全不同的，紧张程度可想而知。那是一节数学课，我端着书和教案进入教室。这是个初二年级的班，有些学生看起来比我年纪都要大。上课铃一响，我突然不会说话了，跟失声了一样，喉咙好像有个东西堵着，死活开不了口。这时赶紧转身，在黑板上抄写了满满一黑板数学题，不敢面对底下的学生，一节课头也没回。抄写到一半，我拿起教鞭敲了两下黑板，学生们立马反应过来，开始抄数学题算起来，就这样撑到了下课。

下课的铃声一响，没等学生走出教室，我这个小老师自己就三步并作两步先奔出教室，跑到教室后面的阴凉地大口喘着粗气。这时校长正好也下课路过，看到了我，笑个不停。他说："新老师第一次讲课都这样，不要紧张，我会多去听你的课，慢慢帮你进入讲课状态。"校长还非常耐心地让我去看他以往的所有教学材料，让我学着做了起来。现在想想，不就是讲课吗，这把自己紧张得。想起来就笑得合不拢嘴，真是一段非常有趣的回忆。

学校内部的关系方面，当时的同事都比较纯朴，相互关爱，友谊深厚，经常相互听课，充分交流教学方法，相互促进。有经验的资深老教师都直截了当地指出年轻教师教学存在的问题，鼓励与批评都非常到位，都愿意将自己多年的优秀经验传授给新教师。校领导对教师的要求也非常严格，校领导对老师们具有较大影响力，老师们也愿意听从校领导的指挥与安排。尤其在教师的教学技能考核方面，学校领导采取亲自深入课堂听课的考核方式，每学期组织两次大的听课活动来考查教师的教学能力有无提高，哪些方面存在问题，有无改进。课后校领导都会将考查情况系统地反馈给老师们，老师们细心听，根据要求进行调整，以此进一步提高自身的教学能力。

1984 年，鄂温克旗创建了鄂温克中学，学校资源整合，采取了集中办学的形式，之后随着并校，我来到旗里的鄂温克中学任教，从此没有了伊敏苏木中学。

头几次课，我都是拼命往黑板上写内容，自己并不敢深入讲解，教学语言不是很顺畅，有时候写好了内容让学生抄写下来就当上课了。自己紧张得不行就赶快留作业，课间跑到外面透气。我对学生课堂上的表现、学习的状况都没有了解。这个情况后来被校长得知，校长将我叫到办公室，语重心长并用带有批评的语气教导我，要我尽早适应教学，要学会组织课堂，严肃课堂的纪律。

有一次，两个学生突然在课堂上打起架来，我不会劝架，不会管理班级的课堂纪律，只能求助于教导主任，教导主任来后才完全控制住局面。后来这两名同学还都从事了教师职业或是教育相关行业的工作。随着不断地自我挑战和尝试，我慢慢适应了教学的环境和节奏，学会了管理学生，整顿课堂纪律，并主动听老教师的课，改变自己的教育教学方式，逐渐成长为经验丰富的、成熟的教师。

刚任教时，我的很多学生考取了中师，那个时候中师非常受欢迎，但考取也十分难，很多人热衷于考中师是因为包分配。其中也有的人中师毕业之后回到伊敏苏木任教的。

2. 我与学生的故事。

1984 年，我来到鄂温克中学后开始带班，成为高中班的班主任，完整地带了一届学生。当时班里有个女学生患了头疼病，经常请假。多数老师比较严格，不轻易给假。考虑到学生病情的严重程度，我还是给了她一段时期的假，让她去就医。我给她联系医院，带着她找医生看病。后来我跟学生一家和睦相处至今。除此之外，在鄂温克中学任教时，我遇到了一个蒙古族学生，她不好好学习，还经常顶撞老师，说自己学得好不好跟老师没关系，老师不应该管她。后来我联系该生的家长，从家长这边寻找切入口。家长了解了整个情况后，态度非常谦和，主动教育自己的孩子向老师道歉，该生从此改变了学习态度，认真求学。后来这个学生考上了内蒙古农业大学，毕业后做起了丝绸布料生意，我还经常光顾她的店。

虽然现在对教师的教态等各个方面的要求非常严格，但是在学生管理工作中，难免会出现比较棘手的问题，尤其青春期的中学生经常一冲动就会与老师发生摩擦。2011 年，我在鄂温克旗综合职业高中任教时，一次上课，有个布里亚特蒙古族学生不认真听讲，开小差，还扰乱课堂纪律。我立刻制止了学生的行为，并对其进行了批评。但是那个学生不服管教，还顶撞了我。之后他还给远在俄罗斯打工的父亲打电话告状，其父亲听信了孩子单方面的说法，非常气愤，以为是任课老师的过错，给班主任打了国际长途，说要向相关部门告我。我从教多年，教育管理经验还算丰富，知道青春期孩子的冲动行为，所以也没有做什么解释，但表明了自己的态度，坦然地面对有可能受到的处分。该事件冷却了一段时间，让学生自己领悟。之后，学生理解了老师的用心，认识到了自己的行为错误，改正错误并主动向我道歉。后来该生上了呼和浩特民族学院，还主动请我吃饭，我们一起就当趣事一样回忆了当年发生的事情。

我认为教师工作是跟人的心灵打交道，要教书育人是非常复杂辛苦的。几十年工作下来非常不易，但是我任劳任怨，不辞辛苦，只凭对教师这份工作的热爱。

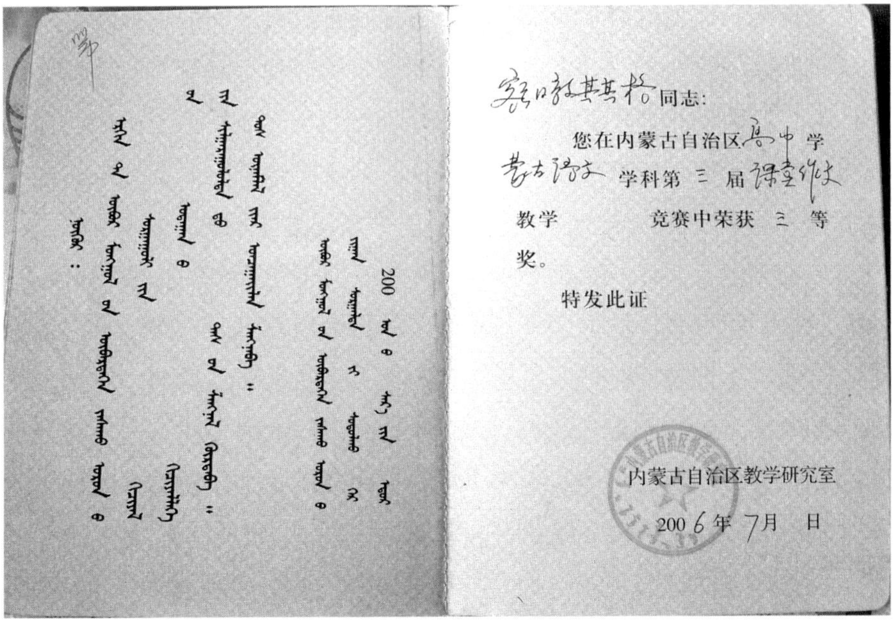

获奖证书（2006 年）

（三）油印机印教辅资料和考卷

我教初中蒙古语的时候，按照上级要求，统一使用内蒙古教育出版社出版的学制为三年的蒙古语教材。当时蒙古语教材没有教辅资料、复习资料以及作文资料，上蒙古语课时没有优秀作文集参考，只能将学生写的优秀作文当成范文，念给学生听，然后挑选、整理成作文集，用油印机给学生印出来，当成教辅材料使用。在蒙古语授课方面，因为过去的蒙古语教材没有充分考虑本土化，有些鄂温克族学生学习一些重难点蒙古语单词时，会遇到不懂、不理解的情况，我就及时用鄂温克语解释，帮助学生学习和理解。

当时，苏木中学进行蒙古语考试时，期中考试由学校蒙古语教研组自主命题，期末考试统一由旗教育局或者盟教育局命题。并校后，所有的蒙古语考试都由学校教研室和教导处组织各科老师一同出题。

油印试卷是先由老师在钢板上刻题，再用蜡纸、油印机印出试卷。铁笔、蜡纸、钢板、油印机是蜡纸油印的基本工具和材料。铁笔的构造其实很简单，钢针做的笔头加上塑料做的笔管，空心笔管里一般配有几支备用的笔尖。蜡纸是一种表面涂了蜡的特制纸，它有不同的型号，分通用格、田字格、横书格等。和钢笔不同，用铁笔写字，除了要有蜡纸，还必须在蜡纸下面垫上一块长方形的专用刻字钢板才行，刻字钢板的表面布满了左撇右捺且垂直交叉的均匀细纹。刻蜡纸讲究运力的技术，需要一股韧劲，力量的大小要恰到好处。刻重了，容易把蜡纸划破，油印时会漏油墨；刻得轻了，没把蜡纸刻透又印不出字来。

蜡纸刻好了，接下来就可以开印了。油印的难度丝毫不亚于刻写。打开油印机的盒盖后，会看到盖内嵌有一块玻璃，是供滚调油墨用的。先将纱框擦干净，然后把蜡纸蒙到纱幕下面，蜡纸必须铺平整，千万不可折皱。在油印机的底板上放上一沓白纸，再在玻璃板上倒上适量油墨，用滚筒在上面来回滚动，将油墨调抹均匀。油印时，握着滚筒把的手适当用力按下，在纱幕上滚动，从这头滚向那头，一次性印好，不能回滚，若来回滚动则会把蜡纸滚皱或走移，导致功亏一篑。需印多少张试卷，就得让滚筒滚上多少次，有时油墨少了，需将滚筒沾上油墨再滚一次才清晰。印一张，翻一张，直到印完为止。

进入 90 年代后，有了铅字手动打字机，刻蜡纸的工序省去了，但仍用手动滚筒油印机来印刷，条件较为艰苦。直到 2000 年，我们才不再用油印机刻卷子。

（四）教研活动与脱产学习

1. 教研组活动。

学校每个学科都建立了教研组，各教研组自行组织教研活动，制订每个学期的教研活动计划，平均每个月进行一到两次教研活动。在教研组内，大家相互听课评分考核，检查手写教案、教学文件。几个教研室同在一个办公室办公，教研组组长由教学技能优秀、教学工作经验丰富的资深教师担任，每学期开学向教导处专门汇报教研组的工作计划。教研组组长一般是专业学科带头人，教研组工作在学校日常教学工作中占主要地位，负责教师的上岗签字考勤，每天向学校教导处汇报教师的上岗情况。

各教研组之间关系融洽，根据文科类和理科类划分，教研组之间也相互听课，学习交流经验。收到各教研组的听课通知，只要没课的老师都会积极主动去听课，学习教学经验。因为各个学科性质不同，教研组对各自的教学工作的要求也不同。教研活动形式丰富，会定期组织学生开展蒙古文书写规范比赛、朗诵比赛、作文比赛等，学生都会积极踊跃地参加，老师们合作完成。

我所在的学校对音体美教研组的教学管理方式与要求稍有不同。因为音体美三科教学比较注重实践操作、场地条件、参与学校的重大活动等，上课时间相对于主科而言跨度比较长，并不是短短一节课就可以完成教学目标。因此对音体美老师的管理，比较注重教学成果，教学过程中老师自己掌控的空间更大一些。

原来我很羡慕体育老师、音乐老师天天带着学生们跑跑跳跳或者搞各种活动，觉得很随意。但后来随着教学时间的增加，慢慢去想想，其实不管主科老师还是音体美老师，都要严格遵守学校的要求和规定，认真做好分内工作，并且一到重大活动或者比赛时期，音体美老师的课余和休息时间都要用来训练学生，其实一点也不比我们主科老师轻松。

2. 获得本科学历。

我在 20 世纪 80 年代评定了中学三级职称[①]之后，隔了很长一段时间才评上中教一级。直到 1995 年，也就是我工作的第 15 个年头，我们这一批老师才开始

---

① 中小学教师职称，中学职称一般有中教三级、二级、一级、高级（高级职称，副教授级）、特级（一种荣誉）；小学职称一般有小教三级、二级、一级、高级（相当于中级职称）。

评定中教高级职称。

职称评定要求非常严格，按照国家职称评定制度规定按部就班地实施。首先要达到相应的工作年限，还要看发表相关教学论文的情况和级别是否符合要求，之后看教师在该职称所任职的年限内，所教学生每一年的学习成绩，教学科研成果、教态，还要看是否是校级、旗级或者更高一级的优秀教师，等等。

职称评定制度相对而言比较合理规范，要逐级申报，先由旗教育局审核，然后上报市级教育局审核，通过审核后再报至自治区教育厅。一旦在某个层级审核过程中发现问题，就会撤销这个申报。职称评定制度在一定范围内可以起到促进教师专业成长的作用，会规范教师的教育教学工作，使教师投入更多精力提高自己的教育教学质量。最起码为了顺利通过评定职称的审核，老师们也会认真对待自己的教育教学工作。

评选优秀教师是对教师个人专业发展非常好的激励措施。过去评价优秀教师的标准是教师的教学质量、学生的学习成绩、升学率、职业高中毕业生的就业率，以及教师的日常考勤、工作积极性等。优秀教师可以在普通教师中间树立榜样，

内蒙古教育学院蒙古语文系首届本科班毕业合影（第二排中间为额尔登其其格老师）

普通老师会以此作为参照去规范自己的教育教学，争取评上优秀教师。优秀教师的评选还直接影响到教师职称的评定，老师们对此都非常重视。

自参加工作之后，我多次荣获自治区、盟（市）、旗颁发的教学优秀奖。如1995年，获内蒙古自治区语文教学研究室颁发的“中小学语文（蒙古语）课板书设计比赛”二等奖；2000年，获鄂温克族自治旗教育局教研室颁发的“全旗中小学教师范文比赛蒙古语组”二等奖；2000年，在内蒙古自治区教育厅组织的“全区第二届民族教育优秀科研成果评奖活动”中，《谈课文中古文的特点》获优秀奖；2004年，论文获得呼伦贝尔教研室、呼伦贝尔市蒙古语教育学会组织的“中小学蒙古语教改论文评比”二等奖；2006年，获内蒙古自治区教学研究室颁发的“内蒙古自治区高中组蒙古语学科第三届课堂作文教学竞赛”三等奖；2009年，荣获鄂温克旗第一中学“2009年度高考成绩达标奖”，等等。

此外，作为中国人民政治协商会议鄂温克族自治旗委员会政协委员，在2006年政协十届二次提案工作中，我荣获“优秀提案者”称号。

为了拿到本科学历，我参加了自治区教育厅组织的在职教师成人教育培训，通过了专升本的考试，被录取到内蒙古教育学院蒙古语文专业，学费均由自治区教育厅承担。脱产学习两年后，我获得了本科学历。

在内蒙古教育学院的学习效果非常好，我的教学水平得到了显著提高。以前在海拉尔蒙族师范学校就读时，我没能系统地学好蒙古语的语法，所以刚教课时，蒙古语语法教得不是太好。在内蒙古教育学院脱产学习两年，我比较系统地重新学习了蒙古语语法，对蒙古语的语法有了新的认识，并掌握了该语法教授的有效方法。盟、旗教育局也对老师们的学历提升十分重视，给予了很多的支持。毕业之后，我开始教高中的蒙古语课程。

二、对民族文化和教师职业的感受

（一）传承民族文化的重要性

“鄂温克”的意思是“住在大山林中的人们”，这一称呼反映了鄂温克族与山林有着密切联系的古老历史和生活。鄂温克族主要分布在内蒙古和黑龙江两省区，以及俄罗斯的西伯利亚、蒙古国等。鄂温克族有语言但没有文字。我们鄂温克族人数比较少，只有 3 万多人[①]。

刚开始并校撤掉伊敏苏木中学时，当地的牧民，包括我都是不情愿的。牧民认为当地没有中学，孩子无法就近入学。伊敏苏木中学有几位老师没有并到旗里的鄂温克中学，而是被分配到了其他苏木的中学。包括我在内的几个鄂温克族老师，还联名建议教育局不要撤掉伊敏苏木中学，希望能给牧区的鄂温克族在文化历史传统方面保留一些东西，但是这个建议未被采纳。并校时我一开始也是被分配到其他苏木的中学，后来凭借较为资深的教育教学经历和当时校领导的认可，最终来到鄂温克中学。

鄂温克族当中，说不上有特别著名的教育名人，倒是有教师出身的名人。我小时候的老师乌云其其格，在鄂温克旗属于较有名气的资深教师，她在许多基层学校都任教过，现在已经 70 多岁了。她是较早开始从事鄂温克族教育研究的研究者中的一员。她撰写了多部与鄂温克族教育研究的著作，退休后还曾在当地电视与广播节目中给儿童讲鄂温克族民间传统故事，一生致力于民族传统文化的传播。据说近期还在编写与民族历史传统文化相关的书籍，正在对萨满教[②]文化进行研究。我还在上小学的时候，乌云其其格老师就经常鼓励我们走出去，去上更好的学校，还告诉我们哪些地方有什么样的好学校，对我们进行了最早的教育启蒙。

除了乌云其其格老师，还有一位叫奈登吉日嘎拉的已故中学老教师，他与鄂温克族传统竞技游戏——“抢枢”[③]有着紧密的联系。“抢枢”是鄂温克族的传统竞技类项目，在第六届中国少数民族传统体育运动会上，由内蒙古自治区代表队表演。后来，勒勒车[④]又成为鄂温克人的一个独特的竞技项目，即“抢枢”运动的比赛用

---

① 根据 2010 年第六次全国人口普查统计，鄂温克族人口数为 30875 人。

② 萨满教，相信万物有灵和灵魂不灭，以祖先崇拜与自然崇拜相结合为显著特征。萨满教的主要活动是跳神祭祀。

③ 抢枢，鄂温克族的传统竞技类活动，比赛时可分为男队、女队和男女混合队三种。比赛时，先将“枢”埋在指定地点，双方谁先找到“枢”，便要喊一声“枢”，随即展开激烈的争夺，最后以夺“枢”并能将“枢”敲打在终点的车轮上者为胜。2008 年 6 月，经国务院批准，鄂温克族抢枢被列入第二批国家级非物质文化遗产名录。

④ 勒勒车，是蒙古族使用的传统交通运输工具，是牧民必备的家当。通常以草原上常见的桦木制作，双轮轮高 4 米多，有“草原列车”之称。20 世纪 50 年代后，勒勒车逐渐改用轴承胶皮铁轮。

具。经过长期发展，如今这项民间运动被赋予新的内涵，成为一种具有一定思想性、教育性、娱乐性、观赏性的民族体育运动。奈登老师对此项鄂温克族传统竞技项目进行了抢救性挖掘，争取将其纳入鄂温克旗那达慕[①]比赛项目，将其普及化，使其在民族学校变成日常的体育课程，传播给更多的民族青年。

以上两位老教师都对自己的民族文化传统进行过专门的研究，并终生致力于民族文化传统的传播工作。

随着改革开放，草原牧民逐渐认识到现代文化知识的强大力量，都积极将子女送去各类学校就读。我的家乡苇子坑生产队，是个小小的地方，每一家几乎都是七八个孩子，生活清苦。孩子上初中之后，呼伦贝尔市政府给鄂温克族学生发放专门的民族补贴作为每月的伙食费，提供了最基本的生活保障。

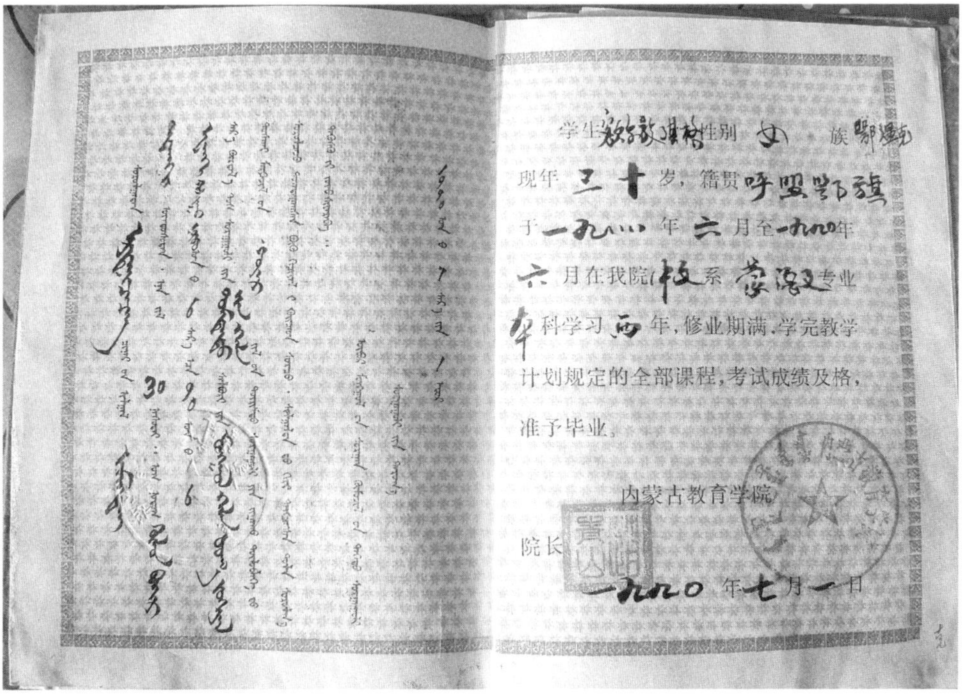

额尔登其其格老师的本科毕业证书

---

① 那达慕，蒙古语，亦称“那雅尔（Nair）”。“慕”是蒙古语的译音，意为“娱乐游戏”，以表达丰收的喜悦之情。那达慕大会是蒙古族历史悠久的传统节日，每年七八月份举办，在蒙古族人民的生活中占有重要地位。2006 年 5 月 20 日，经国务院批准，那达慕被列入第一批国家级非物质文化遗产名录。

在内蒙古自治区，鄂温克族属于“四少民族”①之一，人口数量并不多。我家所在的苇子坑生产队当时不足200人。但是在20世纪70年代后期，往城市的各级各类大中专院校输送过50多名大学生，其中不乏考入中央民族大学、自治区级师范院校、农畜牧院校等高等学府的牧民子弟。当时在海拉尔蒙族师范学校就读的我，很羡慕去往更高学府求学的儿时伙伴。我们这一辈参加工作以后，在工作生活中，经常以自己这一代为例，鼓励后一辈的民族青年多学习文化知识，考取好学校，将来寻求更大的发展。在家乡，我们这一代的求学故事，经过口耳相传，慢慢变成了当地的优良传统。到了后一辈，谁家孩子考上了大学，父老乡亲都会非常高兴，纷纷前去祝贺，并以此为后辈树立榜样，这样的风气逐渐成为当地的新风俗。

（二）工资涨了

20世纪80年代初，我刚刚参加工作时，牧区基层学校老师的工资每月才27元左右。工作两三年之后，我的工资每月涨到50多元。90年代时，我到内蒙古教育学院续读了本科学历后，工资待遇涨到了每月90元左右。90年代我们的工资随着工龄的增加而增加，看到工资就知道自己当老师年头越来越久了。

进入21世纪后，我们的工资终于突破千元大关，待遇提高了，我们都感到非常高兴。2005—2009年，由于国家对中小学教师职称出台了新的评定办法，老师们的工资有了大额度的增长与提升，变化较大。2010年左右，像我一样有中教高级职称的教师，固定工资增长到3000多元。我退休后达到了5000多元。

（三）教师地位变化了

我小时候，就是20世纪60年代初，社会对教师都是非常尊敬的，教师的社会地位较高。我参加工作之初，多数人对教师非常尊敬爱戴，都是羡慕和渴望从事教育事业的。30多年风风雨雨之后，到了21世纪，周围开始有了不同的声音，认为教师行业工资待遇不是很高，当教师没有多大好处。教师的社会地位从过去

---

①“四少民族”，指鄂温克族、达斡尔族、鄂伦春族、俄罗斯族，目前多数集中居住于内蒙古自治区呼伦贝尔市。改革开放后，呼伦贝尔市政府为了鼓励这四个少数民族的儿童入学，给予专门的民族生活补贴，按月发放。

的非常高逐渐变成低于公务员、高于普通牧民老百姓的情况，但整体来说还是不错的。

在教书的最初十年，学生都是比较乖巧听话的，自觉努力上进，将教师看成绝对的权威，甚至言听计从。但是到了 21 世纪，学生在非常强烈的文化观念冲击下成长，想法变化很大，部分学生自我意识过强，对教师不是很尊重爱戴了，但是社会上整体对教师的社会地位仍然是十分认可的。

在我和我的同事当中，一般教态认真、注重教学形象的教师会更受学生的爱戴；对学生缺乏关注、缺乏与学生积极交流的，不注重教学形象的教师会受到较差的评价。这也导致了学生及家长、社会人士对教师有了不同的看法与态度。现在，教师从业要求越来越严格，国家相关管理部门对教师言语、穿着、对学生的态度、有无体罚等方面进行了全方位整顿治理，因此我认为目前的教师更多展现的仍然是正面形象。

由于历史文化与生活区域环境等诸多因素，牧区基层的老百姓对子女的成长一般持积极引导的态度，教育子女多是从理解老师工作的角度出发，仍然认为教师是绝对的权威，告诉子女在校要听从教师的教导，接受老师的教育。因为牧区畜牧生活的艰苦与不稳定性，学校一年召开家长会的次数最多是两次，家长们都会尽量积极配合，一般都会到校，听一听孩子在学校的情况。

（四）看病吃药不怕花钱了

在医疗保险与养老保险等社会基本保障制度建立之前，我们教师到医院看病都是自己掏钱，住院和相关治疗结束以后，拿着收据，根据民族地区少数民族的基本待遇政策，到上级的教育部门申请拨款，等拨款下发。当时的医疗费用报销是一年集中进行一次，以此来解决医疗费。我年轻时身体非常好，不知道累，天天都早起晚归地上班，回到家还要承担起繁重的家务活。呼伦贝尔地区接近于西伯利亚气候，一年当中有 8 个月的时间被冰雪覆盖。20 世纪，老师们多数都居住在城镇中的平房，寒冷季节需要一直烧煤取暖，每天的家务活就已经非常繁重，加上学校对教学的要求严格，随着年龄逐渐增大，各种职业病开始找上门来了。病了才知道有医疗保险是多么有用。

进入 21 世纪之后，2004 年我们这一批老教师才办理了医疗保险，2015 年领取了医保卡。2011 年的时候，我生了一场大病，症状较急较重。因为多年从教所挣的工资都用来补贴娘家家用，我自己几乎没有什么积蓄，无奈之下只得向学校求助。学校相关部门与教职工工会了解了我的病情之后，向上级教职工工会给我申请了当年的贫困职工待遇。当时，正好自治区向各个盟市地区的民族学校下拨了民族地区少数民族教师大病救灾专项补助，在学校和相关组织合力申请之下，这笔补助最终给了我，使我得到了及时的治疗。我在病情好转之后，向学校和工会表达了感激之情，觉得学校这么牵挂和帮助我，这一生活得也算值了。

三、家庭和退休生活

（一）我的家庭

20 世纪 80 年代，我们这一辈青年人婚姻择偶方面变得相对自由，不过也有不少人是经过介绍认识的，非常规矩、不张扬。教师在当时是理想的结婚对象，常常给人稳定的归属感。但是，我到了 42 岁才结婚，组成家庭。晚婚的主要原因是我的母亲早逝，我是家中女儿中的老大，毕业工作后要挣钱供弟弟妹妹读书，照料他们，将自己的终身大事耽误了，婚后也没有生育。

刚刚参加工作时，教师的工资待遇普遍偏低，我自己省吃俭用。除了主要靠家中经营畜牧业供养弟妹，我从工资中拿出大部分，给在校就读的弟妹补贴伙食费和大学的学费。当时家庭生活的重心倾向于供养弟妹上学，所以我人到中年才开始考虑自身的婚姻问题。

我觉得从教的这 30 多年过去得非常快，一直对教育工作衷心热爱，从未有任何的怨言。觉得人生在世，健康生活，能看到社会变迁发展就已经非常好了，别无他求。自己因为读了师范专业才能当教师，有了铁饭碗，顺畅地工作了 30 多年，心中也是充满感激。相对于现在一些大学生毕业后找不到理想的工作，自己能有铁饭碗，感觉很幸运。

我 50 多岁了，为了赶上时代的脚步，我学会了使用电脑，用电脑备课，在电脑上使用蒙古文软件查找资料。我最近正在学习如何使用微信与外界沟通，在微信里面可以用蒙古文软件打字与人交流，希望自己可以与时俱进。其他电子产品我不是特别熟练，有人教才能使用。

但是我还是有些顾虑，网络的兴起实际上对语言类专业的教学发展来说并不是很好的一件事。民族语言发展方面更是如此，因为没有人拿起书本阅读，拿起笔写字了。这样人们认字、学字的能力就会下降，出现写错别字、认错字的情况会越来越多。虽然网络发展带来了很多便利，但是我觉得这对年轻人来说也有损失，民族传统文化流失了。

（二）退休生活

我退休之后的生活基本趋于稳定，因为身体原因，原来想退休后给学生辅导功课的想法也未能付诸实践。

我的妹妹图雅 2001 年到日本留学，先到日本群马县上大学，在东京外国语大学就读硕士两年之后考上博士。在就读博士期间，她一直与东京外国语大学的鄂温克语研究专家风间深次郎教授合作。风间教授的研究领域包括鄂温克族语言、历史文化、传统故事等，他们共同编写过鄂温克语和日语对照字典。但是图雅刚就读博士不到 1 年，就因乳腺癌去世（2009 年），这一研究就中断了。

退休之后，我将妹妹生前对鄂温克民族语言学方面的研究成果接过来，与风间教授取得了联系，继续做鄂温克民族语言学和语系方面的研究，希望能完成妹妹的遗志。风间教授每年 3 月都会来到呼伦贝尔市鄂温克旗与我交流，相互分享。我也去日本交流过两次，尽量保持每年两人来回一次。我与风间教授交流的时候，有时把鄂温克语变成拼音字母拼出来，风间教授可以看懂，有时汉语能写的就用汉语写出来。

风风雨雨这么多年，经历了如此多的教育变迁，我感到教书育人非常不易，如果再次选择的话，我可能很难再选择教师这份工作了。如今我们家族里的年轻一辈考上大学的不少。他们之中学医学专业的占多数，因为他们和家长都认为医学专业比较吃香，收入比较高。此外，选择旅游管理、法律和经济管理等专业的也不少。

我觉得现在的学生与过去的学生有很大的不同，教育教学当中的不可控因素增多了，管理起来可能比以往困难得多，所以现在当老师面临的挑战越来越大。

访谈后记

2015年春节前后，我们在鄂温克旗巴彦托海镇的额尔登其其格老师家对她进行了访谈。时逢春节，额尔登其其格老师不仅用丰盛的鄂温克族新年美食招待我们，而且特地推掉亲朋好友到她家来拜访的预约，配合我们的访谈。近4个小时的畅聊中，她非常详细地为我们介绍了她的教育生涯。2015年4月和2016年6月，我们对额尔登其其格老师又进行了补充访谈。访谈用语为鄂温克语、达斡尔语、蒙古语、汉语①。

第一次见到额尔登其其格老师是在内蒙古呼伦贝尔市鄂温克族自治旗的巴彦托海镇的额尔登其其格老师的家中。第一次访谈主要由当时在呼伦贝尔学院教育科学学院工作的阿丽木拉老师进行，阿丽木拉老师用达斡尔语与额老师交流，虽然达斡尔语和鄂温克语有不少区别，但是两位老师的交流十分愉快，似乎已经突破了语言的限制。2016年春节之后，我们又对额尔登其其格老师进行了两次补充访谈。

在和额尔登其其格老师的接触过程中，我们最大的感受是，额尔登其其格老师非常乐观、积极、善良、朴实。她教书育人33载，勤勤恳恳、兢兢业业，多次获得了自治区、盟（市）、旗的奖励和表彰，为鄂温克族教师树立了教书育人的榜样，也成为鄂温克族家乡人民的传奇和骄傲。

本文整理完成后，经过了口述者本人的修改和审定。

---

① 这次访谈穿插着四种语言，被访谈者额尔登其其格老师为鄂温克族，所用语言为鄂温克语；访谈者阿丽木拉为达斡尔族，所用语言为达斡尔语；访谈者乌妮尔为蒙古族，所用语言为蒙古语；访谈者包锋老师为汉族，所用语言为汉语。这也许正是“和美与共”的民族盛世的最好的体现。

为了朝鲜族教育的明天

口述者：石东伍
访谈者：金　瑛[①]
整理者：金　瑛
修订者：阿呷热哈莫[②]　魏曼华[③]
王成龙[④]

① 金瑛，朝鲜族。韩国首尔大学儿童家族学 2018 级博士研究生。
② 阿呷热哈莫，彝族，四川师范大学教育科学学院讲师。
③ 魏曼华，北京师范大学教育学部副教授。
④ 王成龙，北京师范大学教育学博士，国家教育行政学院培训部教师。

石东伍，男，1963年生，朝鲜族，吉林省延边朝鲜族自治州珲春市人，1989年毕业于延边大学数学专业（函授）。1984年起，先后在珲春市板石乡初级中学（以下简称“板石中学”）、板石乡第二初级中学（以下简称“板石二中”）、珲春市第六初级中学（以下简称“珲春市六中”）任教。2014年9月，担任珲春市教育科学研究所所长。2013年获得年度“中国朝鲜族最美教师奖”；2014年在“第三十个教师节”表彰大会上，获“吉林省珲春市优秀教育工作者”称号。

一、成长故事

我出生在延边朝鲜族自治州珲春市。我是家中的老二，上面有一个姐姐，下面有弟弟和妹妹。

我父亲是数学教师，是延边师范学校[①]第一期毕业生，个高英俊。母亲是小学毕业的农民，又小又黑，但很聪明。当时很少有小学毕业的女孩，她在当时属于知识女性。我们兄弟姐妹之所以学习好，正是受到母亲的影响。父母是通过他人介绍结婚的，母亲一直是家庭主妇。

在我小时，一家六口靠着父亲一个人的工资生活，因此生活不富裕，但是记忆中也没有挨过饿。教师家庭在当时的朝鲜族社会受到很大的尊重，教师的待遇与国家干部等同，是德高望重的人。小时候，我们的主食是玉米粒和玉米面。家里的生活虽然不是很富裕，但是六人吃总还够。记得当时农村粮食不足的时候，就有些人来我家借玉米粒，等秋天收割后会还我们大米。因此，每当生日的时候，家里就会给我们做大米饭。当时家里买不起肉，但因为父亲的工作单位是学校，每次节日时学校就会给各位老师分肉吃，所以中秋等节日的时候，我们就会吃到肉。在我的印象中，过节和生日都能吃上肉。虽然一年当中吃肉的次数很少，但是当时好多人家都吃不到肉，我们算是很不错的家庭了。

父母非常重视言传身教。作为人民教师的父亲非常喜欢看书，当时家境虽不富裕，但父亲总会拿出一部分钱去买书。平时下班回家，他都会看书、看报纸。有时间的时候，也会给我们讲小说和报纸上的内容。母亲非常重视如何做人，要求我们“要学会做人，要做好人”。故此，她也非常看重礼貌教育。每当清明节或祖宗祭祀当日，父母都会告诉子女们如何祭拜祖宗。每当过节，家中也会为已经逝世的祖宗摆桌，先祭拜祖宗后才会吃饭。

---

① 延边师范学校，为延边师范高等专科学校前身。2000 年 5 月 17 日，经吉林省政府批准，该校改建为延边大学师范分院。

在我的印象中，父母对我们子女的学习没有太大的要求，不会因为成绩下降而责骂，也不会因为学习成绩提高而奖励，只是鼓励我们。因此，我们兄弟姐妹几个都是在自由教育的氛围中自觉学习。

（一）童年记忆

朝鲜族是中国东北的少数民族，朝鲜族特别重视教育，有“宁肯啃树皮，也要让儿女上学”的好传统，早在20世纪30年代初就兴办了不少学校。新中国成立后，各地纷纷建立“家长会”“董事会”等民间办学组织，自筹资金、材料，办起了几百所中小学校。

我对儿时的记忆是从幼儿园开始的。从幼儿园到高中，我都是在板石乡[①]念书。当时幼儿园每天都会给我们发零食——小杯装的爆米花。所以有的时候虽然不愿去幼儿园，但为了领那一小杯爆米花，我还是去了。记得从幼儿园领完爆米花回家的时候，路上总会有几个汉族小孩堵我们的路，抢我们的爆米花。因为当时板石乡还没有汉族幼儿园，所以汉族小孩非常羡慕我们朝鲜族小孩可以去幼儿园领爆米花吃。可见当时我们朝鲜族的教育还是很领先的。由于当时没有汉语幼儿园，好多汉族小朋友白天只能在村里来回玩，而我们朝鲜族小朋友都是去幼儿园学习朝鲜语，学习识字。

1970年，我上了小学。当时乡里还没有正规学校，于是为我们借了一所空着的土房子，在屋内摆放桌子和黑板给我们上课。后来房子到期要上交，我们就搬到集体户[②]的屋子，在炕上放木板当作书桌上课。上小学时，我们换过好几次班主任。

小学三年级（1973年）的时候，当地新建成一所正规小学——板石小学。当时板石乡有10个村，每个村都有一所小学，而板石小学是乡中心小学，所以规模很大，一个班级有40多名学生。当时的班主任也是经常换，几乎是半年一换，有学校内调换的，也有调走的。班主任换得很频繁，五年级的时候，又换回一年级时负责过我们的班主任老师。当时的小学是五年制，学校会给三年级的学生安排一次考试，根据考试成绩把原先的一个班级分为两个班级，就是让成绩不

---

① 板石乡，地名，是珲春市下属几个乡之一，后改为板石镇。

② 集体户，指下乡的知识青年居住的集体宿舍。

好的部分学生留级，重学一年。所以，班级里比我们大两岁的同学就是留级了的。这也是经常换班主任的原因之一。

学校每个教室前面都贴着毛主席的话“好好学习，天天向上”。当时包括代课老师在内，所有老师的字都非常好看。我们学生经常在下面模仿老师写在黑板上的字。

当时我们放学后有小组学习。我是我们小组的组长，所以经常组织大家一起学习。我们小组经常一起轮流看书，因为书很少，所以谁家有书，我们都是轮着看。我当时看过的书有《水浒传》《三国演义》等，都是用朝鲜语翻译过来的、漫画形式的书籍。有的书不完整，一本书都是分散成好几块儿的，我们拿到哪页看哪页。每个人看完一本书后，要给小组成员讲出来。此外，有时候老师也会带我们上山采摘野菜。现在我知道的植物种类非常多，都是在那时候学到的。

小学时，我们的主要任务不单单是学习。学校会给每个学生一些任务，如一个假期要收 500 斤粪肥交到自己所在的生产队。当时有过“除四害”活动，我们经常除的是麻雀和老鼠。当时学校还要求每个学生一天要上交几条老鼠尾巴。在做这些任务的过程当中，我们学到了很多生活常识，而这些恰恰是我们现今的教育所欠缺的。不仅如此，休息日的时候，我们经常去采龙胆草[①]，采回来晒干，拿

石东伍老师接受金瑛的访谈（2015 年）

① 龙胆草，原名为龙胆，别名为胆草、草龙胆、山龙胆，是一种中草药材。

到市场去卖能赚到十来块钱。当时父亲的工资是 30 块，除去给在外地念书的叔叔 10 块钱生活费、父亲喝酒买书的钱，拿回家里的生活费不足 20 块钱，最少的一次只有 1 块 5 毛钱。我们家的生活条件不好，袜子缝补十几处都是很正常的。记得有一次，我用卖龙胆草赚来的钱给母亲买了 3 块钱一双的尼龙袜，母亲非常高兴。那双袜子质量非常好，母亲穿了整整 3 年。

到了 1975 年，就是我们要小学毕业的那一年，学校认为我们的平均年龄都太小了，就把我们整个年级留级。所以我们的小学念了 6 年。

（二）中学生活

1976 年，我进了初中。我的数学成绩很好，因为父亲是数学老师，其他人没学过的三角函数等，我在家里都提前学过了。

1978 年，我初中毕业了，按照当时的规定，初中毕业生也有资格报考中专。那年，我参加了珲春市的统一考试，可以报考延边一中[①]。但是由于偏科，我的朝鲜语文和汉语文的成绩不太理想，我没考上延边一中，就在板石乡念了高中。

高中的时候，学校有田地。每个学期我们都有 20 天不上课，而是去田里干农活（插秧、秋收）。当时，每个学生都有任务，秋收时要把收割的粮食交到生产大队，领工价[②]。工价超出的部分当作班费用。

板石高中的师资力量非常强。当时的教师来源主要分两类：一类是延边大学、东北师范大学和中央民族大学的毕业生；另一类是延边师范学校毕业后先到小学任教，之后通过延边大学函授，毕业后到高中当老师。还有少部分老师是高中毕业后以代课老师身份进来的，也有的是上海知识青年。所以，我们高一的时候在全市统考的成绩非常好。高二时，不少学生转学到汉族学校上课或转学到市里的学校，学生人数减少，教师开始流失，因此我们毕业前半年又换了班主任。而且在 1979 年读高一下学期时，正逢南疆保卫战，中苏边境关系也变得紧张，有传言要打仗。当时很多延吉有亲戚的同学都到延吉避难，不来上课了。在这样的环境下，我们学习学得稀里糊涂。1980 年我参加了高考，可想而知，我落榜了。1980 年我们毕业以后，板石高中因为学生人数太少，关门了。

---

① 延边一中，全称为吉林省延边第一中学。

② 工价，指学生干农活所拿到的酬劳。

但是，当 1979 年避难到延吉的同学们重新回到珲春念书时，教育政策却变了。两年制的初中变成了三年，这样，原来高一的同学留级后变成了初中三年级。后来，这些人高考的时候，成绩都非常好。因为高中和初中的重要知识点他们学得都很扎实。

1981 年秋天，珲春市二中为 1980 年高考落榜的学生开设了重读班[①]，共四个班级：两个文科班、两个理科班。白东范老师是我父亲的同学，也是我重读时的班主任。他知道我在 1980 年高考时成绩比较好，所以非常重视我。他把我安排在他的邻居家旁边的一个小屋，免费为我提供住处和饮食，每天早上 4 点钟叫醒我学习。那时的伙食不是很好，主要就是大头菜和酱汤。而且早晨吃的玉米饭在第一节上课之后就会开始发胀，让人犯困。白老师把考试成绩好的同学安排在第一排学习，我为了争取第一排座位，拼命学习，成绩也一直保持在前十名。

我虽然经过一年的努力学习，但是高考还是没能成功。因为那一年国家出台规定，患有丙肝、小儿麻痹和肺炎的学生没有参加高考体检的资格[②]。而我在小时候恰好得过小儿麻痹，当时听到这个消息我哭得非常伤心。最后父亲通过找人，同意让我进考场考试，但即使考上也不能上大学。就这样，第一年的重读，因为身体的原因又没能考上大学。

知道录取结果后，我从 7 月份开始在家里自学。这一年开始数学考试大纲都变了，加了微积分。我遇到不懂的地方就去学校老师那里请教，就这样在家里自习了半年之后，我做了小儿麻痹手术，住院两个月。幸运的是，手术后体检合格了，我可以报名参加高考了。1982 年高考分为初试和复试，初试的时候我的成绩非常好，但是我的朝鲜语文成绩不是很好，复试时因成绩不够，我还是没能考上大学。

1982 年 7 月 28 日，是全家最悲痛的一天，我姐姐突然去世，全家人聚在一起讨论怎么办。我是家中的长子，父亲生病退休，我要支撑起家里的经济，所以

---

① 重读班，即复读班。

②《教育部、卫生部关于印发〈高等学校招生体检标准及执行细则〉的通知》(〔80〕教学字 12 号、〔80〕卫医字第 17 号)中有明确规定：小儿麻痹后遗症轻度跛行(包括外伤性跛行)，不能录取工科、医科各专业，理科的地质地理、地球物理专业，农林水产科各专业(农业经济专业除外)，文科的考古专业，外交、外贸、体育、师范各专业，艺术类的表演、戏剧、电影、声乐各专业。

决定不再让我学习了，我不得不出去打工赚钱。那时，我哭得非常伤心。

二、八年的乡村教师生涯

父亲由于身体不好而病退的时候，因为我是家里的长子，父亲曾问过我是否要接他的班当老师。当时我认为自己的学习成绩不错，可以努力考上大学，就拒绝了父亲的提议，因此姐姐接了父亲的班进小学当上了老师。但由于我两年高考都没有考上大学，家里不再支持我念书了，我开始去找各种工作。

我的第一份工作是到砖厂烧窑。这是一个技术活，需要把握好火候，我当时很肯干，被厂长器重，连续做了两个月。后来，我又换到市教育局的基建办，去学校的工地干活儿。在那里干一段时间以后，我觉得还是去学校当老师好，毕竟体力活不是我的强项。所以曾有几次跟父亲提出能否通过关系把我安排到学校当老师，但父亲是非常固执的人，从来不会去请求他人。我只好自己去找人，到教育局说想做代课老师。教育局说代课老师不归教育局招聘，要自己去找学校问。就这样 1983 年一年过去了。在此时，恰逢税收改革，我跑遍农村，为政府去征收那些卖牛逃税人的税钱。

（一）代课老师转正

1984 年 2 月，村里一位代课的三年级政治老师转到三家子（村）[①] 中学当老师去了，因此，板石中学[②]（初中）缺政治老师，问我是否能过来代课。刚开始我还犹豫，觉得政治不是我的强项。但父亲建议："你高中的时候也学过政治，稍微看点书就能胜任教学工作。"我就答应去给初三年级上政治课，那是 1984 年 3 月。父亲通过认识的人，给我安排了集体备课。通过集体备课，备好第一节课，写好教案后，我第一次登上了讲台。第一节课的内容我永远都忘不了，是"社会主义基本法制"。当时的学生跟我差不了几岁。上课时，有一个学生问我能不能背"社会主义基本法制"，听我背诵一遍后，学生就说："啊，原来老师也会啊。"

---

① 三家子（村），地名，珲春市下属的满族村，现改为三家子乡。

② 板石中学，朝鲜族地区习惯于把初中说成中学，因此板石中学即为板石初中；高中的叫法是跟汉语是一样的，叫高中。

后来才知道，原来的政治老师上课时，不讲政治内容，而是给学生们讲三国演义等内容。我接手这个班的时候，他们的平均分数只有 36 分，最高分也只有 60 分。这样一来，我就有信心教好学生了。当时我很喜欢看书，平时看书的时候整理资料、分类、押题给学生。所以在全市中考时，学生的成绩由原先全市排名 15 名也就是最后一名，提高到了第 11 名，最高分达到了 88 分。后来这个班的学生有 14 个人考入了珲春二中，这个成绩是相当不错的。

初三年级学生毕业后，1984 年秋天起，我担任了初二年级的班主任，继续给学生讲政治，并多讲一门数学。当时父亲搬到了龙井老家，我在珲春市里住宿舍，开始狠抓学生的学习。1985 年，学生升初三年级的时候，学校的化学老师要生孩子，学校没有化学老师了，我又接了一门化学课。1985 年中考，板石中学的政治排名为全市第六。也是在这一年，学校正好有政策能让中级教师的合同工子女转正，因此我转正了，在学校有了正式编制。1987 年我校高考在全市排名第二，其中化学在全市排名第三，数学在全市排名第四。当年，考上珲春二中的学生是22名，还有1名学生考上了延边一中。这是板石中学升学率最高的一年。之后学校把我评为乡里的优秀教师。从那时起，我开始在板石出名了，甚至《延边日报》的记者也过来采访我，把我的教学成绩登上报纸。

（二）当上数学辅导老师

1987 年起，上级决定把村里的两个朝鲜族中学合并成为板石二中（板石一中是汉族学校）。1987 年 8 月，村里为板石一中和二中新盖了两栋教学楼。一个年级 3 个班，一个班 40 多名学生。当时，我负责的班升初二年级了，我就只负责初二、初三年级的政治和数学课。我开始给学生进行数学竞赛辅导。当年，在全市数学竞赛中，我们学校拿了第一名。此后，我们的老师在精心研究课堂教学的基础上，利用寒暑假无偿辅导学生。平时学生经常学到晚上 11 点，老师还为住在学校的学生做饭吃。这一届学生毕业时，54 名参加考试的学生中，40 人考入了珲春二中，3 人考入了延边一中，升学率非常高。1989 年，我被评为市级优秀教师，获得了珲春市人民政府颁发的“珲春市优秀教师”荣誉证书。

（三）担任教导主任

当时（1989 年）家里的亲戚都搬到龙井老家了，只有我自己在珲春市里住宿舍。每次回一趟家，单程需要 4 个多小时，而且一天只有两趟车，中间又得在路上住一宿，来回非常不方便。我觉得一直这么来回不太好。因此，1989 年参加完全市优秀教师表彰大会以后，我向校长提出要回龙井。当时家里已经找人说好要把我安排到龙井中学，全名为“龙井高级中学”，是全国第一所朝鲜族高中。我只要把我的档案拿过去就可以上班。但是校长一再地劝我不要走，并且跟珲春市人事局那边说好不要下发我的档案。当年我 26 岁，校长想让我当学校教导主任兼任数学竞赛辅导，一再地劝说我不要调走。因此我就留在珲春，当上了教导主任。

那一年，正好我从延边大学数学专业函授毕业。在函授过程中我学到了教师评价的方法，所以征得校长的同意后，实施了量化评价。这是在珲春市第一次进行的教师评价体系的量化改革，改变了传统的投票制的教师评价。因为我觉得之前的教师评价制度不太合理：当时只要有威信、人际关系好，就能得到很多票数。所以，我通过量化评价制度进行了改革。六年的政治老师、三年连续全市政治成绩排名第一、改革教师评价体系的教导主任……慢慢地，我在当时的村里、市里都出了名。因此，1990 年市里一所学校的校长亲自来我家，说想让我去他们学校担任政治老师。当时由于板石二中校长的一再挽留，加之政治不是我想教的科目，我就没有答应。

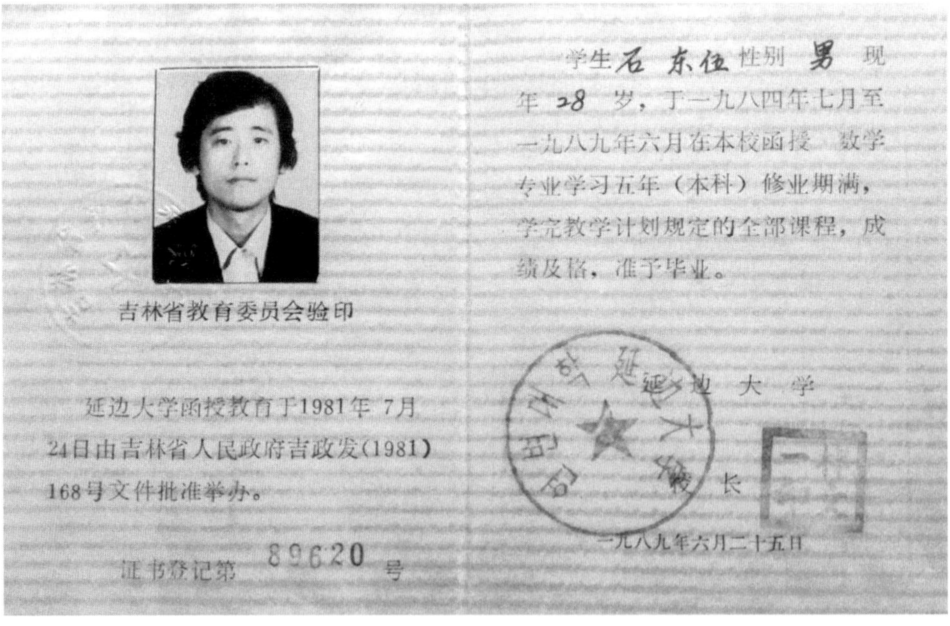
吉林省教育委员会验印

延边大学函授教育于1981年7月24日由吉林省人民政府吉政发(1981)168号文件批准举办。

证书登记第 89620 号

学生石东伍性别男现年28岁，于一九八四年七月至一九八九年六月在本校函授数学专业学习五年（本科）修业期满，学完教学计划规定的全部课程，成绩及格，准予毕业。

延边大学

校长

一九八九年六月二十五日

石东伍老师的函授教育证书（1989 年）

三、十年的数学竞赛辅导

我刚开始做代课老师时，工资是每个月 30 块钱。大学函授毕业以后，涨到 45 块钱。我每个月要从自己的工资里拿出 30 块钱，给在北京上大学的弟弟作为生活费用。刚开始弟弟没有生活费，曾卖血供自己上大学，第二年去砖厂打工挣钱。弟弟上大学的前两年，父亲因为来回路费昂贵，放假都不让弟弟回家。至于妹妹，她第一年高考落榜了，但是因为家里没有 880 块钱的重读费，没能让她重读。没钱供妹妹重读，成为我一生的遗憾，因为妹妹现在嫁到日本了。而弟弟学习很好，每年都拿奖学金。大学毕业后，他就留在北京工作了。

1990 年，28 岁的时候，通过校长的介绍，我跟妻子结婚了。可是，结婚不久就出现了问题。妻子有先天性心脏病，结婚时她隐瞒了自己的病情。怀孕后，由于劳累，妻子在我父亲生日那天早产了。其实患有先天性心脏病的人是不应该怀孕的，所以分娩过程中妻子的心脏瓣膜破了，需送往北京治疗，我放下手中所有的工作去北京陪着妻子。但医生说已经是晚期，活不了多长时间了。就这样，1991 年，妻子在孩子还没满周岁的时候就去世了。

（一）带学生参加全国数学竞赛

1991 年，珲春市六中邀请我到该校教数学竞赛辅导。板石乡政府说要给我一间砖房，劝我留下来。此时，由于妻子的死亡和其他一些原因，我不想在板石继续待下去了，因此我接受了珲春市六中的邀请，调到那里教数学竞赛辅导。

我到珲春市六中任教前，学校的数学竞赛成绩也是很好的，曾经拿过数学竞赛全国第一，当时吉林省的表彰大会就是在珲春市六中举行的。可见，珲春市六中有着好传统、好老师，学生的基础也非常好。但是，那位数学老师后来下海经商了，所以学校邀请我过去教。

我开始教初二年级数学竞赛辅导。面对成绩那么优秀的学生，我的压力是很大的。当时，我每晚整整备 6 个小时的课，给学生出题，而学生却在一个小时内就全做完了，真觉得这些学生不得了，心想如果我跟他们一起做题，我估计都不如他们。所以我经常思考该如何更好地教他们。第一，我想到的就是激情。作为老师，得有激情教学生，而且还得激发学生的激情。我在学生面前承认了我的能力有限，给学生赋予了“你们得超越我”的动机。此时，我经常说的话就是“要想在全国数学竞赛拿到奖，解题能力必须得超过我”。第二，我要求学生解题“快、准，字迹工整”。

第一次带学生参加全国数学竞赛的时候，我们的预赛成绩不是很好。对手学校入选了 9 个人，我们却只有两个人。所以当时包括校长在内的珲春市六中的很多老师都在背后说我，说从农村调过来的老师的水平肯定不行。正式决赛时，我带着那两名学生（他俩是堂兄妹）去延吉考试，到考场前，我们被延吉市学生的阵势给压住了。他们每个学校都是包旅游巴士把学生送来的，而且父母、老师等陪同的人很多，而我们只有 3 个人。决赛结束后，男学生笑着出来，感觉考得不错，而女学生的情绪不太好。我带着他们要回珲春时，我们的校长开轿车来接我们，当时我自己心里感觉很自豪。对手学校的老师看着我们也都说：“珲春市六中不错啊，还有轿车来接。”最后成绩出来时，对手学校一个人都没有入围，而我们学校的那名男孩入围了。

（二）从教导主任到副校长

1993 年开始，学校安排我当班主任，接初一年级新生。在初一年级开学之前，我们给从小学升到珲春市六中的学生安排了几次考试。根据几次考试成绩，正式选拔 27 名成绩好的学生组成了尖子班，由我来当尖子班班主任。开学后，有几名成绩一般的学生通过关系进到了我们班级，班级人数共 37 名。第一次统考，我们拿到了全市排名第三名的好成绩，所以家长们都特别支持我的工作。周末，我给学生做数学竞赛辅导，寒假也为学生无偿教学。最后，37 名学生，有 11 名学生考入了延边一中，数学得 150 分满分的学生有 15 个人，但还有 5 名学生没有考上高中。所以，那一届学生毕业后，我就反对学校开设尖子班，想重新回到普通班当班主任。如果那几个学生没有分到我的班级，而是分到正常进度班级，他们也许就能考上高中了。因为我们是尖子班，狠抓学习好的学生，他们的成绩落后以后就没有信心、没有动力再继续好好学习了。实际上那些考上延边一中的学生当中，没几个能考上重点大学的。分析其原因就是我们加班加点狠抓学生的学习，要求好成绩，然而初中学习中最重要的是要让学生学会学习方法，单纯追求成绩的灌输式教学是绝对不行的。因此，学生到了高中的新环境，就不知该如何去学习了。

1996 年，校长安排我当了教导主任。当上教导主任以后，我发现当时学校在全市教学、科研、体育、艺术等方面几乎都是倒数第一或第二。因此我当上教导主任后，就在学校进行自主学习教学模式[①]研究，同时狠抓教师队伍建设。我们在校内进行教师基本功比赛、写字比赛、说课比赛等。通过持续地研究和不断地反思改进，我们完成了延边州“十一五”规划课题“自主式教育教学模式研究”任务。从此，教师的理念改变了，基本素质也提高了。当年的科研做得非常好，我们被评为延边州“自主式教育先进团队”。从我当上教导主任第二年起，我们学校的科研都是第一。在这期间，我调到教育局工作了一段时间。回来后，我当上了副校长，并一直兼任着学校数学竞赛辅导，培养出一批优秀教师，我的徒弟有的成为著名的国家级数学竞赛老师。在珲春市六中教学的前十年，我对当班主

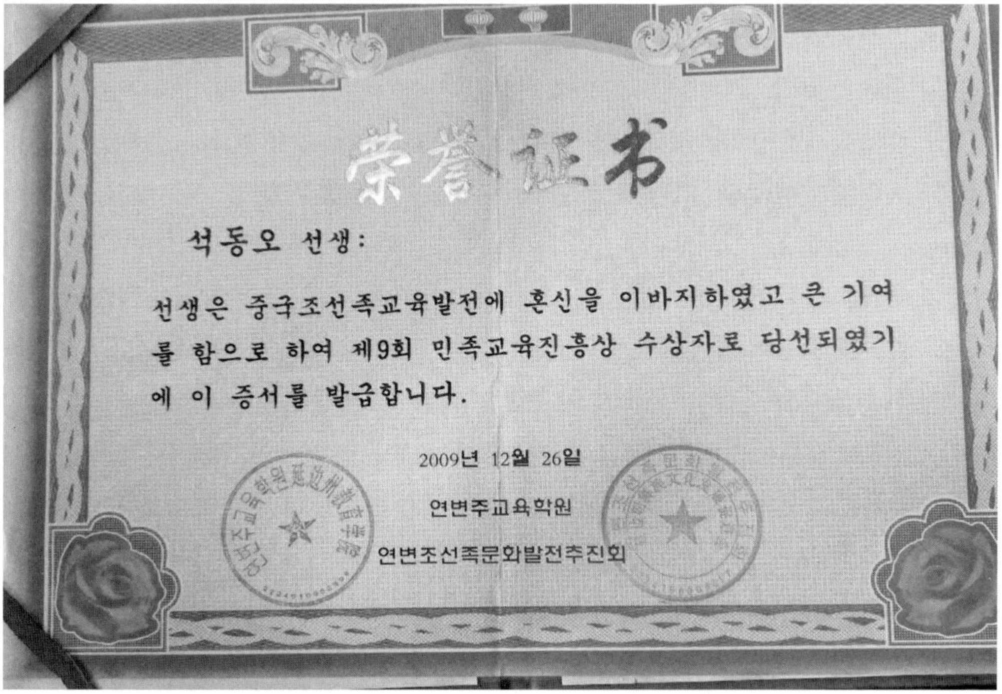

石东伍老师获“第九届民族教育振兴奖”[②]（2009 年）

---

① 自主学习教学模式，指在教师的指导下，学生通过自学、讨论、交流等方式，积极主动地进行学习的一种教学模式。

② 该证书内容为：石东伍老师为中国朝鲜族教育发展奉献自身、做出贡献，因此当选为第九届民族教育振兴奖受奖者，特发此证。2009 年 12 月 26 日延边州教育学院、延边朝鲜族文化发展促进会（公章）。

任和数学竞赛辅导老师最有印象。这十年，我通过数学竞赛辅导而出名，编写过校本数学竞赛辅导书（内部资料）。当时《数学天地》的主编、省教育协会的老师都认识我。进行全州数学竞赛时，全州数学竞赛辅导教师也是看老师估计这个学校的成绩。看到石东伍的团队过来了，就说我们的成绩肯定是很好的。

四、十二年的校长工作

（一）参加世界韩国语言文化交流会

2003 年我当上了珲春市六中校长。当年 7 月，我被邀请到韩国参加“2003 韩国学国际学术大会”。每个参加的国家都要发表关于自己所在国家朝鲜族教育情况的文章。2003 年 7 月 29 日下午 2 点，我代表东北三省朝鲜族学校 15 名校长，以“延边州朝鲜族教育概况”为主题，与来自不同国家的 22 名朝鲜族学校校长、专家一起进行交流。当时主持人介绍我是珲春市六中的校长，但很多人听了介绍以后，看着我这么年轻，不相信我是校长。当时会议整整持续了两个小时，参加的人有从美国、俄罗斯、日本来的校长、教师，他们都是教授，而我却仅仅是一名中学一级教师。

我拿着自己写的文章，跟大家介绍了住在中国延边的朝鲜族。我们的教育很优秀，有不少学生考入清华大学、北京大学。当时包括美国人、日本人，他们都不太清楚中国是什么样的一个国家，也不了解延边和生活在中国延边的朝鲜族。所以，会议结束后，在场的所有记者都围到我身边，想更多地了解中国的朝鲜族。会后，我在跟美国来的教授交流的过程中说到我们朝鲜族有自治州，有自治权利，州长必须由我们朝鲜族人来当[①]。

当时那位美国教授听完特别羡慕，也很惊讶，说在美国他们争取了一百年，但是朝鲜族至今还是没有自己的自治权。而且他们一直以为我们还是用牛耕地，住在草房，等等。会议结束后，时任韩国总统卢武铉的夫人邀请我们到青瓦台[②]，在青瓦台给我们准备了午餐，还带着我们参观青瓦台。

---

①《中华人民共和国民族区域自治法》明确规定自治区主席、自治州州长、自治县县长由实行区域自治的民族的公民担任。

② 青瓦台，韩国总统官邸。

（二）推进双语教育和小班化教学

我当上校长后，延边州教科所的所长非常重视我。每次州里有科研项目，都会让我们学校先选。当时，学校的生源数不断下降，好多学生为了学习汉语转到汉语授课学校了。我反思是因为自己的汉语水平不好，导致学生转到汉语授课学校，就下定决心要提升双语教育水平。所以，在选择科研项目时，我们选择了双语教学研究项目。那年起，我们开始推进双语教育教学。我们打出“精化朝语，强化汉语，优化外语”的口号，让老师们上课时尽量用汉语讲课。汉语课不讲朝鲜语。英语课的老师大部分都是汉族老师。升旗仪式时，学生的发言稿也都换成了汉语的。而且在教职工大会、学校大型活动时的演讲，我作为校长带头用汉语发言，给学校营造了使用汉语的语言环境。从此，学校老师和学生的汉语水平逐步提高。课题研究 3 年以后，我们的课题获得了一等奖，学校被评为吉林省“双语先进学校”。

石东伍老师指导小班化教学工作

双语教育质量提高了，但是学校的生源数下降的问题仍旧没得到较好的解决。学生数从我开始担任校长时的 980 名，逐渐减少到 780 名、580 名，最后学生只剩下 230 名。后来发现，不是我们的教育不好，而是从小学升上来的学生人数本身就不足，因为朝鲜族小学的招生情况不景气。就拿 2013 年来说，毕业后直升到我们初中的那所小学的毕业生只有 56 名，只能分两个班。但是，当年我们学校的中考成绩很好，原本要分到其他初中的学生，将近有 40 名自愿转到我们学校来念初中。这样，我们的生源才得到了保障。据说，2015 年我们直属小学一年级的人数为 150 名，这样，我们的生源也能得到保障了。

当时，学生人数短时间内不能恢复到原先的状态，而且教师持续向外流失。因此 2008 年的时候，我们开了一个会议，通过问卷调查，调查学校老师是否同意新课改，结果 98% 的老师都同意了。所以学校进行了课改，并让同意的老师们在方案上签字。意思就是要按着学校教学课改的思路去进行教学，如果中间哪一项达不到标准，就没有资格评上优秀教师。在之后的课改中，我们进行了小班化“自主学习”课堂教学改革行动研究。每个班级最多不超过 30 名学生，教师上课时要从讲台下来，融入学生的小组学习之中。传统的课堂已经不适合我们现在的教学了，我们的课堂要跳出传统的教学。传统的教材针对的是中上等学生，而我们却要关注每一个学生。我们要能容忍犯错误的学生，要学会教育的方法。我们的学生，要成为一个人格健全的、学习和各种兼备的、有个性的、全面发展的人。这是我们的培养目标之一。所以学校在进行课改的同时，设立了“学习进步奖”“个性特长奖”。比如，原先的学习成绩为 30 分的学生，成绩提高到 45 分，如果有同学推荐的话我们就会给他一个进步奖，等等。

当时我们进行的课改有很大的效果，但其过程也是很艰苦的。现在，若一个学校要进行课改，有很多可借鉴的经验。但当时我们课改的时候根本没有可以借鉴的先例，其他的新课改内容根本不适合我们朝鲜族学校，所以当时我们的新课改完全是独立创新。经过不断的努力，我们的课改起到了一定的作用。在 2010 年 10 月，珲春市六中承办了“延边州初中教学改革经验交流会议”，全州的 500 多名教师来到我们学校参加公开课，观摩小班化“自主学习”教学。从此，我们推动了整个延边州朝鲜族中学在内的吉林省、黑龙江省、内蒙古自治区的散在地区朝鲜族中小学，包括延边州汉族中学的课改。

我们在延边州内率先实施了初中“小班化教育”，并独创性地构建了适合朝鲜族中学“小班化”教育的自主学习课堂教学模式。该模式以“自主学习案”为载体，通过问题导学、建立学习共同体和动态评价体系，促进了教师专业化发展，大大地提高了学生的学习和实践能力，在边疆少数民族地区树立了课程现代化的范例，为朝鲜族初中“小班化教育”提供了一个可借鉴的教学模式。

我们延边州也对近十年的双语教育和小班化教学的改革进行了总结，出版了一本《辉煌十载　创造卓越》的书[①]。现在，学校的课程理念与国家相接轨，从以前的以教为主，改变为以学为主、以学定教、以学论教、以学促教。

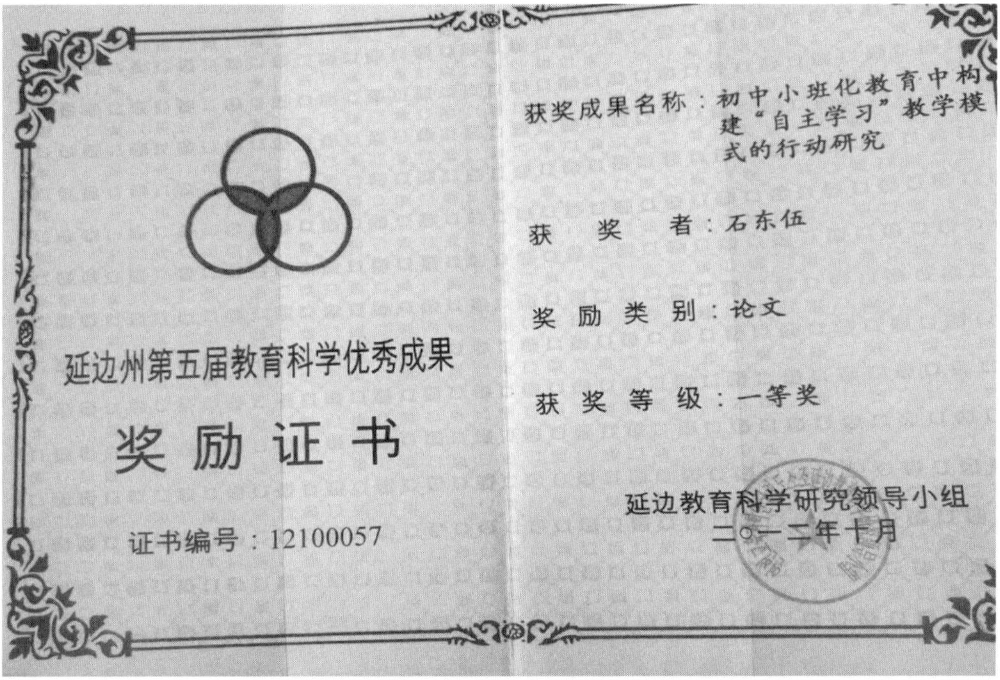
延边州第五届教育科学优秀成果
奖励证书
证书编号：12100057
获奖成果名称：初中小班化教育中构建“自主学习”教学模式的行动研究
获　奖　者：石东伍
奖励类别：论文
获奖等级：一等奖
延边教育科学研究领导小组
二○一二年十月

石东伍老师的科研课题获奖证书

（三）带学生去韩国踢足球

我是一名校长，而且是一名非常喜欢足球的校长。所以，我在珲春市六中当校长的时候，经常带着校足球队与州内外，甚至与韩国、朝鲜、俄罗斯等国的学校足球队进行足球交流。为了提升学校的足球水平，我们和韩国济州岛大静中学

---

① 该书于 2012 年由延边教育出版社出版。

校[①]建立合作发展友谊学校。

当时，韩国济州岛一个公司的姜一亨会长连续三年赞助我们学校。2007年，姜会长邀请我们学校的足球队到韩国济州岛冬训，并和韩国初中生足球冬训联赛队进行比赛。我们只需要自己买来回机票，到韩国以后的所有费用及行程都是姜会长负责和安排。我和学校足球队的学生搭乘飞机去了济州岛，在韩国我们的学生与韩国京畿道和首尔市的几所学校进行了足球比赛。当时是韩国全国中学的甲级联赛。第一场比赛的时候，广播说是京畿道某某学校和中国足球队的比赛。我们珲春市六中成了中国足球队了！我上去抗议，说我们不能代表中国队，我们是珲春市六中的足球队。广播重新纠正以后，我们参加了比赛。当时韩国KBS电视台对珲春市六中足球冬训队和我进行现场直播采访，这是回国后听其他人说的。他们说在韩国卫星电视上看到了我们的足球队。当时MBC济州市广播台以现场直播的方式采访了我和友谊校校长。就这样，在我们跟韩国济州岛有了两年的交流以后，韩国的济州市和我们珲春市结成了友谊城市。

我一直认为搞好足球运动是培养多元人才，尤其是培养民族人才不可缺少的工作。我们学校的足球队通过师生的辛勤耕耘取得了丰硕的果实，分别在市长杯、州长杯、重点学校足球比赛等比赛中获得一、二、三名的好成绩。为此，延边电视台、《延边日报》等媒体多次以“以足球特色创建校园文化，结丰硕果实”为题目，介绍了我校的足球特色文化工作情况。

还有一件让我难忘的事情，就是在济州岛待了一个月的时间，给学生们带来了很大的变化。我们到济州岛的时候，那位会长给我们安排了专用大巴。但是，当时我们的学生的环保意识不够强，在大巴里随便嗑瓜子，瓜子皮扔得大巴到处都是，当时就被司机说了。到了度假村以后，我们学生又不会进行垃圾分类[②]，所有的垃圾都扔到一个地方。在那里住了一个月左右的时间，我们足球队的学生学会了垃圾分类。当时足球队的学生没有几个是学习成绩好的，都是在班级调皮捣蛋的。但是他们从韩国回来以后，看到班里同学随意扔垃圾就会制止，告诉他们如何进行垃圾分类。所以，从那个学期开始，只要有足球队学生的班级，教室后

---

① 大静中学校，是位于韩国济州特别自治道西归浦市的一所公立初级中学。

② 韩国的生活垃圾分为三种：食物垃圾、一般垃圾和可回收垃圾。黄色垃圾袋是装食物垃圾的，白色垃圾袋是装其他一般垃圾的，可回收垃圾只要随便装在一个袋子里扔就可以。

面就多出现了几个垃圾桶。推行了几个月垃圾分类的措施之后，全校的每个班级都开始实施垃圾分类。学生收集可回收的垃圾，拿出去卖钱，当班费用。而且，在那年的作文比赛中，足球队学生写的关于在韩国的经历的作文拿了作文比赛第一名。

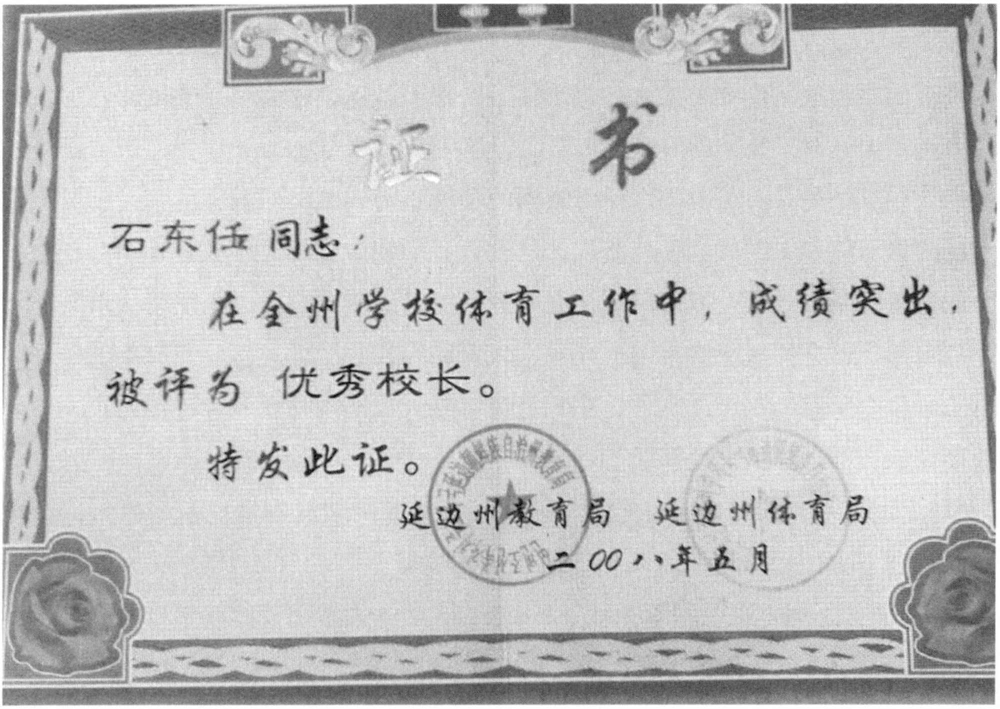

石东伍老师的优秀校长证书

五、朝鲜族教育面临的问题与挑战

（一）朝鲜族师资流失，水平下降

目前，朝鲜族教育遇到的挑战之一，就是教师队伍的变化。首先，在教师专业技能方面，现在的老师不如以前的。珲春市六中的很多老师都是大专毕业生，有大学本科或研究生学历的老师很少。因为优秀的老师都被珲春市二中、延边一中等高中挖走了。其次，学校 40 岁以上的老师由于激励机制的缺陷、教师社会地位不高等，没法得到第二次成长。对这些年龄的老师来说，继续教书没有太大的吸引力，他们的孩子都是小学一、二年级，所以他们也不愿意辛辛苦苦地去当班主任。这个年龄段的多数老师已经是州级骨干教师[①]，为了自己孩子的教育，不少教师转到工作比较轻松的地方工作。这样一来，工作压力不大，可以抽出更多的时间去教育孩子和打理家庭。再次，很多学校存在结构性超编的现象。针对教师流失的问题，学校想尽快引进新老师，但是由于超编，又无法安排新老师进校，这是一个矛盾点。

一般人以为教师的收入稳定，又有寒暑假等假期，却不知老师的工作其实是很辛苦的，当班主任更是如此：每天除了讲课、备课，还要疏导学生的心理，进行家访。尤其对于我们朝鲜族学校来说，单亲、无亲学生[②]非常多，班主任对学生的定期家访是必不可少的。面对教师的种种压力，政策对教师的奖励制度跟不上的时候，很多老师就会往外流失。这样，我们朝鲜族的民族教育必定会产生很大的危机。所以教育行政部门应该设立教师的各种奖励制度，让继续从事教师工作的老师有晋升的机会和空间。现在，教育局给我一个任务，要我起草一份关于特殊岗位教师奖励制度的文件，拿到上级审核。我们现在也通过各种方式，想解决朝鲜族教师入口关难的问题。

“十二五”期间，珲春市投入 1.4 亿元实施 5 所朝鲜族学校新建项目，新增建筑面积 62881 平方米。近几年，通过省内公开招聘朝鲜族教师 32 人，引进特岗教师 14 人，地方财政聘用紧缺学科教师 43 名。为解决朝鲜族学校急缺的音体美教师，教育局与市文体局联合，在文体局服役满 3 年的 23 人被派到各学校任职。2014 年起，我市又将朝鲜族小学和中学义务教育段生均公用经费标准提高为其他县市学校的两倍，全力保障朝鲜族教育优先发展的需要。2015 年起加大了对教育的投资，在当年的民生 4 项工作中，已经投入了 5000 万，全市实施了学前到高中的免费教育，学生所有的学费由政府出。而且，每年每个学生都会有一定的补助，2015 年还加大了补助金额。虽然政府对教育的投入加大了，但还要通过引进外来的优秀人才弥补朝鲜族民族教育人才的不足。

---

① 州级骨干教师，是指在延边朝鲜族自治州的教师群体中，师德修养、职业素质相对优异，具有较为丰富的教育经验，取得过一定的教育教学研究成果的优秀教师代表。

② 单亲、无亲学生，指由于父母双方或一方到外地务工赚钱，与一方父母（单亲）或留在亲戚家（无亲）住的学生。

（二）留守儿童比例达一半以上

更大的问题是对于留守儿童的教育。1993 年我在珲春市六中当班主任的时候，当时学生的父母都在身边，开家长会所有的父母都会到场。但是，1999 年开始，朝鲜族社会出现了去韩国务工赚钱的热潮。这对学生的学习和生活带来了很多不利影响。

首先，1990 年到 2000 年左右，我校有 36 名骨干教师去韩国打工赚钱。当时学校的师资不够，而下海去打工的老师十有八九没有赚到钱，反倒遭遇家庭破裂或者留在故乡的丈夫常年酗酒等问题。因此现在老师们都觉悟到了出国赚钱并没有太大的好处，所以想安稳地做好自己的工作。

其次，学校的学生很多都是父母出国，学生跟老人生活在一起，或者是搬到其他地方与亲戚住在一起。记得当时有一名跟奶奶住一起的学生，他非常想进学校足球队踢球，但老人觉得踢足球是不好的，没有让孙子进足球队。此后，这名男生心理出现了障碍，不愿意学习，性格孤僻。后来经过一两年时间的教育和关心，通过让他进入足球队踢球等方式，才把他的心结解开了，最终他以优异的成绩考上了高中。还有一些被老人带大的学生，因为家里老人常常溺爱孩子，所以这些学生遇到挫折的时候很难重新站起来。也有的学生养成了小偷小摸的习惯。

再次，记得 2007 年我带着学校足球队去韩国的时候，有一名学生的父母在他 3 岁时就去了韩国，多年来他们一直没有见过面。当时我们下飞机时，学生的父母拿着孩子的照片在我们的学生中一个个扫过，认哪个是自己的儿子。结果他们没有认出来，最后是通过叫名字认出来的。当时在机场，一家三口坐在餐厅吃饭，三个人一口饭都没有吃，眼泪说明了一切……

在我看来，十年多的韩国务工热潮让很多父母赚到了钱，但是同时也毁了我们朝鲜族的很多孩子。因为很多父母出于自己不能在身边照顾孩子的心理，每个月给子女较多的零花钱，这样容易使学生变成只认钱的高消费群体，不好好学习。

但是，有一点是可以肯定的，如果那时没有去韩国务工赚钱，单靠在农村种地，生活是比较艰难的。因为去韩国干活，大家的生活条件改善了，不少人买了房子、供孩子上了大学。只是我觉得，父母去韩国务工的时候，尽量不要把孩子留给老人照顾，可以全托到老师家中，这样孩子的生活、学习都比较正常，心理也更健全。

这几年学生父母出国务工的渐渐地减少了。2008 年的时候，珲春市六中的单亲、无亲学生比例是 76.7%，而最近在跟学校的老师们交流中得知，现在单亲、无亲学生的比例是 56%。班里学生中，每个家庭中父母亲至少有一人是在身边照看学生的。

我们已经喊了十几年的留守儿童问题，现在要做的是拿出解决对策。我们要在包容学生的同时，好好研究学生心理存在的问题。在教育过程中，学会如何解决学生心理问题，并且把较好的方法用文字记录下来编成书，让更多的老师学会更好地解决留守儿童教育问题。

（三）学生朝鲜语水平下降

2012 年，市里说要把两个朝鲜族初中合并，我非常反对。从至今的学校撤并来看，它没有给学校教育带来多少好处，反倒对学校的发展非常不利。这两所朝鲜族初中合并以后，学生的质量变得远不如我们珲春市六中。原先这两所朝鲜族初中，每所学校的人数跟我们珲春市六中是一样的，但是合并后，学生数变得比我们学校还少。究其原因，是因为原先的两所学校合并为一所以后，没有了可竞争的学校，因此老师们的教学压力降低了，学校的教学质量变得不如以前，导致很多学生流失，转学到其他好学校去了。

目前，学生的朝鲜语弱化现象比较严重。现在学生的朝鲜语水平不如我们当年中学的水平，很多学生写文章时经常出现错别字，而且也不会隔写法[①]（띄어쓰기），所有的字都连在一起写。

以上是我当教师的经历。我的教师生涯可以分为三个阶段：第一阶段——8 年乡村教师，在板石中学当老师；第二阶段——珲春市六中的 10 年数学竞赛辅导；第三阶段——2003—2014 年，12 年的校长工作。剩下的时间，就在教育科学研究所继续我的教育事业。30 多年的教书生涯，有过很多美好的回忆，也是我人生中不可缺少的财富，这些财富是用世上任何事物都换不来的。

30多年来，我的付出得到了家乡人民的认可。1989年，我荣获市人民政府颁发的“珲春市优秀教师”荣誉证书；1994 年，我荣获市人民政府颁发的“珲春市

① 隔写法，朝鲜语不像中文有那么多符号帮助断句，所以就有了隔写法（띄어쓰기），在写字时留下空格方便他人阅读。

人民政府记三等功”荣誉证书；1995年，我获得延边州“优秀班主任”荣誉称号；2003年，我被评为东北三省“美育教育先进工作者”；2008年，我在延边州学校体育工作中被评为优秀校长；2009年，我荣获延边朝鲜文化促进会颁发的“第九届民族教育振兴奖”；2010年，我被评为吉林省“基础教育校本科研先进个人”；2011年，我被评为吉林省教育系统“三育人”先进个人；2011年，我主持的课题《初中小班化教育中构建“自主学习”教学模式的行动研究》获得延边州首届基础教育成果一等奖；2012年，在朝鲜族教育10年改革和发展工作中，我被评为优秀教师；2013年在第八届中国朝鲜族《寻找好老师》采访活动中，我获得“2013年度中国朝鲜族最美教师奖”；2014年在“第三十个教师节”表彰大会上，我荣获市人民政府颁发的“吉林省珲春市优秀教育工作者”荣誉证书。

现在我已经离开了学校，心中有很多不舍。今后，我会在教育科学研究所继续为朝鲜族的教育而努力，为我们在一线拼搏的所有朝鲜族教师提供更好的平台，为我们朝鲜族教育争取更多更好的机会而努力！

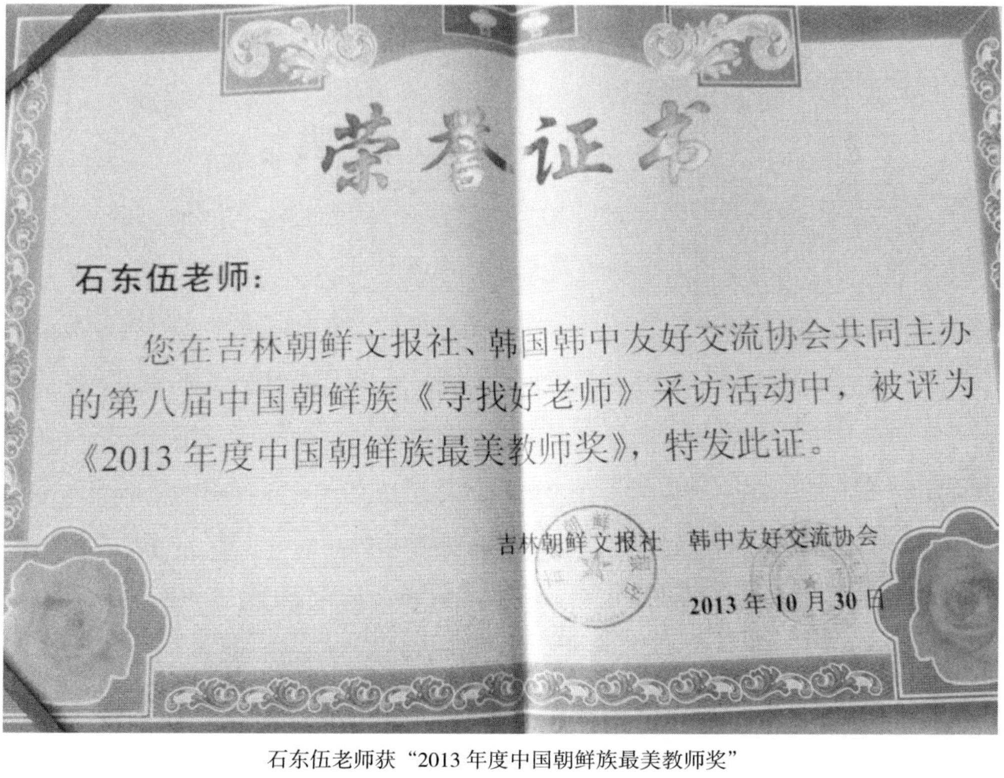
荣誉证书

石东伍老师：

您在吉林朝鲜文报社、韩国韩中友好交流协会共同主办的第八届中国朝鲜族《寻找好老师》采访活动中，被评为《2013年度中国朝鲜族最美教师奖》，特发此证。

吉林朝鲜文报社　韩中友好交流协会

2013年10月30日

石东伍老师获“2013年度中国朝鲜族最美教师奖”

访谈后记

石东伍老师是吉林省珲春市教育科学研究所所长。2015年2月，我去珲春市拜访了石东伍老师，并对石老师进行访谈。先后访谈两次，访谈时间共约5个小时，访谈地点在石老师的办公室。访谈用语主要是朝鲜语，辅以汉语补充理解。

2012年，石东伍老师还在珲春市第六初级中学当校长时，我第一次见到了他。当时，我只是觉得石老师是一位平凡的朝鲜族中学校长。后来通过访谈，才了解了他不平凡的人生经历。石老师从一名代课老师，通过自身不断地努力，成长为一位优秀的校长。石老师的教育经历，是一代朝鲜族教师的缩影，他们对民族教育的奉献和使命感，支撑了一个民族的教育。

到目前为止，石老师的教育人生可以分为四个阶段：8年乡村教师生涯、10年数学竞赛辅导教师、12年的校长、现在的教育科学研究所所长。当老师时，他是一名优秀的老师；当校长时，他又是一名优秀的校长。在每一个平凡的岗位上，他都取得了不凡的成就。他对学生进行数学竞赛辅导，得到了学校和社会的高度认可；他通过不断地教学科研和教育课改，提高了学校的教育质量和声誉。他获得了多种荣誉称号。

现在，石老师虽然在教育科学研究所工作，但是他的心却一直留在学校。他说，要尽最大努力促进朝鲜族教育的发展，让朝鲜族教育腾飞起来。作为一名朝鲜族晚辈学人，我对他的这种使命感和责任感产生了崇高的敬意。

本文整理完成后，经过了口述者本人的修改和审定。

第二批内地西藏班毕业的教师

口述者：查尔思[①]

访谈者：旦巴加措[②]

整理者：旦巴加措

修订者：魏曼华[③]　王成龙[④]

> 内地求学

> 乡村教师生涯

> 在县城当校长

> 婚姻生活

---

① 查尔思，曾用名查尔斯。经口述者同意，如无注明，本文均统一用“查尔思”。

② 旦巴加措，藏族，西藏自治区山南市曲松县中学教师。

③ 魏曼华，北京师范大学教育学部副教授。

④ 王成龙，北京师范大学教育学博士，国家教育行政学院培训部教师。

查尔思，男，1969年生。藏族，1993年毕业于承德民族师范高等专科学校[①]。1993年毕业后，在乡村三类地区从事小学教育工作长达10年。其间，在条件极其艰苦的乡村当过8年的乡村小学校长。2007年9月至今，在西藏自治区山南市[②]曲松县中学担任副校长。大学本科学历。2008年获得中学一级教师资格证书。他连续多年被授予曲松县“优秀校长”荣誉称号，曾被评为县级骨干教师。2002年被授予山南地区“优秀教师”荣誉称号；2007年被授予西藏自治区“优秀教师”荣誉称号。

---

① 承德民族师范高等专科学校，前身是始建于1907年的热河速成法政学堂，隶属学部，其间几经易名。1960年曾升格为承德师范学院，1978年恢复为承德师范专科学校，1992年改为承德民族师范高等专科学校。2010年3月，经教育部批准，升格更名为河北民族师范学院。

②2016年2月，国务院批复同意撤销山南地区和乃东县，设立地级山南市。

我叫查尔思，这名字听起来像是外国人，但我是个纯正的藏族人。

1969 年 5 月，我出生在西藏自治区山南地区贡嘎县朗杰学乡五村。藏语“朗杰学”是氆氇[①]产地的意思。我们这个乡祖祖辈辈以织氆氇为业，男女老少都会织。

我们家是农民家庭，以种地为生。父亲非常勤劳，在家里排行最小，他年轻时牛高马大，是大队[②]里力气最大的人，所以他当上了大队的驴夫。母亲善于持家，家中有奶奶和 7 个孩子，我排行第四，上面有一个姐姐、两个哥哥，下面有一个妹妹、两个弟弟，然而最小的弟弟 3 岁时不幸夭折，剩下我们兄弟姐妹 6 人。因为家中劳动力不够，姐姐和大哥从未上过学，很小就到大队里干活，我家在当地算是贫困户。记得当时大队里有个不成文的规定，谁家劳力少，养小孩多，谁家就叫“超标家”，这些家庭人口多，但多数为老幼，劳动力不足。到了藏历新年[③]前后，“超标家”要去看守大队的一片冬小麦，我们家是年年要去的，我也看守过好几回。有一次我在看守途中偷偷跑去乡里看藏戏[④]，结果牛羊跑来吃小麦，队长发现后告诉我父亲，因此我被父亲痛打。

我是非常幸运的，上有干活的哥哥姐姐，下有放羊的弟弟妹妹，所以父母

---

① 氆氇（pǔ lu），藏族人民手工生产的一种羊毛织品，可以做衣服、床毯。

② 大队，即生产大队，指中国社会主义农业经济中的一种组织形式，具体存在的时间为 1958 年至 1984 年。生产队（通常被称为生产小队）是人民公社最小的单位。若干个生产队组成一个生产大队，若干个生产大队组成一个公社。生产大队是农村劳动群众集体所有制的合作经济，实行独立核算、自负盈亏。生产大队的土地等生产资料，归生产大队集体所有。20 世纪 80 年代实行家庭联产承包责任制以后，生产大队解体。

③ 藏历新年，藏族人民一年中最重要的节日，相当于汉族的春节。按照藏族的历法推算，时间与农历春节相近。

④ 藏戏，起源于 8 世纪藏族的宗教艺术。17 世纪时，从寺院宗教仪式中分离出来，逐渐形成以唱为主，唱、诵、舞、表、白和技等基本程式相结合的生活化的表演。藏戏的藏语名叫“阿吉拉姆”，意思是“仙女姐妹”。据传藏戏最早由七姐妹演出，剧目内容又多是佛经中的神话故事，故而得名。

一直支持我上学。20 世纪 80 年代初期，西藏教育仍比较落后，我学书写藏文 30 个字母就用去了两年的时间，到了四年级才开始学习汉语文，在小学整整待了 7 年。恰逢国家对西藏教育大力支持，我们这一代有幸尝到了“三包”政策[①]的甜头，从帽子到袜子都由学校免费发放。这样，一学期下来，可以给家里带回 3 床 8 斤重的棉被和 78 元的补助金，第二学期学校仍然会发新的棉被，大大地减轻了家中的经济负担。所以，那时每家每户都把小孩送进了学校，形成了“上学热”，我也有幸成为其中一员。

一、内地求学

1985 年，对于西藏来讲是值得纪念的一年，国务院专门开会决定面向西藏自治区实施“教育援藏”项目。从此，雪域高原上掀起了一股考内地西藏班[②]的热潮。1986 年，我以藏语文、汉语文、数学三门科目总分 178 分的成绩考上了内地西藏初中班，这在当时算是很高的分数。

（一）就读辽阳市第一中学

我们山南地区的 100 名学生分到了辽宁省辽阳市第一中学就读，成为第二批内地西藏初中班学生。当时西藏唯一的机场就在我们县城，每天看到飞机从头顶上飞来飞去，但我从未去过机场，更不用说坐飞机了。这一年的 9 月 1 日，我平生第一次坐了飞机，享受了坐飞机的美好感觉。

我们几十个同学来自各个地方，大多互不相识，在带队老师的指引下从贡嘎机场出发飞往成都，在好奇、不安、紧张和兴奋之中不知不觉就到了成都双流机场。9 月的成都热得不得了，我们都穿着厚厚的氆氇做的藏装，一会儿工夫就汗

① “三包”政策，是国家专门针对西藏制定的一项特殊的民族教育政策。1985 年起，国家对西藏农牧民子女接受义务教育实行“包吃、包住、包学习费用”的“三包”政策。

② 内地西藏班，1984 年西藏自治区决定开设内地西藏班，成绩优秀的学生可以到内地上学，1985 年正式招生。全国 16 个省市的西藏初中班同时开学，1300 名学生被送到内地学习。1989 年，首届内地西藏班初中生毕业，862 名学生进入中等技术专业学校，300 名学生进入高中学习。1992 年，首批 300 名高中毕业生升入内地高校就读，首届中专、中师班毕业生返回西藏。查尔思是1993年返回西藏自治区曲松县任教的，属于第二批。

流浃背，那天晚上就住在西藏驻成都办事处招待所里。有一个从琼结县[①]来的男生，那天晚上独自外出买东西就迷路了，失踪了7天，后来被找到，专门有人把他送到了辽阳一中。还有一件有趣的事情是，在北京换乘火车时，学校的工作人员专程来接我们，并为我们准备了饭菜，每张桌上都摆着一只整鸡，同学们都吓得不敢动筷子，都跑到厨房抢馒头吃，因为我们在家乡时从未吃过鸡肉，更不用说整只鸡了。我们来到辽阳一中的第一天晚上，从乃东县[②]来的一个男同学半夜从床上掉了下来，整夜睡在地上，同学们看到这一情景笑得合不拢嘴。

我们内地西藏班是封闭式、军事化管理，每个人的东西都标有自己的学号。在宿舍里，每天的被子、毯子如果叠得不整齐，要扣0.5分，在餐厅里浪费一点粮食，每桌要扣1分，班级之间、年级之间互相评比，竞争十分激烈。由于我们都是离家的学子，同学之间十分团结、友好，衣服都是互穿、互洗，整整4年我没见过同学之间打架斗殴的事情。4年的初中生活我过得很充实，学习、活动样样刻苦努力，都要尽量做到最好，自己才算满意。

当时，国家对我们内地西藏班的政策非常好，我们的吃、住、穿跟军人的待遇一样，所以个头长得很快。还记得我的一个朋友，在初三时给家里寄去了一张照片，结果回信时，这张照片又被寄回来了，信中说："这不是我的儿子，你寄错了照片。"那个年代，我们与家人沟通联系的唯一方式就是写信和寄照片。

（二）考上承德民族师范高等专科学校

初三毕业那年（1990年），我本来想报考昆明陆军学校，因为我对军人有一种特殊的感情，可惜那年没有招生指标，就考了承德民族师范高等专科学校，从此踏上了教师之路。我认为，当一名老师，首先要会写一手漂亮的字，所谓"见字如见人"，于是我先从练习汉语书法开始，买了庞中华的字帖，临摹了近一年之久。同时，我经常看一些有关教育学、心理学等方面的书籍，增长自己的专业知识。

1993年，读了3年的师范中专后，我又到了人生的十字路口。当时我们内地西藏班的学生有两种选择，即可以直接参加工作，也可以继续深造（进入大专

---

① 琼结县，地名，位于西藏自治区南部，山南市中部。

② 乃东县，地名，隶属于西藏自治区山南市，位于西藏自治区南部。2016年撤县改区，更名为乃东区。

但不用参加统考)，直接可以去咸阳民院[①]或西藏大学。我正准备报咸阳民院中文系，恰好家里来信说："今年开始国家政策变了，只有考入内地初中班的学生才能免往返路费，你们中师毕业回来的路费要自己掏，共计800元。虽然家里实在没钱，加上这几年闹灾荒，没有粮食可收，家中唯一值钱的耕牛也卖了，但钱也已经交到县文教局了，你放心地回来吧。"我顿时哽咽，信再也读不下去了，一念之下，决定直接参加工作，为家里排忧解难。就这样，我的大学梦破碎了。1993年6月15日，我中专毕业回到了老家。

二、乡村教师生涯

（一）在极贫困的乡村小学当老师

还记得1993年毕业那年分配的场景，整个山南地区只有4名内地中专毕业生等待分配，我们4个被分配到了最远、最穷的县城中学任教，我被分到了曲松县。报到那天，我好不容易从地区搭上了一辆装满水泥的汽车，与水泥为伴，走了近3个小时才到县城。县城在一个狭小的山谷里，而且人烟稀少，房子都是铁皮房。

第二天，我听到一个消息：曲松县中学正在兴建，县城附近的小学不缺老师，我只能被分到一个偏远又穷困的乡村小学——堆随乡小学。堆随乡是全国极贫困乡镇之一，我搭了一辆手扶拖拉机去报到。由于是雨季，路非常难走，近两个小时才到达山顶。从山顶远远望去，隐约看见山腰上有一排白色的房屋，那就是堆随乡小学。从山顶下来，又用了一个小时才走到目的地。我人生第一个工作单位就是这里了。堆随乡小学是一个完全小学，一至六年级都有，当时一共有156名学生、5名教师，除了我全都是代课老师。学校给我安排了一间房子、一张床，我把从家中带来的木箱当作桌子用。

教导主任让我教五、六年级的汉语文和三、四、五年级的自然常识，加上早晚读，一周下来就有24节课。那时学校穷，学生更穷，学生都住校，学校每天

① 咸阳民院，即设在陕西咸阳的西藏民族学院，2015年更名为西藏民族大学。

提供三次清茶[①]，加家里带的糌粑一起搅和，就成了一顿饭。当时学校的资金有限，学生家庭条件也比较差，所以学校只能为学生提供清茶。也许是刚参加工作的原因，我对工作十分认真。有一天上自然课，因学校没有教具，我用自己唯一的茶碗当教具使用，学生们十分惊奇，老师们十分感慨。因为我是学校里第一个从内地中专毕业的老师，学生经常围着我问这问那，我也毫无保留地告诉他们外面的世界多么精彩。整个学校的饮用水要从山脚下的河挑上来，得用半个小时的工夫，高年级的男生们经常帮我挑水，我也用讲故事的形式答谢他们。

1993 年 9 月，我拿到了人生的第一份工资，两个月合计 230 元。刚拿到钱的时候有一种说不出的感觉，以前从未碰过这么多钱，我心里感觉甜甜的，赶紧跑到乡里买了 10 袋北京牌方便面和一包飞马牌香烟，一共花掉了 6.5 元。

我刚刚熟悉了这里的环境和师生，县文教局里就来了一份文件，都是汉文，校长不太懂汉语，让我来宣读，结果是我的调动命令。贡康沙乡[②]小学紧缺汉语老师，局里研究决定将我调到那里去。那天刚好是 9 月的最后一天，第二天一大早，我准备出发时，老师们一个个地为我献了哈达，学生们都哭着、喊着“老师不要走”，当时我的眼泪也不知不觉地流了下来。

（二）在高海拔的村小当校长

我的大半青春年华是在贡康沙乡度过的。贡康沙乡是一个偏僻的小乡村，属于高海拔三类地区[③]，平均海拔高达 4200 米，交通不便，气候恶劣，全乡人口不到 3000 人。我在这个乡整整待了 10 年，其中担任了 8 年的校长。作为乡村小学校长，既要当领导，又要当任课老师，困难很多，压力和责任也很大。现在回忆起当年的辛苦，还真觉得自己能称得上是“最美乡村教师”了。

---

① 清茶，藏族茶品的一种，将茯砖茶放入壶或锅内加水熬煮而成，有些地方还加进盐、姜片、花椒等佐料，味道更佳。清茶的制作过程简单且价格便宜。

② 贡康沙乡，地名，位于西藏山南市曲松县北部。

③ 高海拔三类地区，是对生活在高海拔地区工资补贴划分的方法，不同的海拔有不同的工资标准。以海平面高度 4000 米为基准，3500 米到 4000 米称为二类区，4000 米到 4500 米称为三类区，4500 米以上称为四类区。

1. 牛棚里上课。

1996年，贡康沙乡小学进行大维修，为此，学生都到旧的乡人民政府里上课，由于教室不够用，作为一校之长，我不得不想方设法弄出一间教室来。结果，发现乡政府后面的一户人家的院子里有一间长方形的土坯房，进去一看是个牛棚，有4根柱子，黑洞洞的连个小窗户都没有，但我估计，稍微挤一下能容纳30多名学生。五年级有35名学生，而且我和妻子都是这个班的任课老师。我马上决定去借这间房子，牛可以在院子里住着。我请村支书和我一起到房主家借这间牛棚，房主想到学校有困难，而且自家的两个小孩也在这里念书，马上答应了我的请求。就这样，我带着几个老师把地面扫了扫，拉了电线，安装了4盏100瓦的灯泡，搬来桌凳和一块木质简易黑板，就开始上课了。在牛棚里，五年级师生整整上了两个月的课。第二年，这个班的5名学生考上了内地西藏初中班。这一年，正好有一个希望小学的援建项目，我们学校建起了一栋两层的教学楼，当时，我们学校成了整个山南地区的乡村小学里唯一拥有楼房的小学。年末我们学校也顺利地通过了“普六”[①]验收。

查尔思老师在贡康沙乡政府办公原址上课（1996年）

① 普六，即普及六年义务教育。

2. 跋山涉水劝学。

有个学生叫次仁边久，家住罗布沙乡，因为那个乡小学没有设立六年级，所以六年级学生都必须到我们贡康沙乡小学就读。当时，我是六年级的汉语文老师，也是学校校长。有一天下午第二节课，我像往常一样，按时去教室上课，课上到10分钟左右时，次仁边久转过身子跟后排的一个学生拉拉扯扯，还不停地说话，我口头警告了他，可是他并不听。当我正在黑板上写着课文中心思想时，忽然听到有人大叫了一声，我转身一看，还是他在闹，气得我拿着教鞭做出想要打他的样子，其实也只是想吓唬他一下，不料他突然扬起头来，细小的教鞭打在了他的脸上。不一会儿，他的鼻子流血了。我当时不知所措，就让他去洗一下，结果过了好长时间不见他回来，不一会儿，下课铃声响了，我赶紧派学生去宿舍找他，却得知他早已跑回家去了。

我意识到自己一时冲动惹了大祸，赶紧去追他。罗布沙乡离学校很远，要翻越两座大山，还要过河，当时正是雨季，我很担心次仁边久会出事。罗布沙乡当时刚开采铁矿石，双休日学生都去捡矿石、卖矿石，收入很好。我们正式教师一个月才拿230元工资，而这个乡的学生一周就有100元的零花钱，所以大多数学生不愿上学，辍学现象十分严重。我怕他以这件事情为借口辍学，就追了过去，不料他走的是近路，我走的是大路，根本没有看到他的影子。我从中午走到天快黑时才到乡政府所在地。

我请副乡长和我一起到他家去。一进门，没有看到次仁边久，但他的母亲气冲冲地说了一些不好听的话，我首先向她道歉，接着把事情的经过说清楚了。也许我的真诚打动了他们全家，次仁边久从里面出来向我道歉。他父亲说："您作为校长，那么老远走路过来够辛苦的，今晚住我家，明早和小孩一块回学校好不好？"我点头答应了。第二天一大早我俩就一起回了学校。

三、在县城当校长

2003年9月，我从贡康沙乡小学调到曲松镇完小，在这里待了5年，其间，当了4年校长。曲松镇完小设在曲松县城，学校规模大，师生人数多，有20多个县机关干部的小孩和400多个农牧民小孩。农牧民小孩都住校，管理起来难度相当大。我一刻也不敢怠慢，因为自己就是从农村出来考上内地西藏班的，深知教育对农村孩子的重要性。教育是农村孩子改变命运的最快捷、最有效、最公平的办法。

当时，我们这里有个说法：“一名内地生，脱贫一户人。”[①] 因此，教师与教师、班与班、学校与学校、地区与地区之间竞争十分激烈，几乎所有学校都设立了教学质量奖惩制度。一名学生考上内地西藏班，师生不仅受到县政府的嘉奖，还能得到县教育局和学校的奖励。作为校长，我从自身做起，早起晚睡，加班加点，在寒暑假给学生免费补课。功夫不负有心人，2005 年，我校六年级毕业生中有 10 名学生考上了内地西藏初中班，在县里轰动一时，受到上级教育主管部门的一致好评。在曲松镇完小的 5 年里，我既是老师，又当领导，由于自身的不懈努力和大家的支持，教学质量和学校管理都取得了可喜的成绩，我也连续三年被评选为县级优秀校长。

查尔思老师被评为山南地区“优秀教师”（2002 年）

（一）处理意外事件

在曲松镇完小 4 年的校长生涯里，印象最深的是处理一个意外事件。

那是一个春季的星期六，学校像往常一样放双休日。除了最远的邱多江乡的部分学生，其余学生都在早饭之后陆续地回家了。下午 5 点左右，我突然接到镇政府主管教育人员的电话，说措堆乡古龙村的一个五年级女学生在回家途中，因

① “一名内地生，脱贫一户人”，当时，如果考上内地西藏班，学生毕业后就能分配工作。

拉肚子落在其他同学后面，到了山腰不慎滑倒掉了下去，一时间没人发现，死了。听到这个消息，我一时愣住了，脸色变得苍白，话也说不出来。

这时，总务主任急匆匆跑到我家，说："真出事啦！"我二话没说，让总务主任从学校仓库中拿一袋米和一袋面粉，我自己跑到县里买了些酥油①、藏香②、哈达，同时雇上一辆小车，往学生家里开去。这时已经是下午 6 点左右，大概走了半个小时，车辆就无法通行了。出事女学生的家在山顶上，我们只好雇两头毛驴赶路，沿着山间小路，到达山顶时天已黑了，分不清东西南北，幸好毛驴经常来回走，认识路。

走到一户人家的门前，敲门一问，学生家还有百米远呢！我们隐约听到念经的声音。这个村在山顶上，户数少，还没有通电。学生家里只有点点烛光，来了不少邻居，请了喇嘛③正在为去世的女儿念经。孩子的父亲看到我从头到脚都是灰尘，又流下了眼泪，说："天都早已黑了，又不熟悉山路，你们怎么上来的呢？"我充满歉意低声地回答："跟着毛驴来的。"接着按照我们藏族人的丧事习俗，递上大米、面粉、酥油、藏香还有 500 元慰问金，并说这是学校的一点心意，然后给死去学生的房门上献了一条洁白的哈达，并磕了三个响头，以表歉意。

临走时，一位爷爷紧紧握着我的手说："小孩已经去世了，而且是在校园之外，不怪学校，您这么晚到家里来看望，真是感激不尽！"回去的路上，虽然我们有支借来的手电筒，但可能是天太黑，它起不到什么作用。我们只好手脚并用，一边摸着石块，一边滑下来，凌晨时才走到马路边坐车回学校。

（二）爱上教师职业

1994 年 9 月 1 日，曲松县中学正式成立，对于这里的老百姓来说这是一件值得高兴的事情，我也被调到新建成的中学任教。虽说学校是新建的，但是除了两栋两层的教学楼，其余都是县防疫站的旧铁皮房，隔壁还有一个下洛乡小学。由于学校离县城比较远，买生活用品经常得走远路。那一年分来了不少新老师，但

---

① 酥油，一种乳制品，是从牛奶或羊奶中提炼出的脂肪。藏族人最喜欢由牦牛奶提炼的酥油。

② 藏香，西藏一带所产的一种香料，原料用檀香、芸香、艾等，颜色有黑、黄两种，藏族用来敬佛，多数用于佛教祭祀活动，亦有少量用于家居辟邪。

③ 喇嘛，藏传佛教的僧人，原为一种尊称，意为"高僧"，也是活佛的一种称呼。

只有一位女老师。老师当中5%是本科学历，其余都是中专毕业。

我们7个小伙子同吃同住，玩得最多且唯一能玩的就是足球。那时候，我们非常“时尚”，留着长发，踢球时只穿着短裤。附近的村民看见了，就向校长报告：“你们的老师光着身子外出，既不文明，又会惹神，这样的话，天会下暴雨，影响庄稼。”我们只好穿着长裤踢球了。当时，踢足球是我们主要的业余活动，因此，我们被称为县中学“七匹狼”。

学校里90%的学生是农牧民子弟。在曲松县中学工作的第一年，我首次担任了班主任这一重要的职务。我们班50名学生，其中一半是本地学生，一半是邻县桑日县①的学生。

当时的初中生个子比较高，年龄也比较大，个别学生都已经17岁了。他们生活简朴，自理能力强，很懂礼貌，管理起来没有多大难度。我班的学生各种活动都名列前茅。记得初二时的一次五四艺术节上，我班表演了一出藏戏“扎西雪巴”②，服装、道具、表演都得到了师生的热烈掌声，获得全校第一名，学校不仅发了奖状，还发了300元的奖金作为班费，全班学生都为之自豪。不仅如此，那年的七一庆祝活动中，我班的“扎西雪巴”代表学校在县礼堂表演，得到了全场观众的赞扬。当班主任期间，虽然取得了一些成绩，可是也有事情让我烦恼，最头疼的是学生抽烟、旷课和早恋。

短暂的两年中学教师生活很快过去了，由于我的初始学历为中专，因此作为中学教师学历不达标，于是1996年又被调回到贡康沙乡小学任教。繁忙的工作之余，我仍不忘充实自己，2005年8月至2008年6月以函授形式获得大专学历，2009年8月至2011年6月以函授形式获得本科学历。我同时也在西藏大学上了函授班，2011年获得了数学学科本科学历。

2007年9月，我又回到了曲松县中学任教，并担任副校长至今。我当校长的前几年，交通不便，信息不灵，条件艰苦，师资短缺，当老师难，当校长更难，但我们不畏惧条件的艰苦，怕的是没能将求学若渴的学生教好。所以，我们拼了

---

① 桑日县，隶属山南市，位于西藏自治区南部。

② 扎西雪巴，雅砻扎西雪巴属藏戏白面具流派中的黄面具戏种。主要流行于现西藏山南、拉萨、日喀则三地。一般分为三个部分，第一部分叫“顿”或“温白顿”，是出场仪式；第二部分叫“雄”，也就是正戏；第三部分叫“扎西”，是演出终结的祝愿，同时接受主人或观众的捐赠。

命地教育这些孩子，希望他们用知识来改变自己的人生。我认为自己做到了这点，我始终认为，我无愧于自己的良心，也无愧于国家。

校长工作干了十几年，面对不同的学生，责任使我默默奉献，压力使我彻夜难眠。然而，这份工作永远都有挑战性，校长既是我头上的光环，也是我肩上的责任。

查尔思老师被评为曲松县“优秀校长”（2007 年）

我曾经写过一首诗叫“一名老师的心声”，表达我对教师职业的理解和感悟。

一名老师的心声

查尔思

我是一名老教师，
二十年春风，在额上刻下了几多皱纹；
二十度冬雪，染白了我的缕缕青丝。
几十回，迎来了一群天真活泼的少年；
几十次，送走了一群风华正茂的青年。

讲台，是我塑造灵魂的岗位；
黑板，是我培养良种的土地；
粉笔，是我辛勤耕耘的锄头；
教室，是我培育人才的阵地。

我是一名普通的人民教师，
日日夜夜、默默无闻地耕耘，
比起帝王的桂冠，我没有那堂皇的仪表；
比起将军的勋章，我没有那荣耀的光芒；
比起艺术家的名气，我没有那响亮的掌声；
比起企业家的经营，我没有那累累的财富。
但是，我唯独爱上了教师职业。
因为只有这种职业更有分量。

现在，我以一名教师的名义，表达心愿：
自重、自爱、自强，是我们的品德；
塑造未来的建设者，是我们的天职；
培养人才，是我们的事业。
让我们像黄牛那样耕耘，
像春蚕那样奉献。
和我们的学生一起，
迎接祖国壮丽的明天！

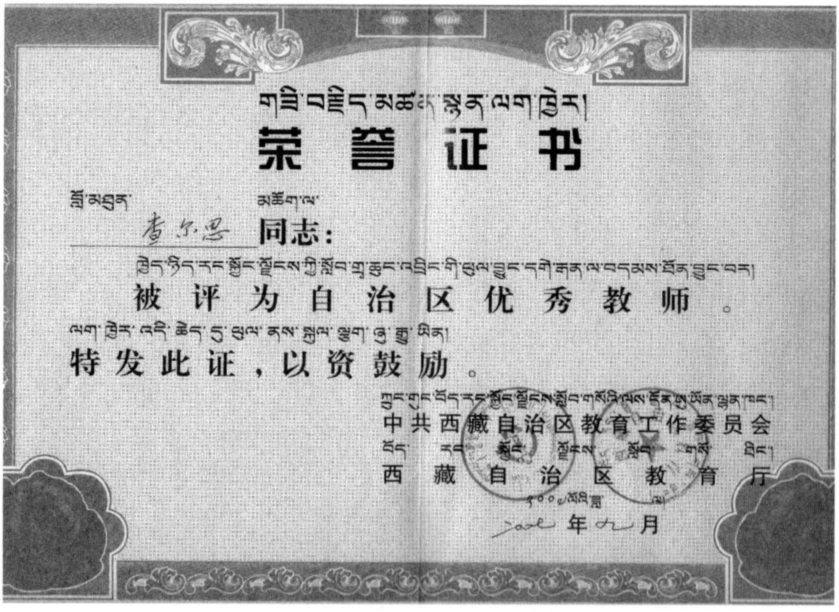
གཟི་བརྗིད་མཚར་སྣན་ལག་ཁྱེར།
荣誉证书
查尔思 同志：
被评为自治区优秀教师。
特发此证，以资鼓励。
中共西藏自治区教育工作委员会
西藏自治区教育厅
年 月

查尔思老师被评为西藏自治区“优秀教师”（2007 年）

四、婚姻生活

1996 年我在贡康沙乡小学任教，已经 27 岁。那年的 10 月份，我们收学校自己种的油菜、萝卜和土豆，这时，我认识了一位民办教师，叫次仁曲吉。她是曲松本地人，比我小 6 岁，我俩很谈得来。不久后的一个双休日，我第一次到她家去见她的父亲（她 12 岁时母亲已去世），他不反对，反而怕我的家人不同意，因为次仁曲吉是代课教师，当时每月只有 150 元的工资，而我的工资是 350 元。我说，我们老家已经婚姻自由，加上我是内地毕业的，不信这些说法，我的婚姻我自己做主。就这样我们在一起了，没有浪漫的婚礼也没有漂亮的礼服，只有两颗真挚、相爱的心。

1998 年 3 月女儿出生了，可是谁来带孩子成了大问题，因为当时次仁曲吉通过了民转公[①]考试，正在读中专，没有产假可言，我们两地分居，3 月份是开学之初，双方得各奔东西。经过商量，由她的姐姐来带孩子。我女儿只吃了 7 天的母乳，就断奶了，是吃奶粉长大的。姐姐整整带了两年之后，我妻子中专毕业回单位了，当时县城没有幼儿园，我俩只能没课的时候轮流带她，一直到女儿上小学。每次放假或双休日回娘家时，我都要背着女儿翻过一座大山和两条河流，当时的辛苦可想而知，但我始终没有感觉到累。

我妻子是个典型的藏族妇女，勤俭持家，也没什么特别的喜好，倒是我的爱好广泛，年轻的时候喜欢踢足球，现在喜欢看球赛，周末去打骰子[②]，喝点酒，也喜欢唱唱歌。

结婚这么多年，我俩就这样平平常常地一同走过来，偶尔也有不愉快的时候，但都是人民教师，哪有工夫生闲气？一切为了孩子，一切为了孩子呀！

---

① 民转公，即民办教师通过考试转为公办教师。

② 骰子（tóu zi），藏族传统的民间娱乐游戏之一，俗称“色（shǎi）子”。

访谈后记

查尔思是我的同事，也是我的老领导，现在西藏自治区山南市曲松县中学担任副校长。他长期在高海拔地区任教，虽高原缺氧，但他不缺精神，而是充满了对学生和教育事业的热爱，令我肃然起敬。我于 2014 年 11 月 19 日和 20 日在查尔思家中进行了两次访谈，之后又分别在 2015 年 10 月、2016 年 5 月和 2016 年 7 月对他进行了三次补充访谈。访谈时间共约 20 小时，访谈用语为藏语，个别词语用汉语。

与查尔思校长认识是在 2005 年的一个晚上。当时，我还是一个刚踏上工作岗位的新教师，我们几个朋友在一起小酌时，来了一位瘦高、皮肤黝黑的中年男子，大家都叫他“王子”。我对这个称呼感到有点奇怪，后来才知道因为他的名字与英国王储查尔斯同音，大家才戏称他“王子”。

旦巴加措对查尔思校长（左一）进行访谈（2015 年 10 月）

真正了解他是在2007年，那一年他调入我所在学校任副校长，管理能力很强。他常常说“大事讲原则，小事讲风格”，是一个非常严谨的人，做事非常认真，工作勤勤恳恳，有独特的人格魅力。在多年的校长生涯中，他一直在教学第一线，培养过不少青年教师，这些青年教师后来都成了各个学校的骨干和中流砥柱。查尔思老师平时少言寡语，但他说出来的话，老师们都认为有道理，令人回味无穷、难以忘怀。

查尔思老师对教育事业的默默耕耘与奉献，为雪域高原上的藏族儿女点亮了前进的灯塔！

此文整理完成之后，经过了口述者本人的修改和审定。

大凉山的彝文女教师

口述者：罗　芳

访谈者：阿呷热哈莫[①]　宋华妹[②]

整理者：阿呷热哈莫

修订者：魏曼华[③]　王成龙[④]

> 家族故事

> 童年故事

> 彝文教学生涯

> 两个儿子

① 阿呷热哈莫，彝族，四川师范大学教育科学学院讲师。

② 宋华妹，四川省凉山彝族自治州甘洛县民族小学教师。

③ 魏曼华，北京师范大学教育学部副教授。

④ 王成龙，北京师范大学教育学博士，国家教育行政学院培训部教师。

罗芳，女，1969年生。彝族，四川省凉山彝族自治州越西县人。1989年毕业于四川省彝文学校，中专毕业后分配到越西县上普雄的小学任教，1990年至今在凉山彝族自治州甘洛县民族小学任教。

一、家族故事

（一）出生在大家庭

我 1969 年生于“俄木家”[1]。我的曾祖父住在甘洛县海棠镇[2]，后来我爷爷搬到了海棠的检查坪[3]。我爷爷共有 7 个孩子，我父亲是老大，下面有很多弟妹。当时吃不饱饭，我父亲想着当兵能吃饱饭，就当了兵，转业后在银行上班，退休后回甘洛县海棠镇居住。我母亲的老家在越西县的普雄，她是“沙玛”[4]家的，生父生母早逝，她是由亲戚带大的，有多少弟妹她自己都记不清了，只记得有个弟弟夭折了。我母亲是由她的一个姐姐介绍给我父亲的，她的汉语说得不好，经常依着彝语语法来说汉语，所以我父亲单位里的同事经常笑她。

我们家有五姐弟，我是老大，下面有 4 个弟弟，现在他们都结婚也都有孩子了。我的 4 个弟弟，一个在凉山州布拖县教书，其余的 3 个都在外面打工。

由于当时没有实行计划生育，我母亲是农民，父母共生了 5 个小孩。随着孩子的增多，家庭负担越来越重，我们一家不得不从单位搬到乡下居住，于是条件比以前差了。虽然还是在以前的学校读书，但因为家里的事情多了，父母无暇管理我的学习。我的 4 个弟弟中，只有最大的那个弟弟老实，主动帮家里干活，另外 3 个弟弟很调皮，从不主动帮家里做事，有时还会欺负我。我从小就勤快，放学回家都会背着背篓到地里采猪草，回家后还要煮猪草、喂猪，做力所能及的家务。

我在父亲单位长大，从小和汉族朋友们一起玩，因此我的彝语口语不好。确切地说，结婚之前我的彝语口语不好，后来因为嫁给了彝族人，再加上我上彝文

① 俄木家，彝族的一个家族支系。

② 海棠镇，1952 年 9 月建越西县海棠区海棠乡，1959 年划归甘洛县，1973 年建海棠公社，1984 年复置海棠乡，1992 年 9 月撤区设镇。

③ 检查坪，地名。

④ 沙玛，彝族的一个家族支系。

课，我的彝语口语才变好了，现在我说汉语都带彝腔。

（二）我和我的丈夫

我 20 岁结婚。我丈夫原来在企业局下的矿业公司工作，后来下岗了，买断工龄[①]后出去做过几次生意，但都没有成功。他不愿出去打工，因为出去了就不能照顾家庭。1996 年，在同学的帮助下，我丈夫到地矿局工作。我丈夫家有七兄妹，有 2 个弟弟、4 个妹妹，和我一样，他也是家里的老大。我和他的家庭孩子都多，我最小的弟弟和他最小的弟弟曾经在我教书的寄宿制班读过书，但他们初中没毕业就辍学了，不想读了。当时，我和丈夫既要养我们的小孩，还要供养弟妹。我们的经济状况不是很好，一到过年他们就背猪肉给我们。我母亲家条件好一些，我弟弟的学费是我妈给的，但我丈夫家条件差，所以他弟弟的学费是我们交的。

我们是大家族，我和丈夫双方都有很多亲戚，他们大多数都不会汉语。亲戚来县城都不住宾馆而是住在我家。他们只会彝语，我也跟着说彝语。我回老家，家里人也笑话我不懂彝语。后来因为教孩子彝语，我渐渐地会说彝语了。我家里经常有亲戚来，大家都用彝语交流，说得多了，自然我的彝语口语就好了。我丈夫是高山上长大的，他的汉语在上学之前不好，汉语拼音也不好，到现在用电脑打字常拼错。

（三）彝族重礼节

我们彝族很重礼节，婚丧嫁娶的礼节必须到位。一般结婚丧礼都要凑份子钱。翻年[②]了要“撮毕”[③]，我们女人需要出点买牲畜的钱。家族里出了事，即使人不能到，也要把钱凑上。有段时间我有个叔叔身体不好，我们整个家族一起凑钱。彝族的人情往来多，有时让人觉得压力大，但是你帮了人家，人家也会帮你，一

---

① 买断工龄，改革开放初期一些国有企业在改革过程中安置富余人员的一种办法，即参照员工在企业的工作年限、工资水平、工作岗位等条件，结合企业的实际情况，经企业与员工双方协商，报有关部门批准，由企业一次性支付给员工一定数额的货币，从而解除企业和员工之间的劳动关系。

② 翻年，过完年。

③ 撮毕，彝族祭祖活动。

旦有事，就是家族帮忙。同事退休可能不再联系，但家族成员一直是有联系的。所以从这方面讲，我是喜欢彝族的。

每个民族都有自己的崇拜对象，各个民族不一样。我们彝族是祖先崇拜，虽然我不相信灵魂，但我认为应该传承彝族祖先好的东西。我们经常请毕摩①来念诵经文，毕摩都是固定的。有些事情需要精神上的寄托，这是一种治疗。我们彝族从古至今都有这些，三星堆遗址②里发现了我们彝族毕摩用的东西。

罗芳老师（右）与访谈者之一宋华妹合影

二、童年故事

小时候，我受教育的条件和资源都很好。我三岁进幼儿园，幼儿园离我家很近，也就二三十米。当时有一个地质队和一支部队驻守在我们那里，所以有很多汉族小孩在那里上学，地质队和部队的孩子也在那里上学，因此就来了大批优秀的汉族老师，当时教我们的都是从外地来的汉族老师。

---

① 毕摩，彝语音译，亦称“白马”“呗耄”“西波”等。彝族巫师，多父子相传。部分懂彝文、识经书，主持念经、祭祀等活动。

② 三星堆遗址，中国新石器时代至商周时期早期蜀文化的遗存。位于四川广汉南兴镇三星村，年代为公元前2800—前800年，1980—1989年发掘。

（一）儿时的娱乐

我儿时最高兴的事情就是看电影，电影不是天天放，是定期放的。当时，在我们那里的部队里有一个很大的坝子，有时候部队里的人会请地方上的人来看电影，不收钱。一听说要放电影大家就很高兴，用石头和砖把自己的位子圈起来，家住得近的就用凳子占座。后来部队走了，看电影开始收门票了，我们就不经常去看电影了。

我小的时候爱吃核桃、豆子、瓜子等。那时候汉族娃儿吃什么我不太清楚，但我们经常炒玉米、豆子、瓜子吃，这些都是自己家里种的。我父亲单位有很多核桃树，丰收时可以打好几背篼。汉族人会种苹果，他们的苹果长得好，他们知道如何管理、上肥、修枝等。

我家当时有一台成都牌的电视机，那是一台很小的电视机，那么小的电视机现在估计都没有了，但质量好，我们用了很长时间，我读到高中才换了新的。看电视是放电影之后的事了。刚开始，电视机不是每家都有的，所以很多人聚在一起看。单位里的家属就在单位看电视，农村看电视的很少。我当时在父亲单位里挤着看。电视机更新得很快，单位要换电视机，就会处理旧的，旧的就慢慢流入百姓家里。

儿时，我们那条街上有根电线杆，电线杆上挂着一个小喇叭，有什么事情就通过喇叭通知。每天下午 6、7 点单位的人下班后，喇叭就开始广播了。喇叭声音很大，整个村子都能听到，我们一般不看时间，听喇叭就知道几点了。喇叭会播放新闻，新闻中间还插播音乐，音乐是电影里的流行歌曲，流行什么歌曲就放什么。我当时喜欢听广播，我去山上割猪草，到了一定时间就能听到广播报时，“现在是北京时间 ×× 点整”。后来有了电视，广播就慢慢没了。

（二）每星期都有毛笔字课

小学的课程开设得非常全面，老师的素质也很高。记忆深刻的是老师们都说普通话，说得很好。我们还上书法课，并且老师要求不论是汉族学生还是彝族学生都必须买毛笔、墨汁，学习写毛笔字。小时候写毛笔字，墨水不好带，但每个星期都有毛笔字课，调皮的孩子不好好写，在手上、脸上画得乱七八糟，像花猫一样，一下课就跑去洗掉。尽管这样，老师依然要求我们必须练习毛笔字。

我们有专门写毛笔字的本子，四四方方的格子，写得好的，老师就给圈起来。我们的小学老师非常重视写字课，把写字当成每个星期必须完成的任务，但不知道为什么到了四年级我的字还是没写好。有老师管的时候，我就写得好些。到了初中就没有办法练字了。我的字很丑，我就用本子描书本上的字，写出来的字很小，写大了就不好看。

我认为，学前班孩子的家长如果不识字最好不要自己教孩子写字，否则孩子养成了不好的写字习惯就改不过来了。

现在回想起我小学的老师，他们都很认真负责，教学水平也高，只是我没有学好。1982 年，在我读初中时，地质队和部队都走了，汉族孩子和汉族老师也跟着走了，剩下的都是彝族孩子和老师，大家互相认识。汉族老师走后，学校的师资水平大不如前，很多姑娘、小伙子初中没毕业就出去打工了。于是我们上过的小学很快就和河对岸的学校合并，很多单位也搬到了河对岸，包括我父亲的单位，此后父亲就更忙了。

（三）想好好学习考个好学校

我读小学没有压力，初二、初三的时候才知道努力，因为只要考上中专就可以不像我母亲一样整日劳动。我父亲要靠一个人的工资养活一家，十分劳累，他既要上班又要在家干农活。家里孩子多，我父亲是脑力劳动和体力劳动都在做。他是银行的出纳，业务很多。农村的劳动比较吃力，种地用的都是农家肥，鸡、猪、牛、羊的粪便都是背到地里的。种洋芋，种玉米，从没见过什么收割机、播种机等，全部都是人工的。我记忆深刻的就是不停地背啊，背啊。我们除了背庄稼、背粪便，还要背柴。那个时候也没见过什么电炉、电磁炉等，天天都要砍柴、烧柴，想着这些都好累。现在有化肥、除草剂等，劳动变得很简单，不像以前那么劳累了。那时想到这些累人的活就想好好读书，所以读书很有目标，想好好读书考个学校。

我在越西县城的越西一中上的高中，由于离家远，所以我住校。虽然是县城学校，我觉得条件还没有村里好，因为村里交通方便，通火车，有一个大站，很多列次的火车都在村里停，所以我们出门非常方便。每天下午 5 点左右有一趟慢车经过，村里干活的人只要远远看到这趟火车，就知道该收工回家了，这列火车就像一面大钟一样。高中的知识我觉得比较难，数学、物理、化学、英语完全听不懂，课程多，内容又深，读高中很有压力。高二分科时，我选了文科，就不用再学化学了，但选了文科，还是要学数学和英语，很老火①，没办法。

以前，按我们彝族的婚姻习俗，十七八岁就结婚了，如果你有了工作，人家不会逼你结婚，把婚事退掉就可以了。读书出来就可以选择自己的路，不用早早嫁人。但即使这样，我还是因为成绩不理想没有考上中专，而是读了高中，高中毕业后我考上了中专，当时读完中专就可以上班了。因为我是高中起点读中专，所以中专只读了 2 年，读完书就差不多 20 岁了。

三、彝文教学生涯

（一）上中专学习彝文

高中时，文科毕业生的选择范围小，读理科的话可选择的学校要多一些。文科生要么考西南民院②，要么考西昌的四川彝文学校。1987 年，我没考上西南民院，我因懂一点彝文，于是到彝文学校读书了。

当时彝文学校的学生多，全校有 300—400 名学生，3 个年级，专业都是与彝语相关的，有翻译班和师资班。我在师资班，我们一个班有 60 多个学生，教过我的老师大概有 15 名。当时凉山州民族干部学校和我们学校挨着，学生都在一栋楼住。

读彝文学校时，我们先学拼音，后学彝文字，再学课文。同时，我们也学教育学、心理学。后来学校来了一位懂彝文的汉族老师，他教我们《玛牧特依》③和《勒俄特依》④，他是我们学校专门请来研究彝文的老师。现在，从彝文学校毕业已经快 30 年了，我还记得当时教我们的老师都挺能干，有中央民院⑤、西南民院毕

---

① 老火，很吃力的意思。

② 西南民院，西南民族大学的前身。

③ 玛牧特依，在彝语里“玛牧特依”就是“教育人们做事做人的经书”。

④ 勒俄特依，是彝族创世史诗，流传于四川省凉山彝族自治州境内。“勒俄特依”系彝语音译，意为“传说历史书”。

⑤ 中央民院，中央民族大学的前身。

业的老师，他们的彝文教得很好。

因为我们是高中起点班，只读了两年，1989 年毕业。依据当时的政策，中专毕业后从哪里来就分配回哪里去。当年 7 月，我就被分配到越西上普雄的贡莫小学教书。我家住在中普雄，上普雄是个小站，下火车到学校还要走很远，从我家到学校就得搭别人的车。我在那里工作了一年，因为交通不方便，我曾经还想学骑自行车，但都是上坡路，就没学。

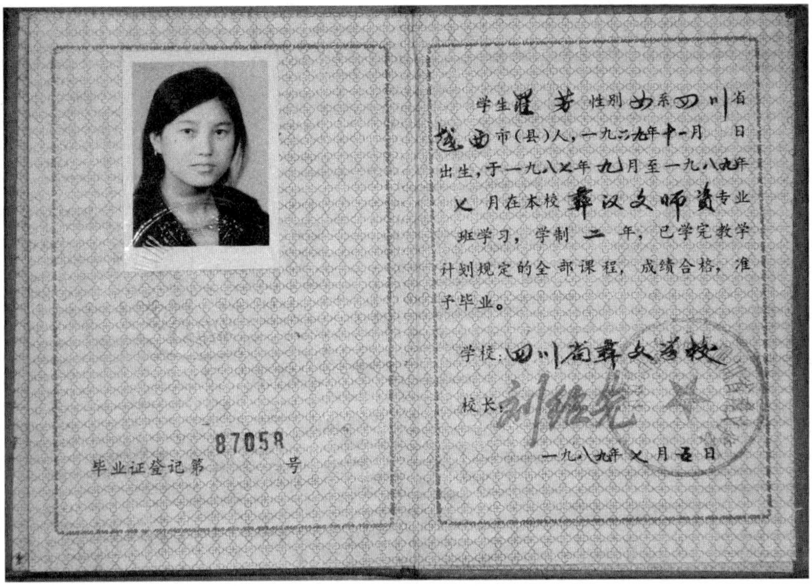
毕业证登记第 87058 号

学生罗芳 性别女系四川省越西市（县）人，一九六九年十一月　日出生，于一九八七年九月至一九八九年七月在本校彝汉文师资专业班学习，学制二年，已学完教学计划规定的全部课程，成绩合格，准予毕业。

学校：四川省彝文学校

校长：

一九八九年七月五日

罗芳老师的毕业证书（1989 年）

（二）别人帮着带孩子

我是 1989 年秋天开始上班的，冬天的时候我的丈夫去我上班的地方看过我，那个时候我们还没结婚。我丈夫是别人介绍的，当时社会上的人都认为娶个老师很合适，认为教师这份工作比较稳定。他是抱着看一下的想法来的。见面后，我们双方家人都同意了，我们是 1989 年 10 月见面，1990 年 2 月 17 日结婚的。

我丈夫技校毕业后分配到地矿局做测量工作，后来在矿山上的保卫科上班。他在彝族地区工作，因为语言沟通方便，很多事情都会喊他处理。

为了和丈夫在一块，我 1990 年调到甘洛县民族小学教彝文。我以前只懂一点彝语，家里交流也用汉语。读了彝文学校，能读准拼音，也懂一些彝语。当初调到甘洛县民族小学时，我有两个选择：其一是当管理员，其二是当彝文老师。

但我觉得自己年轻，不想做管理员，就选择了当彝文教师。因为当时民族中学不缺彝文老师，民族小学缺彝文老师，因此我调到了民族小学。除我之外，当时的民小还有一位彝文老师。

没多久我就结婚了，当时条件比较艰苦，学校住房紧张，我们在学校外面租房子住。后来我们在学校住了几年，刚开始住在学校的楼梯间。生大儿子时我只有 20 岁。我既要带孩子还要上课，实在忙不过来，就让我母亲来帮我带孩子。学校很照顾我，见我带着孩子，分了一个单间给我，我母亲就住在我们原来住的楼梯间。之前我母亲做生意，虽然帮我带孩子，但她还是闲不住，经常带着孩子去考察市场。后来，她想做生意，就没有帮我带孩子了。好在学校的其他老师可以帮我带孩子，宿舍管理员沙老师和罗老师都帮我带过孩子。当时教学楼底层的一排房住满了老师，第一、第二间都分给单身老师，后面是成了家的老师住的，有孩子的就互相照料一下。那个时候的生活就像打仗一样，很忙。

后来我教寄宿的学生，寄宿的学生很听话，他们是考进来的，学习上很自觉，不需要花太多时间管理。碰到调皮的学生，我们跟他们说一下，他们也就听了。

罗芳老师在指导学生学彝文（1997 年）

（三）和学生互教互学

凉山州的彝文教学有教材，一共12册，从一年级开始教授，寄宿学生从四年级开始学习彝文，到小学毕业可以学6册教材。民小的彝文课程在寄宿班级开设，普通班级没有开设彝文课。教学过程和内容是先学拼音，主要是学声母、韵母、音节拼读等，然后教学生查字典。通常学生认识了声母、韵母就知道怎么查字典了。学会查字典后，学生就可以自学彝文，认识很多字，到了五、六年级，教师的教学就容易多了。当时寄宿学生的汉语很差，20世纪80年代，这些学生首先学汉语，其次才学彝语。彝语每年都要统考。我们校长很重视彝语教学，虽然他的专业不是彝文，但他自学了很多，懂很多彝文。

在甘洛县民族小学是我第一次教彝文，难度比较大。一方面，我还不能熟练用彝语口语和学生沟通。我的口语不好，彝文教学是教学相长的过程，我教学生，学生也教我，我们互相学习。我的拼音没有问题，但口语有点差，而我的学生大部分来自农村，口语很好，我只需要教他们查字典，他们就可以很好地学习彝文。另一方面，尽管我们都说彝语，但还是有区别，我是越西口音，是"圣乍话"①，是标准彝语，甘洛处于凉山的边缘，田坝和吉米、斯觉②的方言不同。到这里来读书的学生来自甘洛各个地区，各个地方的彝语有差异，遇到大家无法沟通的地方，我们就用汉语来沟通。因此我上彝语课时，还是会掺杂汉语，毕竟书面语言是喜德语③，与甘洛的口语有差异。

当时学校开了彝文课，全州规定了统考的时间。小学、初中、高中都学彝文，但只有到统考的时候大家才关注彝文。一到统考时，到我这里找彝文书的人特别多，可见大家平时对彝文的关注还是不够。大家潜意识里认为汉语文、数学是主课，彝文是副科，大家学习彝文的积极性不高，这在很大程度上影响了彝文教学。

---

① 圣乍话，凉山彝语分圣乍、所地、义诺三个次方言，以圣乍次方言作为基础方言。

② 吉米、斯觉，地名。

③ 喜德语，凉山州《彝文规范方案》以北部方言圣乍话作为基础方言，以凉山州喜德语音为标准音。

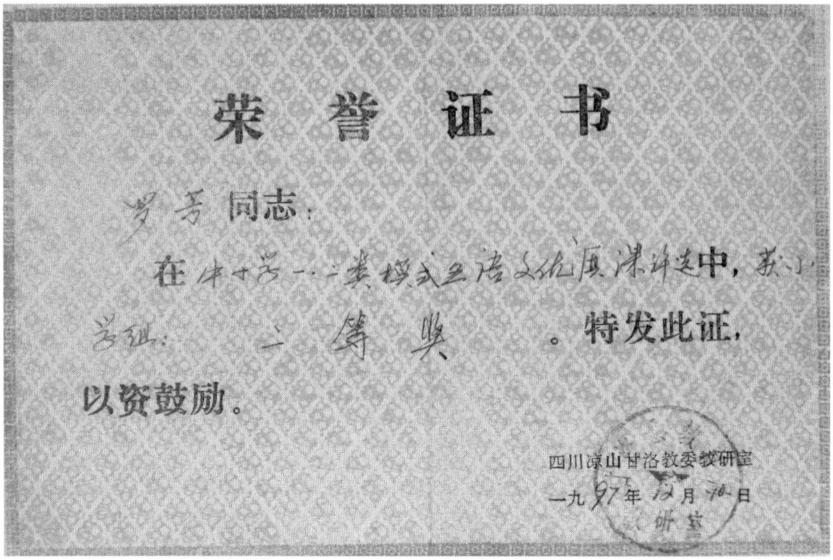

罗芳老师的“中小学一、二类模式彝语文优质课”获奖证书（1997年）

从我内心来说，彝语文和其他学科的地位是一样的，凉山州文件[①]规定，彝文按主课开设。彝文是我们自己的民族文化，不能丢。在我的教学生涯中，也一直将彝文放在非常重要的位置。我的大部分学生口语好，因此教学比较轻松。在教学中，我教过很多彝文不错的学生，比如吉米“一类模式”[②]来的学生。一类模式的学生从一年级就开始学彝文，而且特别喜欢彝文，他们口语好，学过彝文，回答问题比较快，比其他学生先学会课文，于是我让他们带全班同学读，用这种方式来教学，学生的积极性高一些。下课后他们喜欢和我探讨，不懂的地方也经常问我。他们特别喜欢彝族文化，尤其是彝族歌曲。这大约是1998年之前的事情。

目前，彝文不受重视有多方面的原因：首先是彝文成绩不加入高考总分，这是最重要的原因；其次很多家长不重视彝文学习，但那些家里有“毕摩”和“苏尼”[③]的家庭要好一些；而关键的问题是彝文写作在生活中很少用到，所以大部分学生学了就忘了，现在好多彝族人不会写彝文。凉山州有彝语频道，很多孩子不

① 凉州山文件，指1992年9月26日施行的《凉山彝族自治州彝族语言文字工作条例》，此文件规定：自治州的各级国家机关重视开展彝语文教学。以招收彝族学生为主的中、小学校和班级，应普遍实行彝、汉双语教学，逐步完善双语教学体制；州属各类中等专业学校，开设彝语文课或者彝语会话课。

② 一类模式，除了汉语文用汉语授课，其余所有课程用彝语授课的模式。

③ 苏尼，是与毕摩相提并论的彝族民间神职人员的称号，一般译作“巫师”。

爱看，但我喜欢看，我的家人都喜欢看。

有些孩子卫生习惯、学习习惯不好，需要不断地提醒他们，尤其是低学段的孩子，需要天天讲，到了五、六年级，就好一些了。现在我们这里好多留守儿童，孩子在学校发生了什么事也联系不到家长。有一个学生是从乡下来的，刚来时都挺好的，后来他父亲去外面打工了，就把他丢给亲戚，亲戚不怎么管束他，他现在习惯差，平时我们也联系不到他的家长。因此，开学报名时，我需要家长向我保证娃儿回去后能见到父母，能做饭给娃儿吃，娃儿出了事情保证三天之内能到学校里来。这样以后，娃儿就好些。如果遇到家长不配合，我就让家长把娃儿带着一起走，这是为了他孩子好。这么小的孩子，四、五年级的孩子也就十一二岁，现在不允许孩子降班，读书读得迟一点的也就十三四岁，这些一个人在家的孩子，与那些和父母一起长大的孩子是不一样的。孩子离不开家长的照顾和关爱。

有一个叫阿木的孩子，在他的一个亲戚家住着，姐姐在寄宿学校念中学，她姐姐后来把母亲喊回来，现在这个孩子的生活习惯和学习习惯都好多了。

（四）彝文教学改变了我的一生

我教了 20 多年的彝文，对彝文的感情很深。彝文教学改变了我的一生。如果没有彝文教学，我也不可能来到民族小学教书。如果没有彝文，我或许在农村劳动，也可能在乡镇上班。我第一个工作的地方是乡下，因为彝文，我调到县城学校工作。从 2013 年起学校就宣布不再招寄宿生，2014 年彝语课就没有再开设了。现在我不教彝文了，心里还是有遗憾的。

第一册到第十二册的彝语教材，我一直都保存着，包括这些年来的教案和学生的作业我都保存着。尽管现在我不教彝文了，但如果有机会，我还是希望教学生彝文。比如最近过彝族年[①]，我就放彝文歌给学生听，我想办法让他们学彝文，我觉得他们彝语口语好，能认识一些彝文就更好了。我选的图片、彝文歌曲他们都喜欢，下课后他们也喜欢唱。我经常对学生说："汉字，学一辈子都学不完。但我们彝族就只有 800 多个字，认识这些字，你一辈子都记住了。忘了，还可以再学回来。"

---

① 彝族年，是四川省凉山彝族自治州传统的祭祀兼庆贺性节日，一般定在农历十月，庄稼收割完毕的季节。彝族年为 3 天。

罗芳老师的“双语教师教学设计及课件制作比赛”获奖证书（2012 年）

对彝族学生来讲，不懂彝文是不行的。我家里是说彝语的，我的孩子在家里也说彝语。为了让他们学会彝语，一放假，我就带孩子去外婆家或奶奶家。乡下是彝语环境，对学彝文好。你会发现，一旦上学，孩子们的彝语口语越来越差，汉语越来越好，这是环境的原因。

我所在的民族小学现在很多汉族学生转走了，到甘洛县城关小学去了。我们这所学校大部分是乡下来的孩子，一年级的学生汉语不好。寄宿的学生，原来是考试进来的，报名的人很多，现在是推荐来的，生源不如以往，现在寄宿学生转到“三小”①。我们学校彝族学生多，汉族学生都喜欢到城关小学读书，包括我们招生范围的学生也喜欢到城关小学。来我们这里的基本上是进城务工人员的孩子，我们的老师都很尽职，尽力培养孩子们好的行为习惯。我们这里开家长会都是用彝语，前段时间我们开了家长会，虽然教导主任用彝语讲了一遍，我怕他们没听明白，又用彝语重复一遍。和我搭班的语文老师是乐山来支教的，她一句彝族话都不懂，没办法开家长会。我们学校的学生基本上是爷爷奶奶带的，父母亲自带的很少，因此学习完全依靠我们老师。论教学质量，我们学校没有其他学校好。

我出去培训的时间也不多，学校安排过，因为带娃儿，学校考虑我的实际情况，没给我安排去远的地方培训，但在县城里的培训还是要去的，培训内容大多

① 三小，指甘洛县民族寄宿制学校。

是有关教学的。但是教学彝文 20 多年来，我从来没参加过有关双语教育或是彝文教学方面的培训。

我在民族小学教书 26 年（截至 2016 年）了，从来没想过调动工作。刚开始主要教彝文，后来也教数学。教一年级，我用双语教学，这是我的优势。我在彝文学校的很多同学都转行了，因为他们觉得当老师太辛苦了。我觉得当老师尽管累，但还是很幸福的。

四、两个儿子

每天早上，我 6 点起床打扫卫生、做早饭；8 点到校，指导学生做清洁卫生；8 点半上课。如没有早课，我就准备课件。中午 12 点放学，用 10 分钟时间把学生带出学校，然后回家。下午 2 点回校，指导学生做清洁，2 点半开始上课，下午 4 点 10 分以后学校就没人了。

我和丈夫谁先到家谁就做饭，通常是他路过菜市场顺便买菜。我丈夫在外打工，他学的是测量，常常跑乡下，做工程，下井。他下乡时我自己做饭，如果时间紧我们就吃快餐。

我有两个儿子，大儿子是特岗教师①，小儿子因为出生时难产，现在 18 岁了生活还不能自理，带他就如带个“奶娃儿”②，我比其他老师忙得多。上课、备课、批改作业、带孩子，一天的时间不够用，脏衣服都是堆在周末才洗。45 岁以后，我总觉得累，尤其到了晚上八九点就累了，有时想提前退休，但又想不教书的话，没有目标觉得好空虚。

（一）大儿子做特岗教师

我的大儿子是特岗老师，拿毕业证之前就参加了特岗教师考试，通过了笔试。他也通过了公务员笔试，但体能测试没过关，就没报公安和法院。儿子当

---

① 特岗教师，2006 年，中国政府开始在中西部学校实施“特岗计划”，即农村义务教育阶段学校教师特设岗位计划，通过中央政府出资购买农村教师岗位的方式，从高等学校招聘大学生到农村学校任教，该计划所招聘的教师称为“特岗教师”。

② 奶娃儿，指小婴儿。

上特岗教师，逢年过节，学生就带腊肉来给他。他说："我第一个学生拿肉来给我，我很激动，当时还没发工资，只给了他 50 元。"我说："你没钱可以不给。"我儿子说："彝族哪有不给钱的。"后来那些学生都带腊肉给他，他就对学生说不要拿来了，老师还没发工资，那些学生才没有拿来。开始我儿子不喜欢当老师，现在喜欢了。

我们家经济不宽裕，我丈夫打工一个月挣 1000 多，现在我大儿子工作了，家里才轻松些。吉米那些地方有高寒补助，我儿子以前不会做饭，初中有伙食团[①]，所以他就报考了初中特岗教师。

（二）小儿子生活不能自理

我小儿子是 1996 年生的，他出生时缺氧，4 个月时我们发现他睡着经常流眼泪，不正常。后来又发现：别人家的孩子可以坐时，他不会坐；别人家的孩子会说话时，他不会说；别人家的孩子会走路时，他不会走。他用坏了 4 个学步车，5 岁时才会走路。其间，我们带他看了不少医生。12 个月时他开始抽筋，我们就带他"包灯花"[②]，他后来不抽筋了，但还是不会说话。三四岁时，我们带他到四川华西医院，医生说是因为出生的时候窒息了。我是在家里生他的，当时大意了，没去医院。当时生下来，我丈夫就抱着他去医院，去了医院没找到合适的医生，想着他活不了，就抱回来了，没想到抱到半路他喘过气，哭了。他可能因为脑缺氧，脑神经损伤了。很多人说这种孩子活不了多长时间，没想到他长到这么大。之前只知道他反应慢，后来发现他经常头痛，找了很多偏方也没治好。我们把他带到医院检查，几乎所有的检查都做了，有一两项没查，因为他不配合，灌了安眠药都不行，就把他带回来了。

他胆小，不敢一个人做事，上下楼梯都很小心，一步步的，平衡不好。我的小儿子吃得多，但长得很瘦。他晚上睡眠不好，睡得很早，但经常醒，每天晚上睡一阵闹一阵，睡够了就闹，闹累了就休息。如果遇到生病的时候，整个晚上就不睡觉，我们也没法睡觉。他睡不着，头痛，有时他痛得昏过去，医院就给他开安定，但这个药不能吃多，吃多了伤胃，所以万不得已才给他吃。病发后第二天

① 伙食团，食堂。

② 包灯花，民间治疗疾病的土方。

他就到处走，不停在家里走，第三天就累得不行了，第四天开始吃饭。他的这种病半个月发作一次，很可怜，我们很心疼他。这个病不好治，没有特效药。现在他每发病一次，各种身体机能都下降很多。

我上班时，由我母亲照顾他。我父母原来住在山上，因为山上气候不好，所以我们在学校租了房子，我自己也有私心，这样他们可以帮我照看孩子。上班时，我把孩子从家里带到母亲家里，下课后我们一起回家。

我们没想过让小儿子去读特殊学校，因为他生活完全不能自理。当时，我家老人让我再生一个孩子，国家政策也允许，他们愿意帮我带，但我觉得谁带都没有自己带得好，一般都是我自己带，我不放心别人带。他奶奶也愿意带他，让我把他带到乡下，但是我没让她带。小儿子一直都是我带的，以后我也不想让别人带。

刚开始，我的心里还是很纠结，别人家的孩子都是好的，唯独自己的孩子有问题。但现在都习惯了，没有他，我们还不习惯。我们承认了他的存在，照顾他，现在也不觉得是什么负担。我现在岁数大了，精力也没有以前好，加上娃儿身体不好，还是想早点退休，但有时又想坚持一下。

我的生活很简单，每天就是家里到学校，学校到家里。下午 6 点没事，我就带着小儿子回学校备课。我以前在学校附近租了房子，后来借点钱买了房子，这样上班方便。街上我不经常去，一般都是孩子他爸买菜。

我的社交能力不是很好，和小学、初中、高中同学没有什么联系，平时除了亲戚和单位里的同事，几乎没什么朋友。

这两年，我小儿子的身体越来越差，所以我想在家里照顾他。现在大儿子出来工作了，我想再工作三四年就退休，退休了想回老家。大儿子不知道以后找个什么样的媳妇，能不能照顾老二，所以想回老家买栋房子，买些地，以后我们不在时，让家族里的兄弟和亲戚照顾他。

访谈后记

在凉山彝族自治州，有这么一类教师，他们担负着传承彝族文化的责任，在民族语言教学的起落中，经历了一系列的改革、变迁，甚至冷落和孤独。他们是彝族文化的守护者——最普通的民文教师①。甘洛县民族小学的罗芳老师是阿呷热哈莫的彝文小学启蒙教师，2014 年 12 月，阿呷热哈莫对罗芳老师进行了第一次访谈。由于罗芳老师的工作、家庭生活负担重，闲暇时间不多，因此阿呷热哈莫对罗芳老师的访谈前后共进行了 3 次，每次大约 2 小时。2016 年 3 月，甘洛县民族小学的宋华妹又对罗芳老师进行了补充访谈，访谈时长共约 8 小时，访谈用语为彝语、汉语。

在这些民文教师中，罗芳老师或许是“微不足道”的一位，但她却承担起一所民族小学近 30 年的彝文教学，很多人不知道她的工作起于何时，也许也没有人会注意到她的工作会在哪天结束。她就是这样默默无闻地工作着，付出着，奉献着，因为工作和家庭的原因，她几乎断绝了所有的社会交往。尽管人到中年，她依然清纯如初。

此文整理完成之后，经过了口述者本人的修改和审定。

---

① 民文教师，指从事少数民族语言文字教学的老师。

玉龙雪山脚下的纳西族教师

口述者：木　钧
访谈者：佟　彤[1]
整理者：佟　彤
修订者：阿呷热哈莫[2]　魏曼华[3]
　　　　王成龙[4]

› 学生时代

› 用真心、结善缘、展现美、收获爱

› 保护与传承东巴文化是我的责任

① 佟彤，满族，北京师范大学教育学部2014级硕士研究生。

② 阿呷热哈莫，彝族，四川师范大学教育科学学院讲师。

③ 魏曼华，北京师范大学教育学部副教授。

④ 王成龙，北京师范大学教育学博士，国家教育行政学院培训部教师。

木钧，男，1973 年生。纳西族，云南省丽江市玉龙纳西族自治县巨甸镇阿乐村人，云南省丽江木氏土司第 23 代传人。1993 年毕业于丽江民族师范学校[①]。先后在丽江纳西族自治县[②]金庄乡[③]金庄完小[④]、玉龙纳西族自治县金庄乡教委、教育局工作，2006 年至今，在玉龙纳西族自治县教育局工作。

---

① 丽江民族师范学校，始建于 1906 年，2006 年与其他学校合并成为丽江师范高等专科学校。

② 丽江纳西族自治县，位于云南省西北部，2002 年撤销丽江地区，改设地级丽江市，原丽江纳西族自治县改名玉龙纳西族自治县，原县城改置古城区。

③ 金庄乡，于 2005 年撤销，其行政区域并入黎明傈僳乡。

④ 完小，完全小学的简称，从一年级到六年级都有的小学。

一、学生时代

（一）村里的风气好

我出生在云南省丽江市玉龙县巨甸镇的一个传统农村家庭，我们村的人都非常善良和友好。我的祖辈都是纳西族，母亲是来自香格里拉的藏族。我出生的时候家里非常贫困，我妈妈在我四岁多的时候因病去世，听其他人说我长得很像我妈妈，我妈妈在村子里是非常贤惠能干的媳妇，我奶奶至今在村子里都是贤惠、好客、能干的农村妇女的代表。她们都没读过书，但知道要送我们去学堂，督促我们写字，写不好就不给我们吃饭。我父亲和我二叔、三叔当时由于一些原因没能够好好上学，所以他们一直教育我们要好好读书，要尊敬老师、尊敬长辈。我小时候不听话，我父亲让我去上学，我坚决不去，他是生产队运输船队的舵手[①]，我就缠着要跟他坐船去玩，他从家里面拿了棍子拼命地打，从家里打到了田坝里，最后还是把我扭到学校，让我去读书。

在20世纪70年代，村里基本上每家都有两三个孩子，我们互相比的是学习，相互影响。村子里风气比较好，后来我们村子里读书出来参加工作的很多。我们村是杂居村，村子里纳西族占了一半，其余为汉族、傈僳族等。老一辈人会唱纳西族民歌，例如《摇篮曲》之类的。小学里也会教，不论纳西族还是汉族，男孩还是女孩，都会唱纳西民歌。那时候我们最喜欢看的就是几分或几角钱的连环画，《西游记》《三国演义》《水浒传》等连环画都看，还有纳西族民间传说《阿一旦的故事》[②]等。大家都在自己的连环画上写上名字，然后轮流看，还要预约，因为小孩子非常多。有时候我借来一本书，有三五个小孩子一起看。还有些以前的故事是听老人讲的，也有些是听老师和同伴讲的。

---

① 舵手，指船只上掌舵的人。

② 阿一旦的故事，清末以来流传于纳西族民间，是一组反映现实生活的口头作品，它记述了阿一旦同土司木老爷斗智的趣事。

木钧老师在北京培训期间接受访谈（2016 年 1 月）

（二）遇到了好老师

我小时候身体比较单薄，当时没有幼儿园，读书上一年级的时候，我和其他几个个子小一点的就当试读生[①]，我们拉了一张桌子就跟着读。当时喜欢读书，老师也鼓励我们多念书。我特别喜欢数学，好几次还代表学校参加全县小学数学大赛。每次竞赛获奖和考试获奖，老师会给一些物质奖励，例如作业本、铅笔、钢笔、墨水等，老师奖励的我基本上用不完。我们的学校比较偏远，要到 3 公里以外的完小入少先队。我当时被选为中队长，要扛着队旗走 3 公里，再扛回来。尽管当时个子很小，但我感到很光荣。

阿乐小学当时一共有 4 位老师，他们很关心学生的成长和生活。我们那时候春游，村里面的人都到另外一个地方去吃“臭水”[②]，老师们会带着学生背着米、鸡蛋或其他东西到那里煮饭吃。我和另外一个同学不会做饭，背着小篮子，因家里也没有什么就准备了两个鸡蛋，加上一点米就去了。到了那里，我们的篮子一翻，鸡蛋就打碎了，两个小孩就坐在那里哭，老师拿了两个鸡蛋给我们吃，这件事最难忘。

我们的学习只要取得一点成绩或进步，老师就会鼓励、表扬我们。小学四年

---

① 试读生，没有正式进入一年级，而是先在一年级进行试读的学生。

② 臭水，玉龙县巨甸镇有两个天然出水口，出水口中所流出的泉水因具有清冽、略带辣味的独特口感而被当地人称为“臭水”。立夏节气的时候，臭水会有硫黄的味道，会把石头染黄，口感比较辣，类似啤酒的味道。

级的时候，有一次老师给我的作业评语是“有进步”“再考好一些就更好了，希望你的数学更有进步”，于是我就拼命地去学习。当时我们要背书，也就是“进校必背”，昨天老师教的课文会背了才能进学校。村子里的学校也没有什么家庭作业，只是白天晚上都要读书。放学之后，先去找猪食、割牛草，回来以后没有电灯，打着火把就在那里背，会背了才去睡觉。我转折最大的是四年级，通过老师的鼓励，我觉得读书还是挺好玩的。小孩子都喜欢得到老师和家长的鼓励，自己受到老师的鼓励，就觉得挺自豪的。

小学毕业时我通过全镇统一考试，去镇上的县办五中读书，这所学校是全县优秀的全寄宿制学校。我们班当时有 71 个同学，又是重点班，老师对我们要求很严格。我到了一所新的学校，自己也感到很自豪。我每周回家一次，走 13 公里，周末还要回家背米①。在这里，让我印象很深的是要做好自己的学习和生活管理。当时有一点“半工半读”②的形式，每个班分有自己的菜地和劳动基地，我从农村来，喜欢干也能干农活，老师把我当作后勤组的组长。我在完成好学习的同时，也管理着这些菜地，每天都要浇水。等菜可以吃了，我们就把这些菜交到食堂，食堂再以一定价格回收，卖菜的钱被拨回到班级里面充当“勤工俭学金”，最后老师再把这些钱分发给学生，相当于给学生降低了生活成本。

在学校里，一开始我的成绩不是很优秀，但是我喜欢学习，拼命地努力，在学校里“三点一线”地跑，除了睡觉、吃饭，都是在学习。当时我们学校的学生比谁起得早，学校六点半上课，我五点钟就起来开始读书学习。五点到六点半的时候没有电灯，就点着蜡烛读书学习。吃饭后的这段时间里，学生走在校园的路上，到处都是朗朗的读书声。下了晚自习以后，自己增加学习的时间，点着蜡烛在学校的角落里背书或做作业，不少同学都这样。这在当时也成了学校一道独特的风景。

求学期间，我一直都遇到好人和好老师，他们给了我方向上的指引，同时对我的学习和生活还给予特殊关心和照顾。最感动和难忘的是读初二的时候，当时家里很困难，学校也还没有校服。刚大学毕业、年轻潇洒的梁煜寰老师当了我们

---

① 背米，要从家里背粮食到学校里，交到食堂统一就餐。

② 半工半读，读书的同时也做工作，这里指做农活。

的班主任，梁老师看到我在寒冷的冬天穿着单薄的衣裤，就把自己的衣裤洗干净以后给我穿。这让我非常感动，也更加坚定了我要好好学习的决心，决心用最好的成绩来报答我的恩师。

当时大家一般不考高中，而是考中专，因为读完中专以后就有工作，同时也能减轻家里的负担，那时有工作是一件很了不起的事情。我考上了丽江民族师范学校，报师范是因为对老师这个职业有一种感情，同时也感恩自己的老师，想做一名老师，想法比较简单。而且当时师范生每个月有 33 斤的粮食补助和 24 块钱的蔬菜肉食生活补助，家里基本上不用给钱。我当时有一种雄心，觉得既然毛主席读了师范能够干大事，我们读了师范也能干成事。当时读师范还有一个政策，学习成绩好的学生，师范三年毕业以后可以保送去云南师范大学读书，因此我就一直努力，可惜这个政策在我读到三年级的时候取消了。我和我们班上一个叫舒志刚的同学被称为“怪人”，每次考试，我俩总是名列前茅，不是我第一就是他第一，就是现在所说的“学霸”。师范学校里也举行数学比赛，我也参加学校比赛。我比较喜欢教育学和心理学，当时没有更大的抱负或理想，只是想把这些学科学好，今后才有能力去教好书。当时我们学校的校训是“学高为师，身正为范”，让我很有感悟。毕业的时候工作还包分配，当时也没有更多的想法，一心想着毕业后背着背包“上前线”，就是去山区的乡村学校教书。1993 年 7 月，我顺利完成了学业，被分配到了丽江县金庄乡金庄完小任教。

二、用真心、结善缘、展现美、收获爱

（一）工作在多民族的乡村学校

毕业后有了工作，一家人都挺开心的，家里人也觉得在村子里挺有面子的。开学去学校报到时，家里人说我生活要自理，不要给学校增加负担，给我一个小锅，几个碗，一点肉，一点米，我就这样“上前线”去了。

第一年我刚去的时候，学校有 9 名老师，其中只有一名年纪较大的女老师，其余都是男老师，学生有 320 多人。这个学校学生的民族构成复杂，有彝族、傈僳族、纳西族、汉族、白族等。到这里教书的老师需要会说好几种民族语言，当时在学校里有个标语：“请讲普通话”。尽管我们从一年级起就教学生最简单的普

通话，但在学校里面与学生对话主要还是用纳西话。傈僳族、彝族的孩子也都会讲纳西话，在村子里面纳西话是通用的语言。小孩子在校外基本上不敢讲普通话，他们不会讲也害怕自己讲不好，很害羞。家长见了老师就说一句“老师好”，然后也就不讲话了，用纳西话交流就能流利地对话，用汉语的话就不跟你讲了，他们也很害羞。有些小孩子很可爱，他用纳西话跟我们讲，我们就说“不行，我听不见，用汉语讲”，他就乖乖地站在那里说“老师好”。最简单的就是“老师好”“老师再见”，下课的时候会说“吃饭”。但慢慢地，通过学习，他们就学会了汉语，有时候我还用汉语给他们讲故事。

木钧老师身着纳西族服装

身着纳西族服装的木钧老师在看书

当时我教的学生有些十五六岁了才读六年级，很多学生跟我长得差不多一样高。当时的政策规定语文、数学考不到 60 分就留级，有些学生读了 3 年一年级，再读 3 年二年级，就变成学校里的“阿老、阿奶”[①] 了，但是他们很朴实很可爱。有时候我还和这些学生搭老根，搂着脖子走，打篮球时我们还不一定能赢他们。

① 阿老，阿奶，指爷爷、奶奶。

上课和教学的时候他们是最规矩、最讲纪律的，在课堂上不乱动、不乱画、不乱说、不乱跳，基本上老师讲什么他们听什么，但是不一定听得懂；做作业时也是什么都做，但是有可能都做不对。

后来我总结原因，发现学生基础较差，于是我就从最简单的开始教。有一次给六年级的学生进行数学摸底考试，我自己去找了一份二年级下学期的期末试卷，自己刻蜡纸①，故意把试卷上写的“二年级”的字样去掉，印好以后给他们做。他们高兴啊，觉得今天的题怎么这么简单呢，但是有些同学还是什么都不会，20以内的加减法还没有过关。改完卷子发现100分的一个也没有，有些就是50多分，差一点的就是10多分。到最后我跟他们说这是二年级的试卷，他们就在那里“啊”地喊，大吃一惊。之后，我就从二年级的乘法口诀开始教，让他们背，给他们补课，一点一点地把基础知识补回来，他们也很用心地学。我害怕他们厌学，所以我作业留得少，每天只有两道题，一道是课本上的，一道是练习册上的，各用一个练习本。到现在我也提倡这样做。作业不求多，但要精选练习题，让他们去做，而且必须要自己去做。然后亲自给他们批改，一对一地当面批改和订正。我们是一线的山区，有人说我们学校“从来没有考赢过下面坝区②的学校”。当时我年轻气盛不服输，第二学期我们又加把劲，学生也很争气，后来我带的学生的成绩逐渐接近于坝区学校的，毕业考试的时候超过了其他学校。教书这些年我很庆幸能够遇到这些孩子。

我们不光教学生语文、数学等学科知识，还帮助学生改正一些不好的生活习惯和学习习惯。当时在农村学校，没有见过早操，我们就从早操开始抓起，学生早上到学校第一件事就是做早操。之后也开设了体育、音乐、美术等课，我们年轻的老师基本上把学校的音体美课程都“包干”③了。有些课外时间，我们也和学生共同游戏玩乐，到河里游泳、抓鱼，在农村一起劳动、一起上山，与他们交朋友。当时学校也没有上过班会课，我们就组织了主题班会。我到这所学校第一年的第一件事就是成立了学校的少先队，原来基本没有少先队，也不知道怎么做。我认为这些对小孩子有积极向上的心理教育意义。我们带着孩子们唱队歌，六一

---

① 蜡纸，是一种表面涂了蜡的特制纸，过去印刷使用的油印机，刻好了蜡纸才能印刷。

② 坝区，山间盆地和高原台地等比较平缓的地方，在云南俗称“坝子”“坝区”，与山区相比经济较为发达。

③ 包干，这里是指音体美等课程全由这些年轻老师来上。

儿童节做活动，练习很简单的齐步走、入场式这些。当时全村所有的家长、村民都到学校里来看，他们基本上没见过，感到耳目一新，觉得我们这些老师还是挺能干的，能做一些事情，让他们的孩子受到教育。

在多年的教书生涯中，我亲身感受到了孩子的转变。比如，有一个小孩子家庭十分困难，家里没吃的，处于失学的边缘。当时学生走读，有些孩子回家吃饭，但他就不回家吃。到冬天的时候孩子们都穿胶鞋，他还是穿着一双塑料拖鞋。我看到后给他买了一双胶鞋，他带回去跟家里讲了，一家人都到学校里面来感谢我。后来我们班的同学知道他不想上学，家里面困难，就一人凑一毛钱、一分钱给他买一些作业本，同学们把作业本带到他家里面给他鼓励，也给他家里人做思想工作，让他回来上学。后来这个学生顺利毕业了，现在也成家立业了。

还有这样一个故事，现在已经被大家讲成一个笑话了。我媳妇的妹妹比较小，和我教过的一个学生结婚了。这个学生第一次来我家的时候，开始不敢来，到我家后，他叫我木老师，我还在想怎么叫我木老师，原来我教过他们。我对他们很严格，他们都很怕我，现在他们俩成为一家人，我想可能也是一种善缘吧。

当时在农村里最感动的是家长对我们的支持。那时候除寒假、暑假以外还有农假①，在农忙季节有两个星期的假期。原来村里的家长对孩子的教育不重视，我们就开家长会，加上一些其他工作，慢慢地，家长们的思想开始转变了。放农假的时候，孩子们回家干农活，我也要回去干农活。有些家长就提出来："木老师你就不要放农假了，你就安心在学校里面教我们的小孩子知识，让他们在学校里面好好读书学习，把成绩提上来。我们家长轮流到你们家去干活。"学生家长们都无偿地来我家帮忙，也不要工钱，我非常感动。他们还提出建议，为了不耽误学习的时间，所有的孩子以值日的形式，从家里面带午饭给我吃。当时村子里哪家的小孩子要是能考上中学就很不错了，哪家的孩子考上了中专有了工作，就是家长最大的骄傲。家长认为做农活是他们这一辈的事情，他们经常对我说："我们怎么苦都行，不能让孩子再苦了，让孩子读书有个出路。"这些喜欢学习的孩子和朴实的、支持我的家长，让我非常感动。1999 年，我从

---

① 农假，农忙时节的假期。

金庄完小到金庄乡中心完小去当校长，我一直都被雷锋积极向上的精神所感动，所以当时中心小学里最大的标语“向雷锋同志学习”就是我写的。

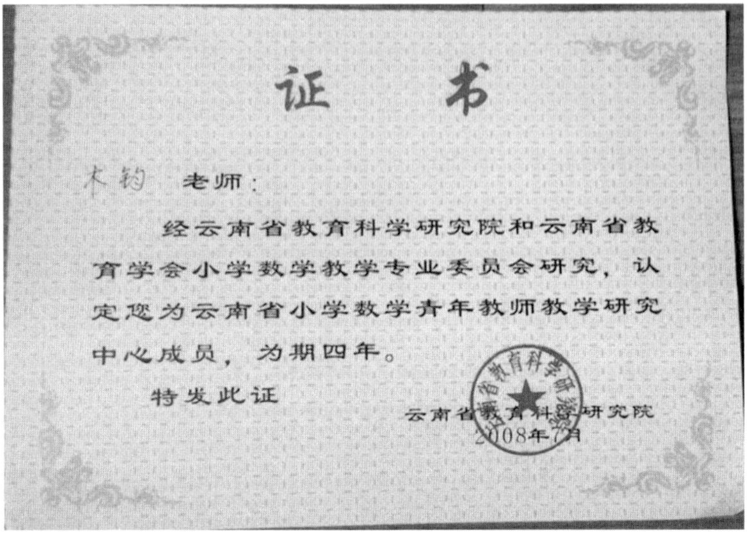

木钧老师的“云南省小学数学青年教师教学研究中心成员”证书（2008 年）

（二）不要把我们的木老师调走

教了很多年的书，让我很感动的是，一路走来，遇到很多的好心人和善心人，结了很多的善缘，我在这个过程中也收获了很多美的东西。现在我回到村子里面，无论是年长的人，还是年轻人，都喜欢围到我身边，听我讲一些故事。最感动的是，在我要从金庄完小调到金庄乡中心完小当校长时，村子里好多孩子的家长知道以后，要一起去乡政府和乡教委反映，请求领导“不要把我们的木老师调走”。多好的学生和家长啊！以至于当时我都不敢回家，怕见了他们我会忍不住流泪，只得和他们说，今后有什么事情，我一定会努力帮忙，力所能及、尽最大努力去教育好孩子们。

在我们老家原来的村子里，“木”姓只有我们这一家人，我家兄弟两个，我是老大，古时候老大就是要做今后家传的老爷[①]的，所以我上学的时候他们就叫我“木老爷”。现在我喜欢在村子里面做一些善事，例如修桥、补路等，建设村子。我喜欢与所有的人结交朋友，尽自己的能力，能做多少做多少，做事情比较公道。

---

① 老爷，这里指木氏土司，是纳西族木氏封建领主。在云南土司的历史上，木氏土司接受汉文化最早。

在我们这个家族里面，大家推选我当现在的族长，是小范围的木家的族长。

我女儿跟我去学校的时候不能有任何的特殊，我对她和其他学生坚决一视同仁，让她跟着学校的孩子们一起生活、劳动，一起打饭，一起上山砍柴、去田里捡麦穗。热爱劳动是优良传统，这个不能丢。我对生活的认真，她一直也很认同。她现在在云南民族大学上学，最喜欢说的就是“我爸爸是个热心的人”。我女儿也喜欢帮助别人，不论是认识的人还是不认识的人。

我们的老师需要付出更多的爱，更多对孩子的关爱，对家长的关爱。现在有些家长有时候片面地只知道追求孩子的成绩，有些家长放纵自己的孩子，这都需要用我们的爱心、用老师的爱心、用教育管理者的爱心、用我们所有从事教育行业的人的爱心去感化家长，感化我们的孩子。在我的心中，没有坏的学生，只有更好的学生。

（三）做国际项目负责人

2002 年，我被调到金庄乡教委。将近十年的一线教师生涯，我一直崇尚要认真地对待自己的学生，用爱心感化自己的学生，用诚实的态度对待家长，用负责的态度对待我们的学校。我也用这样的思想引导我们乡的教育教学工作。那几年乡教委也多次被评为县级的“先进教育集体”。

2006 年，我被调到县教育局做教师培训工作。在县教育局这十年，我有很多感触。2006 年，“中英西南项目”① 和“爱生学校”② 项目都把玉龙县作为项目县。当时我懵懵懂懂就去做了教师培训，我教的是数学学科，多年来我跟着这两个项目一起成长。在这个项目工作中，我遇到了北京师范大学郑新蓉老师等专家，他们经常到乡村学校与老师们进行交流。在这个过程中，我也慢慢地成长为当地的

① 中英西南项目，即中英西南基础教育项目，是政府之间发展的援助项目，英国政府为此提供 2700 万英镑的援助资金。项目在西南地区的云南、四川、贵州、广西四省（自治区）的 27 个贫困县实施，主要目的是为处境不利的儿童提供更多的入学并有质量完成学业的机会，从而支持中国政府实现普及九年义务教育的目标。项目从 2006 年开始，为期 5 年。

② 爱生学校，爱生学校（Child-Friendly School，简写 CFS）是联合国儿童基金会等国际组织在 20 世纪 90 年代后期与东亚一些国家开展基础教育合作项目“面向爱生的学习环境”的简称。爱生学校于 2001 年 10 月被引入中国，中国教育部和联合国儿童基金会共同确立了“贫困地区基础教育和早期儿童关爱”合作项目。玉龙县“爱生学校项目”的实施周期是 2006—2010 年。

"土专家"，我曾跟着省里的专家，带着项目学校的老师一起到其他项目县去学习交流。作为"爱生学校"玉龙县项目负责人，2008 年、2010 年我被评为联合国儿童基金会云南省"爱生学校"优秀工作者。大家都在做善事，都在做以人为本的教育。这么多专家都在关注我们玉龙县乡村教育的发展，我们重任在肩，要为乡村教育发展而努力，这也是为了今后的可持续发展。在爱的阳光下，我们把爱洒向我们的孩子，洒到我们的农村，遍及乡村。

（四）很喜欢教师这个职业

我觉得教师是很崇高的职业。在当时我们是定向招生[①]，要去山区一线任教。如果每个人都想去城里面怎么办？我自己就是从农村来的，从山区来的，在山村里结下的感情是最真挚的感情，我要为山区的教育做贡献。

到现在为止我有很多次机会转行。1995 年的时候，我作为少先队辅导员参加了县级的活动和宣传，反响很好，有一个乡政府团委书记的岗位推选，由全乡镇统一选举和投票，我获得最高的推选票数。但我喜欢我的学生，喜欢我的校园，所以没有改行。到后来我又有几次机会，都没有去，我还是喜欢这个职业，喜欢教育这个行业，喜欢教育工作。

2006 年，我离开了教学一线，担任了玉龙纳西族自治县教育局教研室教研员、双语教学及普通话推广教育兼职教研员、教科中心副主任、教科中心培训部主任。

从事教育工作 20 多年来，我获得过很多荣誉。在教学方面，1999 年获得了丽江纳西族自治县教学大赛第一名，2000 年被评为云南省骨干教师，2015 年被评为丽江市数学学科带头人，并多次获得全县教育教学一等奖。此外，我还获得了乡、县、市级优秀教师、优秀共产党员、全县优秀教育工作者等荣誉称号和星星火炬奖章。

我一直都认为，教育这种事情是长远的工作，不可能一朝一夕就能看到成果。我还是想在家乡做一些本土的工作，为家乡教育做点事情，这样感觉更加踏实。

---

① 定向招生，指在招生时就明确毕业后的就业去向。

木钧老师（左三）与郑新蓉老师在玉龙县调研“爱生学校”工作（2008年10月）

三、保护与传承东巴文化是我的责任

（一）纳西族的东巴文化

纳西族非常重视教育，也比较重视与各个民族的融合，是善于借鉴、容纳其他民族文化的民族。例如，从姓氏来说，“木”姓是明代朱元璋征战到丽江时赐的姓，传说他做了天子之后，对当时的土司老爷说，“你和我是兄弟[①]，但是我是皇帝，你不能与我齐平”，所以在“朱”上少了一“人”，赐给了“木”姓。也从这时候开始，纳西族文化中融进了汉文化。原来纳西族是迁徙民族，尚武，后来更多地尚文，注重“文武同治”。

纳西族有自己的语言文字，语言以口口相传的形式用于村舍、家庭里的交流和沟通，纳西族文字叫作东巴文[②]。东巴文是象形文字，有些字演化成一种图形，有些图形是一个故事或一个段落，形成了使东巴文字延续的版画[③]。根据对“天、时、地、人”合一的崇拜、人与大自然的和谐、崇尚真善美的追求，纳西族将一

① 兄弟，指纳西族和汉族。

② 东巴文，是一种兼具表意和表音成分的图画象形文字。东巴文是纳西族所使用的文字。

③ 版画，绘画形式的一种。用刀具或化学药品等在铜板、锌板、木板、石板等板面上雕刻或蚀刻后印刷出来的图画。

木钧老师（左上方）在纳西族村民家中（2013 年 12 月）

些故事放在经书里面，就是记载的“东巴经书”。“东巴经书”中有道德专题篇，要求大家尊敬长辈、爱护幼小、尊敬东巴[①]，还有讲人与自然和谐发展的篇章，如怎样创建和谐的村庄。“东巴经书”同时记载生产劳动，种子的采集和保管，例如种植玉米、谷子、青稞等，也记录着天文地理和风水。纳西族的祭祀活动要根据固定语言、文本来传诵。经书内容不断得到补充，由老东巴[②]来记载。过去，纳西族从土司中央到地方都大力办学堂，像私塾一样有专门的东巴学堂，统治阶层的孩子都要学习，但现在只有东巴才看得懂“东巴经书”了。

纳西族对自然是很崇敬的。我作为纳西族的后人，有责任和爱心尽己所能去做传承工作。纳西族的文化中有一种“天人合一”的思想，就是人与自然要和谐发展，这是一种宗旨。我们把自然都当作兄弟姐妹，普天之下都是平等的。所以在我们的地方不能乱砍伐树木、破坏生态，不能打小动物，尤其是纳西族的图腾——青蛙。我们也注重对水源的保护，我们有一个地方叫水源林，一般人都不能走的，怕会打扰“山神”“水神”，用这样的形式教育我们不能污染水源和环境。

由于社会的发展，民族文化和本土文化自然流失现象非常严重。在玉龙县，真正能说纳西话的人在纳西族中大约有三分之二，这之中只有不到十分之一的人会写东巴文字。我觉得纳西文化如果不传承的话将会消失，消失以后要隔代或者隔几代之后再去学习就非常困难，所以现在开展双语教学，需要用东巴文字去撰

① 东巴，指纳西族的学者、智者。

② 老东巴，是纳西族最高祭司与智者，集歌、舞、经、书、史、画、医、祭、卦等为一身，是东巴教与东巴文化指定也是实际的传承人，多为家族世袭，在纳西族人中有很高的威望和地位。

写一些书籍，去做民族文化保护和传承的工作。值得庆幸的是，现在有的学校开发了一些关于民族文化的校本课程，开展了一些校本研讨活动。

木钧老师（左一）与联合国环境保护专家进校访谈（2010 年 5 月）

（二）推进双语教学和乡土教材开发

调到县教育局以后，我在做教育教学研究的同时，兼任普通话教学和民族语言的传承工作，其中就包括了双语教学，在我们这个地方就是纳西语和汉语的双语教学，以及纳西语和傈僳语的双语教学。这些工作还包括双语教学的管理、培训、师资队伍的建设和学校中一些民族教育的推进工作。

玉龙县是全国唯一的纳西族自治县。在学校里，我们大力普及本土文化和乡村文化，宣传纳西文字，传承纳西的风俗习惯与文化。在纳西族聚居的学校，我们开展纳西民俗民间文化调研，从学校、村庄、身边的老人开始进行访谈，让老人来讲，老师和学生们进行整理，内容主要是村子里面的好人好事、东巴文化、村规民约、生活习性、劳动生产方式、建筑、音乐、舞蹈、故事等身边的本土文化，通过调研形成了一些资料。例如，在学校教学东巴音乐时，就请村舍里的老人和东巴名人到学校里面来给孩子传授音乐知识。在教东巴文字时，我们也请东巴文化人到学校讲文字的构成、书写、寓意和文字的创作。至于东巴舞蹈，我们用一些比较传统的动作来编排舞蹈，模仿身边的动物，崇尚人与自然的和谐，这样也在生产劳动中形成保护动物的理念。把本民族的舞蹈与现代的节奏融合以后，东巴舞蹈的内容也得到了扩展。

木钧老师（最后一排左一）与国家及省、市、县领导、专家访谈少数民族学校学生（2016 年 3 月）

这些年，我们做得比较多的是双语教学与培训。在玉龙县，我们在纳西族聚居的60所完小开展了双语教学。首先是培训老师，有些老师会说会写，会读会教，于是我们邀请了这样的本土东巴老师和双语老师，请他们来现场进行教师培训和指导。之后，再让我们的老师到学校里做二次培训，培训学校里的老师。培训之后，学校开展学生纳西语、汉语、东巴文化知识三级培训，主要采用的方法是课外活动、兴趣活动等。现在我们也很关注地方课程的开发。通过这些途径，我们将民族文化融入学校教学之中。目前，在云南省民委和语委的支持下，我们开发了“纳西语与汉语”双语教材，与现行的义务教材是同步的，一年级至六年级的教材都已经编写出来了。同时，也注重从幼儿教育开始抓双语教学，目前已经编写了一本幼儿教育的双语教材，主要以纳西民歌、儿歌的形式展现教学内容，穿插一些小故事，图文结合。这些工作得到政府、民族宗教事务局和其他有关部门的支持，已经纳入了财政预算。

我们还一直让这些完小用学校广播讲故事，通过这样的方式“学说纳西话”，让学生和学生之间进行交流，并将课间操统一为纳西民族舞蹈和民间舞蹈。这样的课间操有很多套，不只是纳西族的，还有藏族的、白族的、彝族的，把各民族的舞蹈形式和经典动作融入进来。学校还组织了民族打跳队①，用这种形式把喜欢民族音乐和民族舞蹈的学生召集起来，请村舍里面会跳会说会唱的本土名人到学校里引导孩子们唱跳，这是一种传承民族舞蹈的好方法。我们在服饰上也有一些设计，为的是不让它流失。

真正能够了解民族文化底蕴的人不多，但民族的东西若丢掉真的就太可惜了。我作为纳西族人，特别是作为教育工作者，责无旁贷，要将传承文化的责任担负起来。

木钧老师（前排中间）和北京师范大学各位专家的合照（2016 年 1 月）

---

① 打跳队，指民族舞蹈队。

访谈后记

2016年1月，云南省丽江市玉龙纳西族自治县木钧老师到北京师范大学参加“可持续发展教育——乡村教师培训”。借此机会，我们有幸在培训期间对木老师进行了访谈。木钧老师现在是中国滋根乡村教育与发展促进会玉龙县项目负责人。访谈分两次进行，访谈时间共4小时，访谈用语为汉语。

“用真心、结善缘、展现美、收获爱”是木老师对自己从教经历的总结。访谈过程中，木老师经常提到他遇到了好老师，遇到了好人，事实上他也是帮助学生的好老师、帮助别人的好人。凭借着对教育事业的热爱，从20岁起，木老师在家乡做了十多年的乡村小学教师、校长和乡教委教导主任，获得过很多荣誉。他多次被评为乡、县、市级优秀教师、优秀共产党员，全县优秀教育工作者。

木老师非常重视本民族东巴文化的保护和传承，一直致力于双语教学，包括纳西语和汉语的双语教学，以及纳西语和傈僳语的双语教学。除推行双语教学外，他还承担了双语教师的培训和乡土教材的开发工作，为东巴文化的传承和民族教育的发展做出了突出的贡献。

此文整理之后，经过了口述者本人的修改和审定。

中哈边境的锡伯族女教师

口述者：郭颜红
访谈者：张　坤[①]　魏曼华[②]
　　　　郑新蓉[③]
整理者：张　坤
修订者：阿呷热哈莫[④]　魏曼华
　　　　王成龙[⑤]

---

① 张坤，北京师范大学教育学部 2013 级硕士研究生。

② 魏曼华，北京师范大学教育学部副教授。

③ 郑新蓉，北京师范大学教育学部教授。

④ 阿呷热哈莫，彝族，四川师范大学教育科学学院讲师。

⑤ 王成龙，北京师范大学教育学博士，国家教育行政学院培训部教师。

郭颜红，女，1978年生。锡伯族，新疆维吾尔自治区伊犁哈萨克自治州察布查尔锡伯自治县人。1994年考入乌鲁木齐市师范学校，1997年分到察布查尔锡伯自治县爱新舍里镇乌珠牛录村小学任教，2000年调入爱新舍里镇中学任教。2007年毕业于新疆教育学院，获本科学历。2009年调入察布查尔县第一小学任教，2010年调入察布查尔县第一中学任教。

一、小时候的梦想

（一）要当一名有爱心的老师

我出生在新疆伊犁哈萨克自治州察布查尔锡伯自治县，是在乌珠牛录村上的小学。我们察布查尔锡伯自治县与哈萨克斯坦接壤，是中国唯一以锡伯族为主体的多民族聚居的自治县。

我们锡伯族的教育是比较开放和开明的。包容、宽容、忠君、爱国是我们锡伯族的民族精神，这种民族精神也是有渊源的。乾隆年间，我们锡伯族的祖先从辽宁被派到伊犁去驻守边疆[①]，所以锡伯族历来就有保家卫国、拥护国家统一的优良传统。不仅如此，约从 1909 年起，锡伯族的男孩和女孩同时入学接受教育，这在历史上是很超前的，这从整体上提高了锡伯族的文化程度。

当一名教师是我从小的梦想，这主要是受我初中老师的影响。我上初中时遇到的那一批老师都特别敬业，给我留下了很深的印象。其中有一位女老师是我们的班主任，她是伊犁师范学院毕业的。这位女老师不仅皮肤白皙，而且年轻漂亮，穿的衣服也很好看。我印象最深的是她穿着一条白裙子，脚上穿着一双高跟鞋，虽然她不算高，但是衣服搭配得特别好看，再加上她对我们说话时总是轻声细语的，让我从心底里产生了对老师的羡慕之情。在当时的老师中，还有几个男老师也特别好，在我们这些孩子心里，他们不仅博学多才，而且对学生充满爱心。

对我影响最大的是初二时新换的一位男老师，他刚被分配到我们学校就担任我们的班主任。

那时候在乡下读书，每年都会有勤工俭学[②]。有一次，这位男老师带领我们去

---

① 锡伯族原居东北地区，乾隆二十九年（1764 年），清政府从辽宁征调部分锡伯族人至新疆，以加强伊犁地区防务。今锡伯族多数居住在辽宁省和新疆察布查尔锡伯自治县等地。

② 勤工俭学，这里指 20 世纪 90 年代，新疆边远地区在秋收期间，学校带领学生帮助农民剥玉米等劳动，为期一周左右。

勤工俭学时，没让我们学生带饭，刚好饭没按时送来。干了一上午的活儿，同学们已经饿得发慌了，我们班主任就着急得不行，他当时还是一个小伙子，最后竟然因为学生吃不上饭急哭了。他一再地说："这么大热天的把你们带来却让你们饿肚子……"还有一位教物理的男老师，在大热天里带我们去干活儿的时候，为了让学生能喝上水自己渴着。这些老师对学生无私的爱使我不禁想：我长大了也要当一名这么有爱心的老师。

迄今为止，这些老师仍活跃在教育岗位，有一位物理老师现在成为我们县中学的党委书记，其他大部分仍在教学一线做老师。当年那位曾为我们流泪的班主任也还在一线当老师，依然那么爱学生。这么多年来，我一直和他们保持着联系，我和我的三位老师成了同事，他们时常会给我提一些教学或教育学生的建议。我觉得从乡镇出来的这批人之所以选择成为教师，多数都是受到当时教我们的老师的影响。

（二）考上中师

我初中毕业就到乌鲁木齐市师范学校读中师，而且是作为一名乡村委培生[①]考上中师的。中师的学费是我们自己掏一半当地教育局掏一半，最后我们从哪里来回哪里去，毕业之后再回到乡村当老师。20世纪90年代，中师只有学习拔尖的学生才能上，我们当时报考中师的有10多个同学，共有8个顺利考上了中师，那时候觉得读了中专就能走出去是一件特别好的事情。当时报考中师的另外一个原因是担心外语（当时学的是俄语）不好，考高中不能十拿九稳，综合考虑所有的条件，中师是最好的选择。1997年，我从中师毕业后正式成为一名乡村女教师。从1997年到2009年，我都在乡镇教书，干了十几年，2009年才调到县上来，我一直觉得自己应该报答乡村的父老乡亲。

二、工作在中哈边境的乡村学校

（一）不知道怎么当老师

我先后工作的几所学校，可以说都是在中国和哈萨克斯坦边境附近。

---

① 委培生，是由有关部门或单位委托学校培养的学生，学生毕业后，严格按合同就业。

我最开始是在小学任教。我记得刚接手的是一个小学五年级的班级，那个班的学生学习成绩特别好，学校领导非常重视，而且班上有很多我们学校老师的孩子。可是我刚开始当老师，不知道怎么当，有时也会出一点状况。记得有一天早读课的时候，我给学生听写，结果有个女孩子不会。我当时也是年少气盛，脾气有些大，就骂了她，把她骂哭了。后来冷静下来我很内疚，整个上午都是在忐忑不安中度过的。没想到中午下班的时候，那女孩儿竟然对我说："老师，没事儿，是我做错了，我不应该听写不出来。"

那件事给我留下很深的印象。在 20 世纪 90 年代，整个学校存在着一种"要出成绩、要对孩子好就要严格"的氛围，学校里的老师也一再给我鼓劲儿，希望我管严一点儿。直到有一天，我听了李镇西教授的讲座，讲座的题目为"亲爱的安妮，我永远的痛"。李教授说："我们有像孩子们爱老师一样爱（孩子们）吗？如果你是像孩子们爱你一样爱（孩子）的话就不会舍得去体罚他。当然教育要有惩罚，但绝对不是体罚，你不能像对待没有感情的动物一样对待他们。"从此我慢慢改变了，开始心疼孩子，开始换位思考。即使我达不到学生对我情感的 100%，最起码要达到 70%，因为我知道孩子们真的非常爱他们的老师。我经常跟学生说"咱们都是兄弟姐妹"，我的学生一般称我为"郭姐"或"红姐"。

（二）站在学生的角度思考

对于一个老师而言，教学和育人都很重要。老师是学生做人的表率，你的行为举止、行为习惯、为人处世以及性格特点都会潜移默化地影响他们，不仅如此，学生也希望得到老师的认可。

我很尊重我的学生，也很尊重学生的父母。我从来不在学生的面前说孩子的父母怎么怎么样。我认为没有不爱自己父母的孩子，即便孩子来自离异家庭，他也最反感由老师之口说他爸妈怎么不好。我觉得一个老师无论再怎么生气也不能口不择言。我总是提醒学生要孝敬父母，要懂得体谅父母。我对学生的尊重不仅体现在语言上，也落实到行动中。在日常的交流中我尊重学生，学生就能感受到，久而久之，他们就会知道尊重的重要性，反过来也会尊重我，将来更会尊重别人。

我周围的人是一群善良的人，我不忍心去伤害我周围的任何一个人，有时候

2013 年 6 月 1 日在班里给维吾尔族女孩撒娜瓦尔（该生于 2013 年考上内高班）过生日

宁可自己受点委屈，也不会放弃任何一个学生或者伤害任何一个学生。我觉得作为老师应该性格好一点，多站在学生的角度思考问题。老师是否真的对学生好，学生是能够分辨的。举个例子，人在吃完饭之后容易犯困，因此学生第一节课瞌睡是正常的现象，下午第一节也容易犯困，如果站在学生角度考虑的话就会想“这节课好困啊”。不过为了完成教学任务，我就必须想点法子：有时候在中间穿插一个笑话，或者是像夏天实在困得不行的时候，先让学生趴上个 5 分钟。那样的话，学生会觉得老师跟我们是一样的，老师是真的把我们当作自己的弟弟、妹妹或朋友、亲人来看待的。在我看来，课堂教学，不仅仅需要你的教学设计和教学技巧，更需要你的情感，这种情感的核心就是老师对学生的爱。

对那些学习困难的学生，我也从来没有放弃过。虽然他们学习成绩不好，但我觉得他们也很不容易，一天七八节课下来尽管他们听不懂，但依然坚持坐在那里听，而且这些学生心胸还开阔得很，不管老师怎么说，他们都能够接受、忍耐，所以我会尽力地去帮助他们。我从来没有要求我教的学生必须成为高才生，我认为应该按照他们的兴趣特点对他们进行教育，应该尽力地帮助他们。今天如果他考试考了 35 分，等到毕业时他掌握了一定的知识，哪怕只考了 45 分，我都觉得我对他是有帮助的。事实上，尊重那些学习困难的学生的个性，不但不会影响全班的成绩，反而会因为他们成绩的逐渐上升而使全班成绩比其他的平行班的成绩高出许多。不仅如此，我对学习困难学生的关注也激发了其他学生的爱心，他们对学习困难的学生会关注和帮助，而不是冷嘲热讽，相信将来到了社会上，他们也一样会充满爱心，不会对别人的困难无动于衷。

郭颜红老师在课堂上指导学生作业

（三）怎样教育“问题”学生

1. 换位思考。

在教育过程中需要不断与学生交流，有时候需要用语言，有时候你不需要用语言，只用行动就可以，要抓住教育的机会。我跟学生交流有两个原则：第一，避免把学生带到办公室；第二，不能在教室里面。一般情况下，我都是在下课或者是课外活动的时候，把学生叫到没人的走廊或者操场上，或者是搞活动的时候随便叫过来交谈，不需要太刻意。

我带的一名初三学生特别聪明，数学、语文等许多科都能考得很好，但是英语学得非常差，才考十几分，他跟英语老师的关系也弄得挺僵的，自己也很有压力。这孩子的爸爸是甘肃移民[①]，他对儿子期望很高，但是因为要去伊宁市打工，周一到周五都不在家，因此基本没时间管孩子，只能让孩子一个人住在家里。为了让我多照顾他儿子，他甚至还送我一些甘肃特产。我对他说，你不必这样，我也是农民子弟，我一定会一视同仁，能帮助会尽量帮助他。但他依然把他们的特

① 甘肃移民，此处指的是从甘肃省移民到新疆维吾尔自治区的居民。

产给我送到办公室来，我还当众分给了其他同事。有一天，这名学生的爸爸周五就回来了，比平时提前了一天。回来一看，儿子正和班里两个男生在家里吃饭，好像还喝了点啤酒，于是特别生气，觉得自己天天在外面拼死拼活地干活，为了每天能挣到一两百块钱，自己省吃俭用，什么条件都给儿子准备好，没想到儿子却把同学叫到家里吃饭还喝酒。再说另两个孩子：有一个孩子是本地的锡伯族孩子，长得牛高马大的，他爸爸得了鼻癌，正在医院住院，可见这个孩子是有压力的；另外一个孩子呢，也是甘肃移民的孩子，他爸爸也在外面打工，但是他爸妈的感情很差，他爸爸经常动手打他妈妈，有一次还打伤了。所以说这三个孩子的青春期成长过程都是有问题的。

那位家长为吃饭的事到学校找我，他比较相信那个甘肃移民的孩子，所以他首先问的是，那个本地的锡伯族孩子的人品怎么样。我对他说："作为老师，我没有注意到这个孩子，我没有发现有这个征兆，这应该是我关心不到位，我向你们家长道歉。"然后我肯定地说："这男孩儿人品肯定没问题，他们只不过有点苦闷，一起吃个饭，吃饭的过程中可能谁提议喝点啤酒，喝点饮料之类的，你不要太着急，我绝对给你把这工作做好。"这位家长来找我的时候三个孩子都看到了，他们就等着看我回头怎么批评他们，但那天我并没有马上就找他们。第二天，他们就等着我对他们发火。那个爸爸来找我的学生就觉得很没有面子，他觉得只是请好朋友去家里吃顿饭而已，又没有像爸爸想的那样坏到天天喝酒的程度，他认为爸爸没给他面子。

我并没有一起找他们，而是一个一个地跟他们谈。我先找那个请客的孩子。我对他说，听说你爸回来的时候你们做了一桌子丰盛的晚餐，你能把自己照顾好，作为男子汉挺强的，这个老师肯定；第二个呢，我看出来你这两天一直忐忑不安，我想你可能想到了自己不足的地方，我真为你感到高兴，也觉得你特别地幸福，你有一个这么关心你的老爹，他不像有些父亲那样打打骂骂就完了，他甚至想着不顾自己的面子也不顾一天的劳累，跑到老师这来找解决方法，而且他没有说任何人的坏话，只是向我请教如何解决孩子的问题。你父亲多爱你啊，面对这样的父爱，你能否像请你的朋友那样，在爸爸干活回来的时候给他做一顿饭，让爸爸也觉得自己的儿子长大了？我说完之后那孩子一下子就脸红了，而且他没想到我非但没有骂他，而是站在他的角度去分析，我后面还说了很多。

之后，我让他把另一个甘肃移民的孩子叫过来。该生对我说："老师，其实我们当时就想着反正初三快毕业了，他一个人在家，一个人吃饭没意思，刚好他又会做饭，我们就想着一块儿做饭吃饭。另外一个同学，他爸得鼻癌在伊犁市住院，他也是一个人，所以我们就想三个人一块儿吃饭。吃着饭我们觉得人家的菜炒得那么好，于是就说，喝点儿啤酒，我们也没喝多少，没想到他爸爸那天就回来了，他一看这场面就觉得你们不好好学习却在这儿吃饭喝酒，就生气了……"我对他说："如果你站在家长的立场上，你会不会担心孩子？他拼死拼活挣钱是为了什么？你看他父亲容易吗？他为了孩子来学校找老师，而且他希望不会伤害孩子的自尊心。"他说："老师，不好意思，我们让家长和老师操心了，我们以后懂事点儿不再这样了。"

最后，我把另外一个男孩儿叫过来，问他干了什么，他说："老师我做错了一件事情。"我问他错在哪里，他说："我到人家家里去吃饭还喝了点儿啤酒，他爸爸看见了很生气。"我对他说："如果你是爸爸你会不会生气？如果你爸爸现在做完了手术回来看到会怎么样？""我爸妈会很伤心。""那你觉得那家长是小题大做呢，还是真的担心？"处理这种事情的时候，我更多的是站在学生角度和家长的角度。

2. 平常心看早恋。

这是关于我们班的一个女生的，她爸妈是开麻将馆的，所以她回家以后父母也没时间陪她。她是住校的孩子，觉得自己在县城上学学的东西挺多了，而且她妈妈腿上有伤，没有太多精力管她。这女孩儿到了青春期，人长得也漂亮。有一天县城广场有节目表演，我在街上看到她跟一个男孩儿走在一起。她没见到我，我便直接走过去，算是跟她打了个招呼。她一下子就懵了，说："老师好。"我说："你在干啥？"她说："老师，我没干啥。"我说："你没干啥，老师就放心了，那你早点回去哦，别让爸妈担心。"

星期一回来我也没找她，因为我只记得她说"老师，我没干啥"。我相信这孩子能从我的语气中知道老师说的是什么，既然她说没干啥，我就相信她。后来她妈妈也知道了，就过来问我这孩子是不是有问题，她比较担心孩子的学习成绩。我想既然妈妈找到班主任这儿，肯定是母女之间在解决这个问题上存在困难，我就对她妈妈讲:“你放心，你的女儿是一个自重自爱的人，我都相信，你作为妈妈不相信吗？那天在街上碰到她，我问她在干啥，她说没干啥，她既然说了没干啥我们就要充分相信她。”她妈妈隔了一周后又来找我，这次之后，这孩子的眼神就不一样了，觉得老师这么相信自己，不认为一个女孩子跟一个男孩子晚上走在大街上有多坏。从此以后她慢慢地把精力转移到学习当中了。

对于早恋问题，我认为要以平常心对待，这样可以引导早恋的学生，告诉他们这只是一种情感，甚至有时候，我会有意无意地把两个人安排到同一桌或者是前后桌，这样接触时间长了他们相互之间的吸引力就会慢慢减少。如果感情已经有所发展，那就只能教育他们以学业为重。教育也不用直接讲，就给他们推荐书籍或者是关于青春期的文章。正因为我平常化了，他们也就平常化了。老师、家长越是紧张得不得了，他们也就越紧张；老师、家长说得越多，他们就越烦。如果实在需要与他们交流，就要单独交流，而不是直接当着全班同学的面说他们。对于这些早恋的女生，还应当站在一个女性的角度，教她们如何保护自己，而且要注意到她们的尊严和感受。

郭颜红老师和学生们交流

三、对一些教育问题的看法

我看到，现在的教育制度在逐步完善。我们新疆现在开始有学科带头人和学校带头人的选拔，选拔出来的都是真正的拔尖人才。学科带头人的工资由县财政额外补贴500元。我现在还不是学科带头人，我们学校今年（2014年）评上两个学科带头人，一个是教研员，一个是年级组长。评学科带头人也是需要有硬性条件的，比如论文和工作年限等，我现在的条件还远远不够。

我从1997年到2000年一直在小学，那时候小学老师的工资低于中学老师。从2010年开始，小学老师也可以报中教高级职称了，这从制度上鼓励了我不断发展自己。

基于多年的教学经验，我对目前的教育也有一些自己的看法。

（一）民汉合校有必要

我觉得民汉合校是有必要的，因为它促进了不同民族之间的交流和理解。去年我带的初三毕业班中有维吾尔族学生、哈萨克族学生、回族学生、汉族学生和锡伯族学生，汉族学生中还包括甘肃移民的孩子。有一次我们进行体育达标测试，我安排一个哈萨克族男孩儿当我们小组的组长。一个小组有十几个人，要填好几项测试的表格，都需要听组长安排。小组长每次分配任务的时候，有个甘肃移民的孩子都不是特别配合，小组长有点急了，两个人就在篮球场上起了争执。

当时我作为班主任劝他们两个，没想到一帮甘肃移民的孩子都跑过来，他们觉得自己受了本地人的欺负。我就把他们都叫回教室，当时那个甘肃移民的孩子火气特别大，他认为老师是少数民族，所以也在袒护那个哈萨克族男生。于是我就把学生全部叫到教室来，对他们说："在我的印象当中，我们九年级四班就是一个班级一个家，我安排了四位小组长，你们怎么会认为我有所偏袒呢？难道这么长时间的同学情谊还换不来一个小小的彼此谦让吗？"甘肃移民的孩子最后给我道歉说："我当时做得确实不对，把事情闹大了，我没有想到同学情谊。"其实这正是民族之间的相互不了解和隔阂造成的，所以我觉得在新疆搞民汉合校很有必要，只有交流以后才会了解每个民族。

我现在所在的学校不是民汉合校，而是一所以我们锡伯族学生为主的学校，我们学校的学生来自锡伯族、汉族、维吾尔族、哈萨克族、回族。我们学校隔壁是一所民汉合校。我们非民汉合校都是用汉语授课，不分民族班和汉族班，而民汉合校有维吾尔语班，用维吾尔语授课，用的是维吾尔语语文教材。在民汉合校中也会有学生冲突等现象，比如学生在打饭的时候不小心撞了，可能就会打架，尤其是在民汉合校的初期，这是在所难免的。不过，学校会定期组织一些促进不同民族学生交流的活动，已经取得一定效果。民汉合校就是为了让少数民族和汉族有更多的交流和沟通。

（二）汉语文教学中的一些困难

2000 年，我考上了伊犁师范学院小学教育专业，作为函授生，在职学习了三年后，拿到了大专学历。2005 年至 2007 年期间，我又在新疆教育学院汉语言文学专业脱产学习，拿到了本科学历。

我上的每节课都是认真负责的，备课时也会把教材备好，然而在语文课堂教学中仍有很多困惑。比如说，我明显感觉到在语文课堂上，汉族学生之于少数民族学生的优势。对于汉族学生而言，语文学习的就是自己本民族的语言，而对于少数民族包括我们锡伯族在内，汉语属于第二语言。少数民族学生在汉语写作方面存在困难，特别是乡镇上的少数民族孩子，课外读物很少，因此初一、初二的少数民族学生在写作文的时候总觉得没有可写的内容。汉族学生能够很流利表达的一句话，少数民族学生容易写成病句；汉族学生能够想出很多成语，但是少数民族学生往往绞尽脑汁也想不出几个。少数民族也有自己民族的谚语或俗语，但是按照汉语翻译过来并不通顺或意思表达不完整。

我觉得语文的有些东西重在感悟，越教语法知识或修辞手法学生们越觉得晦涩难懂，像成语、古诗词这些东西只能让学生积累，拓宽他们的知识面，积累多了，慢慢就会说会写了。不仅如此，少数民族学生在语文学习上的劣势，还影响到其他科目如历史、地理、政治甚至数学中的应用题的学习。我带过小学一年级，对于小学一年级的孩子来说，量词的学习是很困难的，汉族学生都会说“一个苹果、一个人、一头牛、一匹马”，但是对于少数民族学生来说，他们认字很困难，而且他们不理解为什么都是表示数量却要用不同的字来形容。

为了提高学生的语文水平，我在教学中注重朗读指导，力求每篇文章读得声情并茂，并利用早读、班会等时间进行课文朗读、诗歌朗诵比赛，以便让学生走进文本。我还经常带领学生到学校图书馆阅览书籍、借阅书籍，拓宽学生的阅读面。

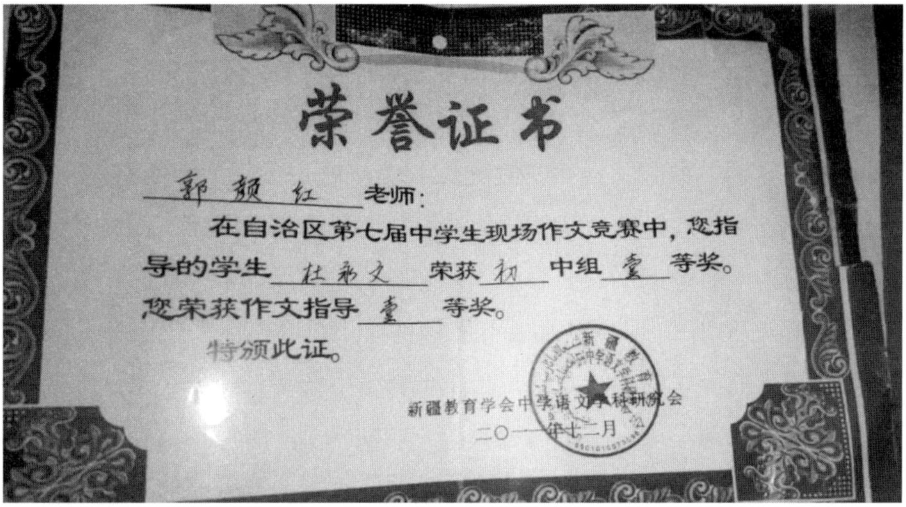

郭颜红老师的作文指导获奖证书（2011 年）

（三）班主任不好当

我工作已经十几年了，我发现其实老师没有那么好当。我不停地付出，却依然难以摆脱来自社会、家长以及学生的压力，我也曾想过改行，但每一次打算把这届学生带出去就改行的时候，都有种种原因使我最后没改成。

尽管做老师的很努力，但是，每一次都能发现一个班里总有那么几个学生不喜欢你，这是很无奈的一件事。我有时候就想，人家一天上 8 个小时的班就可以了，可我们老师却不行，人回到家里了，脑子却还在想着我的学生今天不要出什么事情才好，作为老师，额外操的心太多了。

班主任的工作其实蛮辛苦的，现在学校里大大小小的工作都要通过班主任来完成。现在班主任费由国家给 198 元，县财政补助 300 元，每个月工资比不当班主任的老师高了近 500 元，但还是有好多老师不乐意当班主任，因为觉得班主任的辛苦不是 500 块钱就能弥补的。冬天，新疆雪多要扫雪，早上要提前半小时到校，晚上还有两个小时的晚自习，都需要班主任值班。我目前（2014 年）的工资是 3000 多一点，但是新疆是全国物价比较高的地方，老师们都要养家糊口，所以这个工资不算太高。

但是，我总觉得一个人活在世上要活得有价值，我希望通过教师这个职业来体现我的人生价值。在我的努力下，哪怕一个班里有 50% 的学生能有所进步，就已经能体现我的价值了。有的老师可能会说“我再也不理那个学生了，我放弃他了”，觉得放弃了就轻松了，觉得学生学不学与他们没关系，三年之后学生走出校门，也不会再认识他的老师。但我却觉得只要我能帮助一个学生，我就绝对不会放弃他。我想，这可能还是跟我当年的班主任的影响有关系吧。

现在，我也有一些担心。我们锡伯族有自己的语言和文字，但是现在我只是会说我们民族的语言，却不太会写了。如果我这一辈保存了民族文化的 50%，那到了我儿子那一代能留住 20% 就很不错了。我儿子现在在汉校上幼儿园，虽然平时在家我和丈夫都说锡伯语，想尽量给他营造一个锡伯语的环境，他能听懂我们的锡伯语，但是却不用锡伯语回应我们。时间久了，可能他就会对锡伯语越来越陌生，这样一来，我感到我们锡伯族的东西要传承下来可能就会比较困难。

郭颜红老师一家三口在伊犁哈萨克自治州伊宁市的伊犁大桥前合影

访谈后记

2013年9月至2014年6月，郭颜红老师参加了由北京师范大学承办的“教育部‘新疆中学汉语骨干教师培训项目’（语文学科）”培训。魏曼华老师为该班讲授了“现代教育学”课程。

2013年12月18日上午，魏老师邀请该班部分学员和选修“教育社会学专题研究”的研究生参加座谈。在这次座谈会上，我们第一次听到郭颜红老师的故事。在郭老师的自我介绍中，她的一句“我真的是一个合格的老师吗？”给我留下了极其深刻的印象。我不禁好奇，究竟是怎样的经历让一位教师如此坦诚地反问自己呢？于是决定对郭颜红老师进行访谈。2014年4月，我们在北京师范大学的学生餐厅先后对郭老师进行了两次访谈。之后，我们又通过网络对郭老师进行了补充访谈，访谈时间约为5个小时，访谈用语为汉语。

在访谈中，郭老师不止一次提到学生对她的爱。在她看来，学生对她的爱，是她十几年来从事教师工作的动力，也是她能够坚持自己教育理想的力量源泉。在教育教学工作中，她处处为学生着想，不仅提高了教学质量，而且也促进了学生的全面发展，同时实现着自己的人生价值。

作为一位工作在中哈边境学校的女教师，她对边疆地区民族教育的一些思考，比如少数民族学生的语言学习问题、如何提高多民族学生构成班级的凝聚力、换位思考和学生交流、平常心看待学生早恋，等等，都是有价值的教育经验和教育智慧。

此文整理完成之后，经过了口述者本人的修改和审定。

天山脚下的青春之歌

口述者：马　良

访谈者：王利利[1]　刘宝源[2]

　　　　魏曼华[3]　郑新蓉[4]

整理者：王利利

修订者：魏曼华　王成龙[5]

> 求学经历

> 教师经历

> 对学校教育的一些思考

> 我的心愿

① 王利利，北京大学教育学院 2016 级博士研究生。

② 刘宝源，山东省阳谷县少儿棋院院长。

③ 魏曼华，北京师范大学教育学部副教授。

④ 郑新蓉，北京师范大学教育学部教授。

⑤ 王成龙，北京师范大学教育学博士，国家教育行政学院培训部教师。

马良，男，1980 年生。回族，祖籍甘肃会宁，新疆维吾尔自治区塔城地区沙湾县人。2005 年毕业于新疆师范大学地理系，毕业后在沙湾县第一中学任教至今。

我爸妈从甘肃到新疆的时间大概是20世纪70年代，当时我还没有出生。那时候是生产大队的形式，家里什么都没有，生活非常艰苦，他们两个人用一个碗吃饭，我爸吃完了我妈吃。后来那个村庄（那时叫生产大队）分成了三个生产队，我们的生产队是相对偏远一些的北山村。刚开始时，爸妈连一个住的地方都没有，他们就和村里的人一起建设，每天白天跑到很远的地方种地，晚上回来打土块建房子。慢慢地，大家就把村庄建设起来了。

听我奶奶说，爷爷奶奶很早就离婚了，爷爷从甘肃老家去了乌鲁木齐，又成了家，奶奶带着爸爸投奔了新疆沙湾县的老乡。从此，我们就在沙湾县住下了。刚到的时候处境很困难，也没有户口，家里特别穷。奶奶对我特别好，在我初中的时候，奶奶就去世了。那个时候我还小不懂事，记忆并不是那么深刻，但是现在想起来，觉得奶奶是很疼我的。爸爸妈妈不怎么提爷爷，可能是怕在我们心中留下不好的印象。

一、求学经历

（一）小时候爱学习

我先在我们北山村读小学。当时我们村小只有一个年级，一个老师。读完了一年级，只能到邻村继续读。我小时候特别贪玩，当时村子里的小孩子上完课一般都回家帮家长干活，也有的小孩放学后比较贪玩，回家晚了，就被家里人“收拾”一顿。我们家也不例外，被爸妈教训后，我就比较听话了。从二年级开始，我就去邻村读小学。当时接触的很多都是汉族孩子，但是并不会觉得有什么很大的差异，不一样的可能就在饮食上面。

那时候我是比较爱学习的，而且学习成绩也不错，这可能与妈妈的教导有关系，也可能是因为我本身对知识就有一种渴望。许多事情我并不喜欢和别人争，可是学习上的事情我是要争一争的。记得有一次数学考试，我抬头看到一个人交卷子，我就匆忙写完，也把自己的卷子交了。结果成绩下来以后，他考了 100 分，我考了 99 分。我觉得自己特别粗心，当时就比较沮丧。小时候的好多事情我都忘记了，可是这件事情我记得挺清楚的。有时候我也觉得有点奇怪，也许是因为我的学习进取心比较强，不服输。虽然相比同龄人来说，我是爱学习的，对知识有渴望，但有时候也想去玩儿，毕竟还是小孩子。但是在妈妈的教育下，我不敢花太多时间玩耍，妈妈对我的影响还是蛮大的。

1. 父母支持我上学。

好多人读完初中就不上学了，在我们村里这种情况很普遍，初中毕业以后我们村的回族学生就只有我一个继续上学了。也就是说，要到镇上读书的时候，很多人就不上学了，有的回家种地了，有的出去打工了。那时候，我们村流行“读书无用论”的思想。有人看电视或者听广播说，有的大学生找不到工作或者工作很差，就说：“看吧，大学生也不见得怎么样，不照样找不着工作吗？”

虽然我大学毕业了，找的工作也不错，可是我们村里面的人并不觉得有什么。我一直都不明白为什么大家会有这种“读书无用论”的思想。现在想想，可能经济方面是一个很重要的原因，另外就是观念比较落后，大家都不愿意去改变，这一点我还是非常担心的。我就是在这种大家都不是很重视教育的环境中开始了我的中学生活的。

我爸爸是小学毕业学历，那个时候应该是高小，后来经常帮助别人写信。我妈妈没有上过学，但是我的很多好习惯的养成是受她的影响。比如，妈妈教我要负责任、听话、懂事，等等。还有就是上学这件事情，我妈妈特别支持我。我不知道为什么没有上过学的她这么支持我上学，而且当时我们村里很多家长是不支持孩子上学的，第一是因为经济条件比较差，第二就是孩子不上学了可以帮家里干活。可我妈妈就是希望我以后能够走出农村，一直支持我上学，尽管当时家里的经济情况一直都不太好。我现在想，可能是她有老一辈的经验吧，她听得多，她以一些实例来跟我讲道理，希望我能够好好上学，摆脱贫困。我爸爸也支持，但他不爱表达，不像我妈妈这样直接地告诉我。

2. 遭遇车祸后知珍惜。

1995 年，初中二年级的时候，我出了一场车祸。那是在冬天，路比较滑，路边上有冰，车压过之后冻起来了。我从学校出来，在路边遇到我表弟，他看到我之后就直接跳到我的自行车后面，我没有注意，就摔倒了，这时恰好前面有一辆车开过来，然后我眼前一黑，就什么都不知道了。我在晕过去的时候听到“嘣”的一声，我想完了，腿可能被压断了。几秒钟之后，我有意识了，就往外爬，我想这个腿可能不行了，还是麻木的状态。可是我被拉到医院里面一检查，没什么大事儿，只是皮外伤。后来才知道是自行车的车把竖起来，把车轮子给顶过去了，所以我当时听到了响声，那个车把都被压弯了。但是现在回想起来，仍旧会心有余悸，要不是车把我就失去双腿了。

当天我恰好目睹了另外一场比较大的车祸，一列火车撞到了一辆大客车，当场死伤数十人，令人后怕。也就是那天，我才深刻明白了生命的脆弱与珍贵，我也是从“鬼门关”走过一次的人，想想自己真的还挺幸运，有一种重获新生的感觉，我想我应该珍惜这来之不易的生命，好好去做一些事情。

（二）高中生活

那个时候，高中的分数线还是很高的，而我们山区的初中没有几人能考上高中。当时初中毕业之后有两种选择，要么继续读高中，要么读中专。当时还流行“读中专以后可以早点工作”的说法，所以考中专的人特别多。那时候，教育管理部门给每所初中一定的高中报录名额，我们学校必须报 50 个名额。当时我们那一届有 3 个毕业班，很少有人报考高中，很多学习好的同学都报了中专。老师们就去做学生的思想工作，鼓励我们报考高中。我当时没有门路，就报了高中，后来也考上了。

我感觉我们那里的高中教育存在不少问题。一直到现在，许多学生在初中时对学习还是挺有兴趣的，到高中以后学习兴趣就没有了，学习任务也比较重。所以我一直就认为，高中是最辛苦的几年。高中学习比较紧张，要坚持下来，不能松懈。因为高中就住校了，没有家长督促学习，那时候网络刚刚出现，就有同学经常去网吧，诱惑还蛮大的，分散了学习的注意力，到后来学习就有点吃力了。

我的高中地理老师，也就是我们现在的校长，对我的影响非常大。我读初中的时候，他刚来我们学校实习，教地理。他实习结束要离开我们学校时，对我们说：“我在高中等你们。”后来我考上了高中，他又教我们地理。他每次上课，把书往桌子上一放，就开始讲课，边讲边板书，而且很有条理。我当时就想，这个老师很牛呀，跟别的老师不一样，就很喜欢他。那时候因为受他的影响，我的地理学得不错。后来我一直都挺喜欢历史和地理的，报考大学时也报了地理专业。我觉得可能是受了这位老师的影响。

（三）大学时代

高中毕业后，我考上了新疆师范大学地理信息系统专业。之所以报考新疆师范大学，主要是因为新疆的很多少数民族学生一般不会报考离家很远的学校，最远的也就到陕西西安那边，因为许多省份的饮食习惯和我们很不一样。我当时报考的时候，家里人也不想让我报考离家很远的学校。我爷爷在乌鲁木齐，所以我就报了新疆师范大学。

在大学里，我觉得除了文化知识的学习比较重要，各种能力的培养也是必需的。我认为我们要经历一个不断和别人打交道的过程，要接触不同类型的人，学习不同的思考方式。比如，在听老师讲课的时候，我并不是照单全收他讲授的内容，而是去学习他如何思考问题，学习他和其他人的交往方式。我在大学里参加了一些活动，比如公益活动、社区活动、志愿服务、篮球比赛等。我之前身体不是很好，就一直坚持打篮球，毕业之后，发现身体状况还是得到了很大的改善。

上了大学之后，我发现同学关系和中学时很不一样，好像大家之间的相处并不是那么简单了，所以这个关系要处理好。有时候我想，这也许是上到大学时，中学的思维方式不够用了，可能以后到社会上也会这样。读大学不一定看你学到

马良老师在中国地质博物馆（2013 年 4 月）

多少知识，更重要的是你怎么看问题，怎么去解决问题。毕业后我感触最深的就是这一点。

二、教师经历

（一）“慌乱”的入职

2005 年，我大学毕业，那时应该是大学毕业生比较多的时候，工作不好找。我当时学的不是师范类专业，也没想着当老师，但是为了保险起见，在学校的时候就学习并考了教育学和心理学，并且顺利地拿到了教师资格证。谁知道本来是打算备用的教师资格证，毕业后就直接用上了。

刚当老师的时候比较辛苦，因为不是师范专业的，好多东西都要从头学。之前，我没有上过讲台。上第一节课的时候，学生们说我声音太小了，甚至有同学直接站起来说“老师，我们听不到”，第一节课就是在那种尴尬的情况下结束的，后来就越来越好了。

当老师的第一年，我承担了六个班的教学工作。我觉得把六个班全部都教过一遍，应该就比较有经验了。那一年，那六个班的课特别紧凑，上课特别忙，一个学期结束之后，再讲课就不怵了。后来想想，教学就是一个渐进的过程，不断锻炼的过程。其间，我们学校的几位老师也给了我很多指导和帮助。后来就开始有老师来听课，教学方面的经验也逐渐增加了许多。

（二）教学能力提高了

到了年底，有一个青年教师讲课大赛，要在很大的会议厅里讲课，有很多的学生和老师听课。我有点担心上不好，一位有经验的老师说：“你讲课时，把眼光稍微放高一点，不看下面的人，就不会紧张。”这话像给我吃了颗定心丸，比赛时课上得也可以。

后来，我的胆子大了一些，谁盯着我看都无所谓了，就比较得心应手了。再后来有校际间的交流——“五地六校”[①]，就是不同学校的老师在一起，讲同一节

---

① 五地六校，五个县市的六所学校的教师交流的一个联盟。这六所学校分别是：克拉玛依市高级中学、克拉玛依市独山子第二中学、乌苏市第一中学、石河子市第一中学、奎屯市高级中学、沙湾县第一中学。

课，叫“同课异构”，有很多老师评课，大家可以互相学习、汲取不同的经验。有几次，自治区的专家来评课，他们能够一眼看到哪里讲得好，哪里讲得不好。这样，讲过几次之后，我的教学水平就有了明显的提高。

马良老师的奥林匹克竞赛优秀辅导教师获奖证书（2008 年）

到了高三之后，学生的试题比较多，我要给学生挑选试题组合，因为有好多试题是不适合我们的学生做的，这就相当于出试卷。因为我会熟练操作电脑，出完高三的题，又让我去给高一、高二出考试题。这份工作锻炼了我，因为出题要考虑很多因素，出一份试题就得花一个星期的时间。经过这些锻炼以后，我跟县教研室接触多了，他们知道我付出不少努力，所以就派我到北京师范大学进修了。

因此，做事情要主动。做完分内的事情之后，如果有时间，还可以做一些别的事，这样你的人生才会更有价值。

（三）头疼的学生管理工作

1. 如何管理“问题”学生。

在管理学生方面，一开始我也没有什么经验。刚开始的时候就是学着怎么去当一名老师，第二年的时候学校就安排我当班主任了。刚开始不会管理班级，就按照学校的要求，告诉学生该做什么、不该做什么，给学生提的要求就是准你做什么、不准你做什么，后来发现这样是管不好学生的。因为学生是活生生的人，不是机器，是有想法和感情的。后来，慢慢地有了一些思路，开始思考怎么样去做思想工作。一开始管理学生特别辛苦，掌握了一定的方法和规律之后，就会比较好一些。

一开始遇到比较难管的学生时，我也不知道怎么去教育，我曾因为学生的事情三天两头就发火。我发火的时候，学生不说话，但是等我发完火后，学生还是照样犯错误。这样的事情很多，后来我学会了先控制自己的情绪，把情绪控制好后再想怎么教育学生。

有一个学生刚开始经常小动作不断，我教育了他之后还是不听，说他的时候他就做保证，可是保证完之后立刻就忘了。他又特别贪玩，喜欢打篮球，一出去玩就不回来了。我就把他家长请过来，他家长来了就对他一顿暴打。我就反思，这样教育孩子肯定不行，只能让孩子怨恨或者自暴自弃。后来，我又想一些办法跟他沟通，分析他为什么这样。我了解到，他有时候是忘记了时间，而且不自觉地会做小动作。我就跟他商量怎么改变，我来监督。后来，这个学生当年没考上大学，但是他知道要努力学习了，复读了一年考上一所本科院校。

有时候我想，当一种方法不行时，赶紧换另一种，不能跟学生硬着干。还有一个学生，是单亲，妈妈带着他，平时脾气特别大。上课的时候，老师说他，他就顶撞老师，年级主任说他也不听。后来把他妈妈叫过来了，他妈妈说："这个孩子得哄着来，从小到大都是哄着的。要多夸奖，多表扬，让他自己有动力。"就这样，我和我们办公室的三个老师平时没事就把他叫过来谈谈心，说一些鼓励的话。结果这个学生也是比较争气的，后来也考上了大学。

还有一个男孩子，年龄比班里的同学大好多，上高一的时候已经 20 岁了，个子高，十分魁梧，但说话却像个女生，班里同学也不理解他。久而久之，他和同学关系疏远了，做事比较极端。有些同学合伙欺负他，给他造成了很大的心理压力。他说话较没有条理，经常说不到点子上。有些老师开始还听他说，后来听得多了，也不愿意听了。被其他同学欺负的时候，他就不想上学，有时候情绪激动就发火，和同学们吵得特别厉害。

后来，我发现他有个优点，在平行班，同学们的英语普遍不太好，但是他的英语特别好，能跟英语老师沟通。所以，我一方面把他的情绪稳定下来，让他好好学习，另一方面，把英语好作为他的一个优点加以表扬。后来，这孩子考上大学之后学了英语专业，在大学表现也比较出色，还多次代表学校参加英语演讲比赛，每一次比赛他都给我打电话汇报结果，跟我聊天。毕业后他也找到了理想的工作，现在我们一直有联系。

我一直比较关心的问题是，为什么有些孩子会在高中辍学，可能是因为家长不重视教育，或者家庭经济情况不好。这种状况令人担心。在我的观察中，有一些学生在小学和初中表现得相当出色，他们在学习上肯吃苦、努力，这可能跟家庭教育有一定关系。但是，到了高中快结束的时候，有些学生的成绩就下降了，学生们的成绩表现为两个极端：一部分特别好，一部分特别差。我也经常思考这究竟是什么原因。平时，我会尽可能通过情感教育让他们好好学习，珍惜自己的学习机会。需要说的是，边疆地区的教育资源的确不足，包括教材、信息和师资等方面。

2. 如何处理早恋问题。

有一件事情我一直比较头疼，就是高中生的早恋问题。对于这个问题我一直没有找到一种很好的方法去解决。我觉得，这个现象现在比较普遍，我也和其他老师交流过。不少老师遇上这个事情就直接叫家长，激化了矛盾，我不愿意这样做。我会私下把他们叫过来谈谈心，讲道理，但效果不明显。找不到合适的方法，我就想着能平稳过渡就行了，能让他们顺利从学校毕业就行了，有时候可能就睁一只眼闭一只眼，只要他们不是很过分。有的老师在处理这类事情时，就直接让学生走人了，就是勒令转校。我觉得这对学生今后的发展很不好。这是我目前遇到的最大的难题，甚至比提高我们班的学习成绩还要困难。

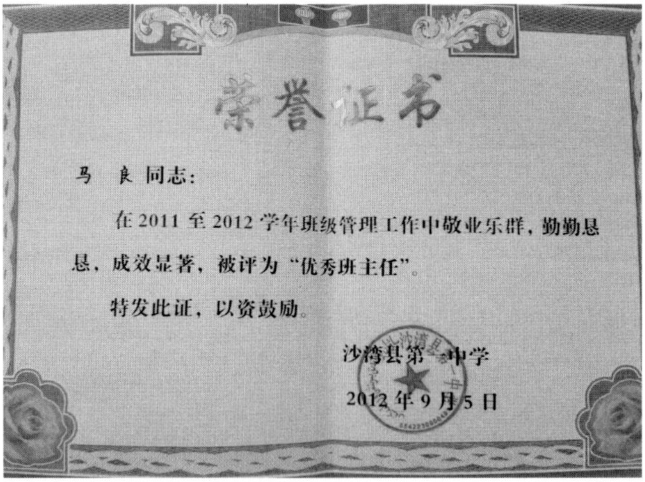

马良老师的校级“优秀班主任”获奖证书（2012年）

三、对学校教育的一些思考

（一）如何培养班干部

我们学校有 7000 多名学生，在新疆算是规模比较大的学校，一个年级有 36 个班，包括尖子班、实验班、普通班、平行班和体育艺术班。老师们压力都挺大。如果老师带着兴趣教学，肯定有激情，特别想干出点成绩来。但是，如果限制太多，大多数老师就会觉得难以发挥。分层次教学本来对学生是有好处的，有利于老师管理学生，把学习好的学生集中到一块，更容易出成绩。但是也有不好的地方，就是对平行班的学生不公平，如果平行班里面没有几个带头学习的，这个班的学习氛围就不浓厚，学习欲望也不强烈，甚至有的学生会逐渐放弃学习。我来北师大进修之前，带了一个加强班、一个平行班。平行班的学生很多都有放弃学业的想法。

高一结束时就要文理分科，但有不少学生听不懂物理课，可能是高中物理比以前难了。一旦物理成绩跟不上，大部分学生就会选择文科。我带的就是文科平行班。同学们选了文科以后，又发现地理比较难，所以好多学生就混一天算一天，根本没有学习的斗志，更没有竞争意识了。

在这种情况下，我就要想其他办法督促学生学习。作为班主任，我不能天天在课堂上强调学习的重要性，要换个思维方式督促学生。比如，有些学生虽然学习成绩比较差，但他们的体育很不错，篮球打得好，可以通过体育活动先把大家凝聚在一块儿。学习不是一下子就可以抓起来的，而是要通过激发他们的兴趣来抓。先让学生多做一些喜欢做的事情，然后再以点带面。平行班里面缺少学习方面的“领头羊”，如果有几个学生能够带动一下，就可能带动班里的一大批同学。如果平行班连一个“领头羊”都没有，可能整个班都消沉下去了。把平行班的成绩抓起来是需要时间的，一旦丧失斗志，整个班级很可能一个月就会全部垮下去，这个现象是很明显的。所以要重点培养两三个学习方面的“领头羊”。

另外就是要经常表扬学生，调动学生的积极性，不仅是学习方面，还有劳动方面等，都要及时表扬，或者进行一些奖励。有时，我会自己掏腰包奖励他们。有一次奖励，我表扬了将近 20 个同学，包括进步的学生，基本上全班一半的学生都表扬了，我是想通过这种方式鼓励他们。

除了这些，班里面也有一些小团体，比如说爱打篮球的，我会说“你们打篮球的时候把我叫上，我和你们一起去”。我是这样考虑的，一个是可以监督学生们打球的时候不要受伤了，安全第一；另一个是，我可以控制打篮球的时间，我跟同学们一块玩儿，玩一段时间，我说“结束了，咱们晚上还要上晚自习”，这个时候大家就得回去了，这样大家就不会有抵触情绪，就跟我一起回去了。通过这些方面，我觉得可以让班级凝聚起来，形成一定的风气。说实话，自己第一次带学生比较死板。现在当了 6 年的班主任，也在摸索、总结一些东西，希望以后可以把我的学生带得更好。

平行班里要找一个好班长不容易。刚开始，我就先试着任命一个，可能就是一个月左右，如果这个学生不适合，大家就会主动提出更换班长。然后，我会组织全班去选，说：“大家觉得他不合适，那么再选一个，在你们当中，谁做比较合适一点？”结果，大家选出来的这个就容易被接受和认可。

班长选出了之后，我还要对班长进行培训，比如说日常管理、性格、说话方式等。培训并不是单独把他叫出去，而是通过事件去培训。任命一个班长之后，要真正发挥他的作用，一般也要经过两三个月。你放手去让他做一些事情，有些事情他做错了，你再帮他分析一下原因：哪些事情可以做得更好，在和同学交往的时候应该注意什么，应该怎样起到一个榜样作用。但是不能把他和其他学生对立起来，要把他放在学生当中。有时候一些小事情，他自己处理就可以，处理完之后告诉我一声就行，给他一定的空间和管理自主权，这样我觉得他干起来也有动力。有时候班干部会被认为是“告密者”，经常给老师打小报告。所以你在班里说事情的时候，不要把责任加在班干部身上，弄得他们自己不好做，也发挥不到协助管理的作用了。

（二）对文理分科的看法

我也会面临个人教育理念和现行教育制度的冲突。现在，高考就是一个“指挥棒”，学校把课程抓得很紧，老师能自主发挥的空间不大，比如在思考或者运用新的方法方面，刚入职的年轻老师有很强烈的创新意识，但其想法要想真正实行很难。

另外，我所教的地理往往被作为副科，被认为不应该占用学生很多时间，现实情况就是政史地三科的时间被大量挤占。我们政史地老师感觉很被动，时间被压缩得很少，更不用说创新了。要想创新需要花时间，不是一两节课就可以完成的，需要不断地坚持下去。比如，对地图认知的过程，不可能在课堂上让学生抱着地图看一节课，得讲方法，让学生在课外看。但是课外很多时间都被其他科目挤占了，学生基本上没有时间巩固、复习地理知识，这就导致我在下次的地理课上还得重新讲解这些知识。有的学生在高一结束时还不会看地图，我们老师也着急，但是没办法，这是个很现实的问题。但是不管怎么样，老师一旦站在讲台上，还是必须要表现出一种兴奋感，一种积极向上的精神，因为老师的情绪也会影响到学生的学习热情。

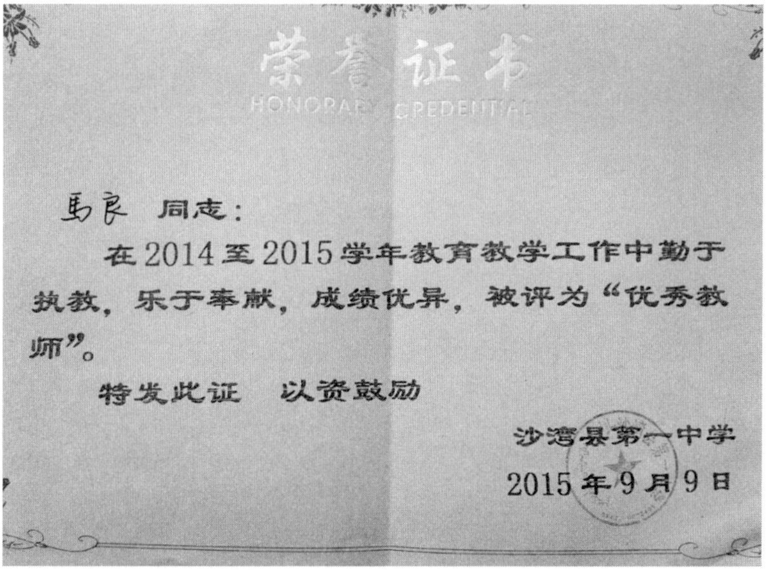

马良老师的校级“优秀教师”获奖证书（2015年）

四、我的心愿

参加工作之后，我一直没有找女朋友，家里人都着急了，我妈老是托别人给我介绍。我也相了几个，但是也没有用心，敷衍了事，不是别人看不上我，就是我看不上别人，要么就是离得比较远，反正都没成。后来就遇到我现在的妻子，她在哈密工作，她家离我很近，就在石河子，我是沙湾县的。当时她回来在家休息，听别人说到我了，然后我就去她家了，相当于“见面”了。见面之后，两个人感觉都不错，经过家里撮合就成了。我觉得这个过程还是挺简单的，好像挺顺理成章的，后来她就把工作调到我这边来，我们就结婚了。但是工作调动挺辛苦的，历时两年。我妻子人挺好的，我们相处得还不错。

虽然我一开始做老师是无奈之举，也和别人谈过职业规划，但是目前我还是喜欢我的职业的，即使工作有点累，尤其是担任班主任的时候，几乎没有休息的时间。这一次在北京师范大学进修，对我来说反而能多一些自由和休息时间。在学校里面，虽然有点单调和枯燥，但是跟学生打交道，真的就让我有一种成就感。我很喜欢教师这个职业，我更愿意通过教学这种方式来实现职业理想。总体来说，我还是喜欢跟学生在一起，跟学生直接互动。

马良老师（前排左五）在北京师范大学（2013 年）

回想起来，我觉得我一路走来并不容易，虽然没有经历大的风风雨雨，但也有各种磨砺和困难伴我前行。生命像一条不断流淌的河流，它不停歇，我们就要不断奋斗，不断努力。我喜欢别人叫我“马老师”，我也愿意为了这一个称呼做出我自己应有的努力，乐观、务实、认真，做一名让学生满意的老师。

访谈后记

2012年9月至2013年7月，马良老师参加了由北京师范大学承办的“教育部‘新疆中学汉语骨干教师培训项目’(地理学科)”。魏曼华老师为该班讲授“现代教育学”课程，其间，邀请该班部分学员和选修“教育社会学专题研究”的研究生参加座谈。在这次座谈会上，我们第一次听到马良老师的故事。至2012年12月，我们对马良老师又进行了4次访谈。访谈时间共为10个小时。除第二次访谈外，访谈地点均在北京师范大学英东教育楼。访谈用语为汉语。

从最初选择做教师的无奈，到对教师职业的热爱，并成长为优秀教师，马良老师经历了不少转变。在讲这段经历的时候，马老师感慨良多，我们也从中感受到他对教师职业的满足感和幸福感。

马老师对一些教育教学问题有比较深刻的思考。比如，对如何对待难管的学生、怎么选班长、怎么带好平行班、如何教好地理课等，他都积累了丰富的经验和教育智慧。尽管新的教育教学问题不断出现，但他总能认真思考、冷静处理。严谨、认真的工作态度在他身上表现得淋漓尽致。马老师是一个比较纯粹的人，他更愿意在教学一线，和学生在一起。马老师是有教育情怀和理想的，他经常教给学生一些考试之外的东西，注重提高学生的综合素质。

作为一位边疆地区的教师，他关心新疆教育的发展和民族教育问题，希望进一步提升新疆地区的教育质量，推进教育公平。

在祖国西北边疆的沙湾县，马良老师用自己对教育的热爱和奉献，谱写了一曲天山脚下的青春之歌。

此文整理完成后，经过了口述者本人的修改和审定。

耕耘在中缅边境教学点

口述者：余应芳
访谈者：王成龙[①] 伊师孟[②]
魏曼华[③]
整理者：王成龙 吴俊毅[④]
伊师孟
修订者：魏曼华 王成龙

① 王成龙，北京师范大学教育学博士，国家教育行政学院培训部教师。
② 伊师孟，北京师范大学教育学部 2014 级硕士研究生。
③ 魏曼华，北京师范大学教育学部副教授。
④ 吴俊毅，朝鲜族，天津体育学院健康与运动科学系 2015 级本科生。

余应芳，女，1981 年生，傈僳族，云南省腾冲市滇滩镇联族村人。2002 年毕业于保山师范高等专科学校[①]，先后在腾冲市滇滩镇棋盘石小学、三家村单小、烧灰坝小学任教。2012 年 9 月，被滇滩镇人民政府授予“边境民族教育特别奖”，2015 年被腾冲县[②]人民政府评为“最美腾冲人”。

① 保山师范高等专科学校，保山学院前身。

② 腾冲县，2015 年 8 月 4 日撤县设市，更名为腾冲市。

一、学生时代

（一）父母咬牙供我读书

1981 年，我出生在位于中缅边境的云南省腾冲市滇滩镇联族村烧灰坝寨子，是个多民族聚居地，村委会离缅甸板瓦十余公里。由于大山的阻隔，联族村烧灰坝傈僳族村寨教育落后，读书的风气不浓，重男轻女，多数学生特别是女生，小学没毕业就回家务农了。与同龄人相比，我是幸运的。我们家世代务农，家庭经济条件很不好，但我的父母很有远见，咬牙供我读书，东家找西家借，背下了不少债务，帮助我顺利完成了学业，当上了一名光荣的人民教师，到现在我们寨读师范的也就只有我一个。

母亲是非常明理的一个人，虽然她只是一个平凡的农村妇女，但她在我心里是最伟大的。我们家里的田地不少，有 8 亩多。现在我和弟弟分家以后，我们两家各 4 亩地，因为我妈妈说，我现在教着书，过得下去，但是如果下一代找不到什么工作了要回家，还是要靠这个田地来维持生活。所以，家里的树林和田地都分给我一半。我的外婆也特别重视教育，我妈妈是读到初中毕业的，除了傈僳语，还会说腾冲方言，在我们这个寨里是很优秀的。

1989 年，我 8 岁的时候，开始在烧灰坝小学上一年级。我读书的时候特别幸运，遇到的老师对我都很好，给我印象比较深的是车应东老师。我特喜欢他，当时他教我们语文和数学，在他的教导下，我真正知道了什么是知识。我的性格非常内向，刚上学的时候也不爱读书，经常逃课，但车老师一直都非常照顾我。每次不管我迟到也好，逃课也好，他总是到处找我，直到找到为止。可以说，没有车老师，我不可能考上中师，今天也不可能站上讲台。

烧灰坝小学只有一年级至四年级，五年级和六年级要到滇滩镇水城完小就读。所以，我在烧灰坝小学读了 4 年，1993 年就去滇滩镇的水城完小读书了。

1996 年，我考上了腾冲民族中学。初一的时候，我学习还可以，初二的时候，我家有一个亲戚病逝，对我打击比较大，上课就有点不专心听讲。初三的时候，我学数学就有困难了，因为数学对于我们傈僳族的孩子来说，难度比较大。有一次考试，我的数学只考了 60 分，刚刚及格。

余应芳老师与访谈者王成龙合影（2015 年 10 月）

初中的时候，同学们都希望将来能上师范学校，有人说读其他学校，毕业后可能会找不到工作，去读个师范学校，不管怎么样，毕业后能找到一份稳定的工作，所以那时候全班同学都想报考师范学校。我也想考师范学校，但是我的数学成绩太差了。当时我们班的李老师对我影响特别大，李老师经常做我的思想工作，说不要有压力，只要正常发挥是不会有问题的。在他的鼓励下，我的数学成绩慢慢好起来。

我们这个寨子里读书的人比较少，有人对我爸爸说：“你们家里经济这么困难了，一个女孩每天都去读书，也不帮帮家里。”而我父母不是这样的想法。当时，我爸爸去外地打工，妈妈一个人承担所有的农活。所以，我感觉父母对我的期望是比较高的，我一定要走出去，不管怎么样，我一定要做出点成绩。

初三的时候，我的压力特别大。我觉得背书的时候头都是晕的，记忆力好像也下降了。中考的那天，我特别紧张。老师们特别关照我，每一门课开考前，老师都会对我说：“不怕不怕，只要你正常发挥，就不成问题。”考物理的时候，因为过度紧张，加上考场附近的施工车的噪音特别大，外面还放着音乐，我有些分心，刚刚看完题目，题意就记不清了，脑子里都是外面的音乐。我又读一遍题目，还是记不住。到最后，整个物理考试下来，都没有记清楚到底做了什么题。那一科我彻底考砸了，平常物理一般都是考八九十分，但是那次我就考了 69 分。所以，中考成绩不太理想。

（二）上学才开始学汉语

说起我的汉语学习故事，有些让我苦不堪言，有些让我开怀大笑，有些又让我激动万分。总之，我的语言学习经历充满了传奇色彩。目前，除了母语傈僳语，我还会说腾冲方言、普通话，还有可以满足日常教育教学工作需要的英语。

从 2 岁到 7 岁，我全是说傈僳语，那时家里没电视，周围居住的全部是傈僳族，几乎没有和汉族人接触的机会，偶尔跟家人去赶集，也不参与购物等活动。因此，小时候不知道什么是汉语，基本没有说汉语的机会。

我接触汉语是在 1989 年，那时我 8 岁，没有上学前班，直接上了一年级。上课时，我们的老师虽然有时说一些腾冲方言，但多数时候还是用傈僳语。班里有几个汉族同学，我也不怎么和他们交流。所以，虽然会听一些汉语，但还是不会用汉语表达。有几件事情我记得很清楚。

上小学的时候，我分不清楚“狼”和“狗”的写法和意思。有一天放学回家，走到家门口，就听到我家那只小灰狗的惨叫声。我赶忙跑过去看，只见小狗的脖子上全是血，可能是拴它的铁链太紧了，把我吓坏了。我准备去告诉妈妈，可妈妈不在家。于是我跑到院子里，见到了一位大伯，他是爸爸的一个汉族朋友。我对大伯说：“大伯，你去救救小灰狼，它脖子上全是血。”他好像没有听懂我的意思，莫名其妙地望着我，没有理会我。我觉得很奇怪，大伯的耳朵很正常啊，怎么会没有反应呢？我又朝着他大声喊道：“灰狼脖子全是血！”他更是目瞪口呆地望着我。我实在没办法了，只好拉着他的手来到小狗边，用手势告诉他把铁链解开。这时，他总算明白了我的意思。大伯把铁链解开后，笑着告诉我：“这是狗，不是狼。”从那以后，我才分清楚“狼”和“狗”。

当时，我还分不清“你”和“我们”。记得有一次，我和弟弟在家门口玩，有一个人挑着一担东西来到我旁边，问道：“小朋友，你爸爸妈妈在家吗？”我和弟弟齐声回答：“小朋友，你爸爸妈妈不在家，你爸爸妈妈上山去了。”那个人笑眯眯地摇摇头走了。晚上，妈妈回来，我把这事说给她听，她告诉我们：“错了。应该说‘我们的爸爸妈妈不在家，他们上山去了’或‘不在家’。”

说到这里，我想到一个我们傈僳族学说汉语的笑话，这是因为词不达意闹的笑话。据说，我祖父以前交过一个汉族朋友，有一天晚上，那个朋友来家里，恰好祖父外出了，祖母不太懂汉语，可她是一个热情好客的人。祖母给这个朋友在火炉边抖[①]了一个地铺，床边的柱子上有一颗钉子。本来，她想说："今晚，你就睡在这里，你的衣服挂在那颗钉子上，等孩子他爸回来，叫他杀只母鸡做下酒菜。"但她说成："今晚，你就死在这里，你的皮子挂在那里，等孩子他爸回来，杀只母鸡拜祭你。"祖父的朋友听了很生气，连夜就走了。从那以后，他再也没来过我们家。这就是我们傈僳族学说汉语时闹的一个笑话。

真正接触普通话和英语是在初中，我们的任课老师是汉族人，班里汉族同学较多，电视、电影、录像也陆续进入我们的生活。上课时，所有的老师和同学都用普通话，但课后我还是喜欢讲腾冲方言。虽然当时不能说一口流利的普通话，但基本上能和他人正常交流，至于发音、语调以及理解还是存在诸多问题。有时说了普通话也不知道那是普通话，有时想说普通话却说成了方言。

普通话说得最好的是读师范那 3 年（1999—2002 年），因为那时候老师和同学都比较重视普通话，而且普通话是毕业时必考的科目。参加工作后，语言环境有了变化，我的母语慢慢说得多起来，其次是腾冲方言，普通话和英语水平逐渐滑坡，英语退化得最严重。

（三）难忘的中师经历

1999 年，我考上了保山师范高等专科学校，读了 3 年，上的是普师专业。当时选择报考中师，主要是因为中师生一毕业就可以有工作。农村家庭的孩子，如果要去读大学，没有那么好的经济条件支撑，所以，我们班成绩比较好的都读了中师。在保山师范读书时，我们普师专业主要培养小学教师，所以英语、语文、数学、音乐、体育、美术这些科目都要学习，基本上是全科教师的培养模式，因此这些科目我都可以教。而且保山师范管理得也特别严格，包括学习、卫生、课外活动等，都管得比较严。所以，在保山师范读书，我学到了很多东西。

在保山师范上学，我留下了很多美好的回忆。记得我们普师专业里，同学们都叫我"快乐鸟"，可能是我爱唱爱跳的缘故，总是能给大家带来欢乐。当时，我和腾冲的三个同学关系特好，她们分别是邓小叶、尹玲敏和王维维。师范 3 年，我们 4 个人几乎形影不离，她们不仅在学习上帮助我，在生活上也特别关心我。

---

① 抖，铺。

比如，每次我们外出游玩，她们都会提醒我多带衣服。那时，我每月生活费要家里邮寄，最快也要五六天才能收到。每当我快没有钱花的时候，她们都会跟我说："阿芳，钱用完了我这还有。"我听了很感动，特别感谢她们对我的关心，她们为我做的点点滴滴，至今还历历在目。总之，我觉得从小学到师范学校，我总是能遇到好老师、好同学。

记忆比较深刻的是考普通话这件事。我考了两次普通话都是"三级甲等"[①]，是普通话水平测试"三级六等"中的倒数第二等，主要是我的腾冲方言口音太重，加上傈僳语的影响，我的普通话发音存在各种问题，如"yi"和"yu"，"jin"和"jian"，前鼻音与后鼻音等，这些我都分不清。尤其是第二次测试，结果还是"三甲"，那时我几乎崩溃了。为此，我特别伤心，还逃了半天课。后来，在同学和老师的再三安慰和帮助下，我开始苦练普通话，终于到第三次考试时取得了"二级乙等"的好成绩。那次之后，我才知道什么叫"功夫不负有心人"。2002 年 7 月，我毕业了，被分配到滇滩镇棋盘石小学任教。

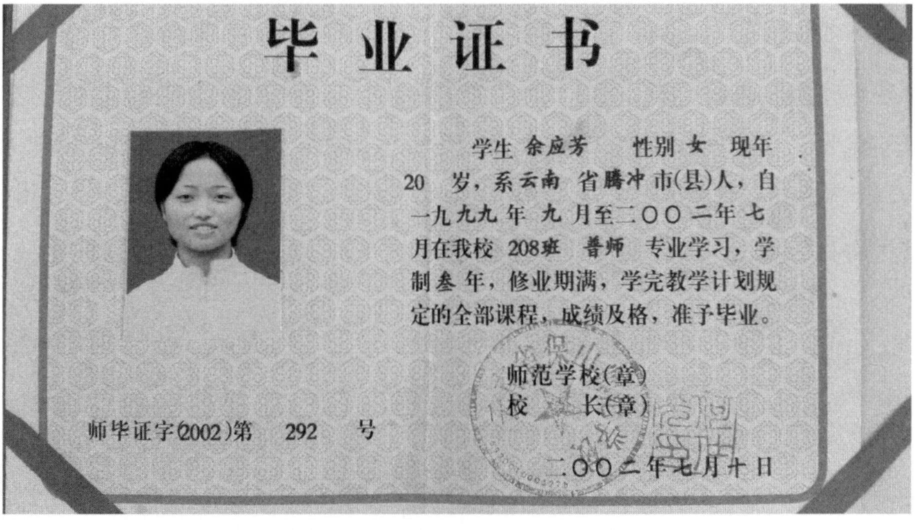

余应芳老师的中师毕业证书（2002 年）

① 三级甲等，普通话水平测试的级别，即三甲。由国家语言文字工作委员会和国家教育委员会、广播电影电视部颁布的《普通话水平测试等级标准（试行）》（国语〔1997〕64 号）把普通话水平测试分为三个级别（一级可称为标准的普通话，二级可称为比较标准的普通话，三级可称为一般水平的普通话），每个级别内划分甲、乙两个等次。三级六等是普通话水平测试中评定应试人普通话水平等级的依据。

二、工作在艰苦的教学点

（一）只有两位老师的小学

棋盘石小学在棋盘石村里，这是一个傈僳族村寨。当时棋盘石小学只有三位年纪比较大的男老师，四五十岁，我们共同语言很少，有的时候觉得有点孤独。平时，我住在学校宿舍里，听听广播、备备课。那时候没有手机和摩托车，每周星期五下午放学后走路回家，星期天一大早就从家里往学校走，到学校都八九点了。我担心自己没有教学经验，承担教学任务有困难，一度想换个学校工作。后来，我想着自己是傈僳族人，如果我都不愿留在这里，谁还乐意安心地待在这里？如果我走了，孩子们有可能就没有人教了。我妈妈也说："不怕的，再难的地方都可以教的，只要认真教就行了。"

2003 年，我被调到三家村[①]单小。3 年之后的 2006 年 9 月，我来到了坐落在滇滩镇正北方的烧灰坝小学，这是一个教学点，地处边境，与缅甸板瓦只有一山之隔，虽然距滇滩镇集市只有 8 公里，但都是山路，非常难走。这里校舍简陋，信息闭塞，交通不便，很难留住老师。

现在我们烧灰坝小学只有一所木房教学楼，已经很旧了，有 4 间教室，其中 1 间为美术、音乐公用教室，其余 3 间是幼儿园中班和一、三年级教室。此外还有一排平房、4 间砖木矮房，其中 3 间是教师宿舍，我就住在其中一间，另外一间是伙房。还有一间简易房作为学生餐厅，也是下雨天时学生的娱乐场所。

烧灰坝小学木质教学楼（2015 年）

---

① 三家村，地名，隶属于腾冲市滇滩镇联族村委会。

现在学校只有4位教师，其中有两位在编教师，两位烛光教师[①]。我和余正昆老师分别担任一、三年级班主任及语文、数学的教学。烛光教师柴聪文老师负责幼儿园中班，另一位烛光教师麻旺德老师负责一、三年级的音体美学科的教学。我们4人还共同负责学生营养餐工作，聘了一位本地人胡立凤给学生煮营养餐。

现在全校共有70多名学生，全部是傈僳族孩子。他们分别来自烧灰坝村民小组、核桃园村民小组、横山村民小组。我们学校只办到四年级，学生读完四年级就要到滇滩镇水城完小读书。由于实行隔年招生，我们学校每年只有3个班，今年（2016年）有幼儿园中班，还有一年级和三年级。

这是现在（2016年）的情况，我刚来的时候条件比现在还艰苦。当时，这里只有两位老师，一位是代课的幼儿老师，还有一位是要退休的校点负责人，是在编老师。因为他马上就要退休了，中心校就让我提前来烧灰坝小学跟他学习一下。因为如果学校只剩一位代课老师也不行，至少要有一位正式老师，这样我就来到了烧灰坝小学。

烧灰坝小学的一间教室（2015年）

① 烛光教师，参与“烛光行动”的教师即“烛光教师”。“烛光行动”为旨在改变边远贫困山村的教育现状的一个公益项目，项目主要通过利用民间捐赠的专项基金，为边远贫困山区的村级完小或乡一级中心小学解决以下问题：健全齐备的师资力量，建立合理的配合机制，完善长期的培训模式。

当时烧灰坝小学还没有教师宿舍，我就每天早上来学校，晚上回家。后来，我受聘为烧灰坝小学负责人，每年都担任班主任，承担所有学科的教学。自开办营养餐以来，我的任务更重了，从采购到管理样样参与。特别是下雨天，道路变得泥泞不堪，我常常是冒着大雨，到集镇上买菜，有时车走不了，还得下车挑着走。

刚当老师时，因为教学经验有限、教法单一，不太会因材施教，而且是“丈二和尚摸不到头脑”，找不到有效的教学方法。比如，教一年级学生加法，得让学生从生活、图画、实物等多角度来认识、理解加法的含义，并逐渐理解“加法是把两个数合起来”，这样才会让学生举一反三。记得有一次我让学生做这样一道题：“小白兔拔了 20 个萝卜，小灰兔拔了 35 个，它们一共拔了多少个？”一个学生回答：“35-20=15（个）。”这时我就问他：“你有 1 元钱，老师有 2 元钱，我们一共有多少元钱呀？”他回答：“3 元。”我问：“你是怎样算的？”他说：“1+2=3（元）。”“刚才的题和这个题一样吗？”“老师，不一样，刚才是萝卜，现在是钱。”可见，他还是没有理解什么是加法，没有把知识和生活经验联系起来。于是，我说：“老师把这个题目变一变，老师有 1 个萝卜，你有 2 个萝卜，咱们一共有多少个萝卜？”他马上说：“3 个。老师，我懂了。”

还有一次，我让学生记生字。我跟他们说：“今天，谁记住了谁就先回家，记不住的留下扫地。”有个学生说：“那我扫地，反正我记不得。”听了之后，我真是没办法，只好让他照着课本写一遍。当时，对这样的学生，我也不知道该怎么办。总之，刚参加工作的时候，我的教学经验很有限，这给我带来了很多困扰，不过现在好多了。

（二）用“全身动作反应法”[①] 教学

2012 年以来，我参加了教育部—联合国儿童基金会“移动教育资源与培训

---

① 全身动作反应法，也叫“肢体反应教学法”，英文为 Total Physical Response，简称 TPR。该教学法力图通过肢体动作来进行教学，是一种建立在言语和行动和谐一致基础之上的教学法，其最大的特色就是用具体、形象的肢体语言帮助学生学习。

中心”项目[①]举办的多次培训，并担任了我们腾冲市的项目乡级导师[②]。作为项目学校的负责人，我感触很深。自项目实施以来，跟过去相比，学校确实有脱胎换骨的变化，学校里有了故事书、体育器材、音乐器材、教具等，许多教学难题得到解决，学生有了更多的学习空间和娱乐空间。最重要的是，老师和学生的精神面貌都发生了积极的变化。此外，负责该项目的专家、领导及县乡级导师陆续到我们学校进行指导和帮助，我们老师也经常外出学习，我们的教学方法得到了改进，教学质量也有了很大的提高。每一次外出学习和专家来指导，我们都有很大的收获。

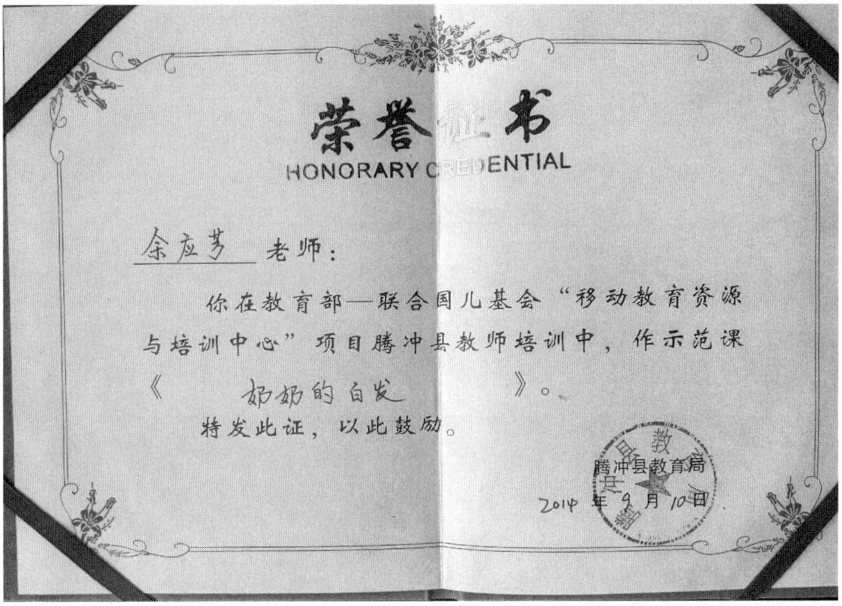

余应芳老师的“移动教育资源与培训中心”项目示范课证书（2014年）

---

① 教育部—联合国儿童基金会“移动教育资源与培训中心”项目，是联合国儿童基金会和教育部教师工作司合作项目之一，该项目有六个项目县，分别是四川省广元市苍溪县、青川县，甘肃省陇南市西和县、平凉市崆峒区，云南省腾冲市和景洪市。该项目旨在探索依托“导师制”、建立“县级教师支持服务体系”，结合当地的民族特点和教育发展需求，探索语言和文化适宜的教育学理论和教学方法，使少数民族地区的教师获得专业发展和教学支持，让少数民族地区的学生改善学业表现，获得优质的教育。同时，也为改善少数民族地区基础教育质量积累可推广的经验。该项目的首席专家是北京师范大学中国民族教育与多元文化研究中心的郑新蓉教授。

② 乡级导师，“移动教育资源与培训中心”项目实行“导师制”，包括国家级、省级、县级、乡级导师四个级别。

在教学方面，“移动教育资源与培训中心”项目在项目学校推广“全身动作反应法”，我觉得这个教学法对教学的帮助太大了。过去，我也使用过类似的教学法，但对它没什么认识。项目实施以后，我对这种教学法有了较为全面的了解，在我的教学中这种教学法也得到了很好的运用。

上课的时候，我会灵活运用项目专家教给我们的语言与文化适宜的教学法和 TPR 教学方法。我发现，这个方法能促进少数民族学生的语言表达，让学生用感观去体会知识，再逐渐过渡到语言表达，能够化抽象为具体，让学生在快乐中学习，在合作中探究。我觉得这是提高我们少数民族教学质量的一个非常好的方法。

记得 2014 年 7 月，在腾冲参加培训时，姜琪老师和郭美香老师[①]带着我们做“照镜子”的活动，我对此感触较深。从活动中我体会到，我们的教学过程，就如照镜子。教师扮演的角色是照镜子的人，可以尽情地表演；而学生扮演的是镜子里的人，他们要迅速模仿老师的举动，难度较大。因此，教师要“蹲下来”看学生，跟他们共同学习和成长。在课堂中要经常互换角色，让学生也体验到成功的喜悦，从而激发他们的求知欲。

再比如，我喜欢图文结合和肢体语言教学，因为我们傈僳族的孩子比较爱

余应芳老师在上课（2014 年）

① 姜琪，时为教育部—联合国儿童基金会“移动教育资源与培训中心”项目腾冲市项目办公室主任，郭美香是该项目办的工作人员。姜琪、郭美香二人现在腾冲市教育局师训办。

动，哪怕是“开”“关”这样的词，也要让他想象一下怎么开、关，然后用手比画“开”“关”，一边说一边做，效果更好一点。再比如教“东、南、西、北”时，“东”要指向东方，还有“前、后、左、右”，都要在现实中指出来，这样，学生才能记得牢。背古诗的时候，我让孩子们看课本里诗人的画像，一些诗人长着很长的胡须，然后让他们做一做摸胡须的动作，想象自己就是诗人，想象自己应该怎么读这首诗。我也经常让他们用手把作业本做成一个小话筒，想象自己就是歌星，有的时候还让他们编歌，学生能够编出很多有趣的歌呢。

（三）编排傈僳族特色的儿童歌曲

为了调动学生的学习兴趣，我和同事们经常利用假期或周末的时间带着学生唱歌跳舞，让学生感到学校是一个充满欢乐的地方。“移动教育资源与培训中心”项目实施之后，我学习了一些现代教育理念和新的教学方法，尤其是乡土教材的开发，开始认识到身边的一切都是可以利用的教育资源。我们傈僳族特别喜欢唱歌跳舞，我就想怎么样把我们本民族的文化运用到教学中，营造一种轻松、活泼的课堂氛围。遇到难记、难以理解的知识点，我们就给它加上傈僳族民歌的旋律，编成各种儿歌，唱出来帮助学生记忆，如省份简称歌、钟表歌、单位换算歌等。钟表歌是这样唱的：“看表看分针，分针细又长，指着 12 是几点，指着 6 是几点半。”此歌只适用于一年级的同学。又如区分“桥、骄、娇”的口诀：“用木来搭

余应芳老师和学生们跳傈僳族舞蹈（2015 年）

桥，女人最娇美，古人有马最骄傲。”再如一年级的学生很难分辨左右，而傈僳族有这样一首三弦歌曲，能唱能跳：“打荞杆呀打荞杆，打荞杆呀打荞杆。出右手啊出右手，出左脚啊出左脚。”我们就带着学生多跳几遍这支舞。把知识趣味化、形象化，能唱就唱，能跳就跳，能编就编，用民族文化帮助学生记忆和理解所学知识，用各种游戏帮助学生巩固所学知识。

（四）傈僳族语文教学经验

从一开始工作，我实际上就是用“三语”教学，主要用普通话，遇到学生难以理解的知识点，就用傈僳语或腾冲方言解释一下。

我认为，少数民族儿童语文学习真是困难重重。从字词发音到字词理解，从句子的理解到运用，从理解课文到习作，都有不同程度的困难。我是从以下几个方面帮助学生克服语文学习中的困难的。

首先，字词发音。最困难的是后鼻音，尤其是“eng”和“ing”的发音。比如“蜜蜂”“星星”“影子”等。说到这里，我很惭愧，自己也经常读错。帮助学生克服的办法，也不怎么科学，我唯一能做的就是前后鼻音对照练习，有针对性地辅导。

其次，字词理解。形象性的词语容易理解一点，比如动词、形容词等。通常，我喜欢用一些肢体语言、绘画等方法帮助学生理解。抽象性的词语，对于我来说是很大的挑战，有时候觉得真的束手无策。我用的办法一般是举一些具体的例子，如“耻辱”“象征”“规律”等。

再次，句子的理解与运用。对于句子运用这一块，少数民族儿童时常会犯很多习惯性的错误，如语序颠倒、前后矛盾、重复啰唆、普通话与方言混淆等。语序颠倒主要是因为傈僳语与汉语的语序不同。汉语的主、谓、宾的位置是固定的，而傈僳语似乎不太讲究。如“你干什么？”“你去哪里？”傈僳语可以说成“nū à shi ye？”“nū ā liā jiē？”，也可以说成“à shi ye nū？”“ā liā jiē nū？”。如果按汉语的主、谓、宾顺序来说就是：“nū ye à shi？”“nū jiē ā liā？”就是说，傈僳语的主语放前放后没关系，而宾语一定要放在谓语前。因此，傈僳族学生在刚刚学说汉语时经常语序颠倒。

有一次，我在黑板上写字，一个学生来到我旁边，满怀好奇地问我：“老师，你什么做？”。话音刚落，旁边的同学哄堂大笑，他不好意思地低下了头。我对同学们说：“我不明白你们在笑什么，谁能给我说说吗？”其中一个学生说道：“他刚才把话说反了。应该是：‘老师，你做什么？’”我表扬他说：“很好，你能帮同学纠正错误。但老师想说的是，刚才这位同学有很多闪光点。第一，遇到不懂的问题就问；第二，会用傈僳语序把话翻译成汉语；第三，他不怕出错，敢于表达。我觉得他很了不起！”这时，笑他的同学有点不好意思，而提问的学生有点自豪。接着，我把汉语和傈僳语的一些不同之处告诉他们。从那以后，班里大部分同学都敢大胆发言，再也没有出现嘲笑人的现象了。

最后，课文学习与写作。童话、诗歌和故事性的课文，学生比较感兴趣，学起来比较轻松。一些说明性的课文，尤其是那些介绍现代化科技产品的课文，学生学习起来比较困难，这可能跟他们的生活环境有关。少数民族学生多数生活在大山里，平时不怎么接触这些东西，这些东西对于他们来说比较陌生。比如，《奇妙的国际互联网》《水上飞机》，教这些课文时，我主要借助图片、电视、网络等帮助他们理解。

其实，以上的这些问题都是环环相扣的，在教学过程中，只要教师勤于思考，办法总会有的。

此外，根据我这十几年在少数民族地区教学的经验，要让傈僳族学生克服

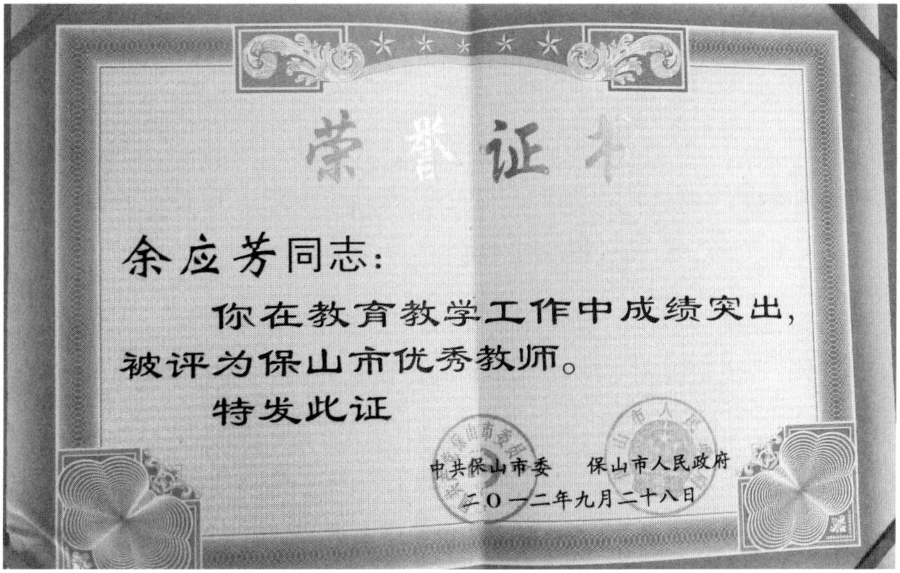

余应芳老师的“保山市优秀教师”获奖证书（2012 年）

语言学习困难，教师必须做到以下几点：首先，帮助学生排除心理障碍，由于学习语文的种种困难给学生带来了很大的压力，导致他们对语文学习多少有一些畏惧心理，所以教师要帮他们树立信心；其次，努力给学生创造条件，上课尽量说普通话，鼓励学生大胆发言；再次，老师要有善于发现问题的敏锐性，并及时给予指导。

（五）关心傈僳族留守儿童

因傈僳族地区贫困落后，家长对教育不够重视，多数家长没有文化，无法指导孩子学习，学生所有知识都要靠教师传授，而且学生学习汉语难度大，辍学、逃学现象常常出现。作为烧灰坝小学的负责人，我常常挨家挨户去家访，力争逐渐转变家长的观念，取得家长的支持。有时周末我会放弃休息，去学习特困难的学生家里辅导作业。

余应芳老师在家访（2015 年）

我特别关心我们学校的留守儿童，有些留守儿童调皮捣蛋，有些沉默少语。对于这些孩子，我觉得要多陪伴，多关心，让他们明白，父母在外也想着他们，父母最大的心愿是他们在家里做个好孩子，在学校做个好学生。我经常告诉他们，有啥事可跟老师说，老师会为你们解忧。现在我每天都住在学校里，这样周末两天学生都可到学校玩耍。有时候，我还利用周末辅导他们做作业，带着他们一起做家务，煮上一顿香喷喷的饭给他们吃，有时还和他们唱唱歌、跳跳舞，让他们感受到家的温暖。对于那些不完成家庭作业的学生，每天放学后我还抽出半个小时的时间做辅导。

傈僳族的一些孩子虽然有时候不善表达自己的想法，但他们活泼好动，所以在班级管理方面，我就注意扬长避短。比如，我会在班级里树立积极向上的学风，在班会上让学生谈谈理想，讲讲故事；我会让学生感受到学习是有趣的，并利用其特长激发学习兴趣，同时抓住学生的点滴进步，及时鼓励表现好的同学。比如，一个平时只考四五十分的学生，有一次考了七八十分，我会表扬他说："你真了不起，进步真快。"

我也抓纪律。学生玩时要痛快，学时要认真。课堂上，当多数学生注意力不集中时，有时我就讲个笑话或玩个游戏来轻松一下。除了纪律，我还注意对学生进行品德教育。如学《陈毅探母》这一课时，我让学生说说该如何做，家访时还问家长孩子在家是否真的做了。还让他们观察身边做得好的同学，看哪些地方值得自己学习，哪些可做，哪些不可做。通过和自己的经验发生联系，学生们能够在实践中提升品性修养。

三、家庭是温馨的港湾

2004 年，我在三家村单小工作的时候，和我的先生结婚了。我先生是保山人，他的一个亲戚家在这里，当时他经常来这里，然后我们就认识了。结婚的时候，我们算是裸婚，什么都没有，虽然有很大的压力，但是我们感觉很幸福。

（一）突如其来的变故

女儿出生后，家里只有我一个人照顾孩子。当时我已是烧灰坝小学的负责人了，因为忙于工作，就请了村里的一个大妈帮我带孩子，每天早上 6 点左右她来背女儿，下午放学我去她家把女儿接回学校。女儿 7 个月后就被放到奶奶那儿，本来想着能松口气了，可现实很残酷，女儿开始生病，而且病情越来越严重。为了给女儿看病，每天下午放学后，我都背着她去镇上的医院打针，周六、周日又带她去输液，她几乎每天都要吃药。后来，我就背着她上课。不仅身体累，更主要的是精神特别难受。因为我看到别人家的孩子都长得那么好，而女儿一天天憔悴下去，我心里特别痛苦。女儿到 3 岁零 8 个月时永远地离开了，把我的一切希望都带走了。有的时候我想，如果不当老师，我每天都陪着她，可能她就不会这样了。

面对突如其来的变故，我整天以泪洗面。当时我丈夫外出打工，放学之后我觉得很孤独、空虚、难过，很多时候只能靠读书充实自己。后来，腾冲市教育局的一位局长来看望我们，对我说："余应芳，其实在哪里工作都是一样的。有的时候在山里认真做一辈子，做出的事情可能比在外面还要好一些，你只要努力就行了。"他的话深深打动了我。我们前任校长余仁老师也对我说："余应芳，啥事儿都别想，安心养病，身体是自己的，教书是一辈子的事儿。"听了他们的劝说，我慢慢调整好心态，把悲伤痛苦装在心里，全身心地投入到工作中，尽自己的努力把能做的做好。

（二）我的一家很幸福

2010 年，我又生了一个孩子，我给他取了一个小名叫"天佑"，希望他健健康康地成长。我想多抽时间来陪伴孩子，但是学校的工作又放不下。现在（2016 年）孩子已经 6 岁多了，基本上都是他一个人玩耍。还好我出去办事的时候，幼儿班的柴聪文老师和余正昆老师都帮我带他。

每年冬天，我们学校都会缺水，每天放学，我都要拉着儿子，爬到离学校约 400 米的山沟去找水。有时感觉很累，但这是我在一天当中唯一能留给儿子的时间，看着他在我面前又唱又跳，我心里有种说不出的痛楚。记得有一回，我外出学习，晚上 10 点多钟才赶回学校，竟发现他一个人坐在门口，说是等我，看着这一幕，我忍不住哭了。我希望我的孩子天佑能够平平安安、快快乐乐，未来他乐意做什么，我们都支持他，只要是对我们这个社会有用的、有意义的事情我都支持。

我们家离学校也就 400 米的路程，虽然不远，但我基本上都是吃住在学校。在学校里除了上课，总有办不完的事，学校里的房前屋后、教室门窗、菜园、绿化区、清洁区等都要照顾到，基本上把所有的精力都投入到了学校的工作中，有时两三个星期都回不了一次家。家里因为无人打理，院子常是杂草丛生。对于父母，我也感到很内疚，不但不能给他们创造良好的生活环境，连平常陪伴的时间也没有，有时还让他们为我操心。有一天清早，我刚起床，妈妈就来到学校，我问："妈妈，有事吗？"她回答说："这几天没见你，以为你病了，特地来看看你。"听了妈妈的这番话后，我心里特别难受，因为工作忙把孝道都抛在了脑后。

余应芳老师的全家福

2013 年我生了一场病，那段时间是我人生中最痛苦的一段时间。当时，医生说如果我再迟两年看病的话，可能就医不好了，到现在我的身体都不是特别好。带四年级时，每天下午上课的时候，我都非常难受，就回宿舍休息一下，如果还能坚持的话，我都会回教室继续上课。如果没有对孩子的牵挂，我几乎失去活下去的动力了。我想对关心我的人说："谢谢，若没你们，我不会这么快回到讲台上。"

四、耕耘在家乡的土地上

工作十几年了，我得到了学生和家乡人民的认可。我曾七次获得"滇滩镇先进教师"称号；2012 年，我被保山市、腾冲县先后评为市级和县级先进教师，被滇滩镇人民政府授予"边境民族教育特别奖"；2015 年，我被腾冲县评为"最美腾冲人"。我要继续努力，不辜负家乡人民对我的期望。

余应芳老师的“边境民族教育特别奖”获奖证书（2012年）

烧灰坝是我的家乡，这里的人都认识我，要么是我的亲戚，要么跟我是一个家族的，他们特别支持我们学校的工作。每次组织学生跳舞，学校一放音乐，在家闲着的家长都会来学校看学生表演。家长说：“希望你们多组织这样的活动，让孩子们跳一跳，你们老师多辛苦一点，就能帮我们多带一带。这样能让我们家长省心一点，也能让学生学习唱歌跳舞。”有了村民的支持，我在这里工作更有动力了。

我觉得，在条件艰苦、交通不便的边境学校任教，除了要对教育事业抱有满腔热情，还要耐得住寂寞，要学会自己寻找乐趣，比如，内心空虚时可以画画、唱歌，或者做一些有趣的事情让自己充实一点。虽然这里条件比较艰苦，但为了傈僳族的孩子们，我要一直坚守在这里，我想成为一名出色的老师，不管面对怎样的学生，都能够让他在原来的基础上有所进步。

我希望通过我和同事的努力，孩子们能够打好基础，哪怕是学习成绩最落后的，将来也能够学得一技之长，可以跟得上外面社会的节奏，生活得更幸福。有一次，一位记者采访我：“是什么力量使你在这里默默坚守十几年？”我回答说：“没有太多的理由，这是我的家乡，我深知知识对一个人的重要。”

今后，我会继续在这片土地上努力工作，为我国边疆教育事业奉献我的全部力量。

访谈后记

余应芳老师是云南省腾冲市滇滩镇烧灰坝小学的负责人。2015年10月19日，我们一行5人到腾冲市进行教育部—联合国儿童基金会“移动教育资源与培训中心”项目调研。在当时的腾冲市项目办公室主任姜琪老师的带领下，我们来到项目学校烧灰坝小学，余应芳老师也是该项目的乡级导师。在了解项目实施情况之后，余应芳老师带我们参观了学校和烧灰坝寨子。其间，我们对她进行了访谈。调研工作结束后，王成龙再次回到烧灰坝小学，住在学校里，先后对她进行了三次深度访谈。2016年7月，我们又通过电话、网络对余应芳老师进行了补充访谈。访谈时间共约10个小时，访谈用语为汉语。

作为傈僳族老师，余应芳老师特别了解傈僳族学生的学习难点和存在问题。在教学中，她想方设法帮助学生克服困难。尤其是在“移动教育资源与培训中心”项目的支持下，她把傈僳族歌曲、舞蹈灵活运用到教学中，激发了学生的学习兴趣，取得了非常好的教学效果。她是最能理解该项目诸多教育理念的优秀乡级导师之一，她的一些事迹及对傈僳族教育的思考，被作为项目成果之一，部分发表在《中国教师》[①]上。

作为一位长期工作在艰苦的中缅边境教学点上的“80后”女老师，余应芳老师十几年如一日，克服了很多常人难以想象

---

① 王成龙，吴俊毅．扎根边疆，培育希望：中缅边境傈僳族余应芳老师口述历史[J]. 中国教师，2016（3）下半月：90-94.

的困难，取得了突出的成绩。她多次被评为镇、县、市级先进教师；2012年，她获得了滇滩镇人民政府授予的“边境民族教育特别奖”；2015年，她被家乡人民评为“最美腾冲人”。这些称号，余应芳老师都当之无愧！

此文整理完成之后，经过了口述者本人的修改和审定。

青年班主任的成长之路

口述者：李朝云

访谈者：任梦莹[①] 魏曼华[②]

郑新蓉[③]

整理者：任梦莹

修订者：阿呷热哈莫[④] 魏曼华

王成龙[⑤]

① 任梦莹，深圳市福田区教育局科员，访谈时为北京师范大学教育学部 2013 级硕士研究生。

② 魏曼华，北京师范大学教育学部副教授。

③ 郑新蓉，北京师范大学教育学部教授。

④ 阿呷热哈莫，彝族，四川师范大学教育科学学院讲师。

⑤ 王成龙，北京师范大学教育学博士，国家教育行政学院培训部教师。

李朝云，女，1984 年生，回族，新疆维吾尔自治区喀什市人，出生于河南省。2008 年毕业于喀什师范学院[①]汉语言文学专业，2009 年在喀什地区疏勒县八一中学工作至今。

① 喀什师范学院，2015 年 4 月更名为喀什大学。

一、一心想当老师

（一）和父母不亲

我父母是河南人，都是回族。我出生在河南，两三岁时父母到新疆工作，后来就一直待在新疆了。我就在老家和奶奶、姑姑一起生活，直到八岁，妈妈回河南把我接到了新疆。

我到新疆已经 20 多年了，中间一直没回过老家。我父母回过两次，第一次是我还在姑姑家的时候，我爸爸想把我接到新疆去，但是那时候我对他好陌生，脑子里完全没有关于他的任何印象，不愿意走，甚至不愿意叫他爸爸。爸爸拉我的手出去买东西，我也不愿意，甚至不愿和他待在同一间屋子里，爸爸在里面我就出去，不敢靠近，只会扒着门悄悄地看。我爸爸特别伤心，都哭了。后来爸爸回去了，是自己一个人走的。记忆中在姑姑家的日子是快乐的，因为有很多小伙伴，可以一起上学、放学。去学校的路上有一条小河，到了春天，里面有很多的小蝌蚪，可以拿着漏勺去捞，真的太多太多了。还有一件事让我记忆犹新，有一次和小伙伴们爬到树上去抓知了，我着急从树上下来，就直接抱着树干滑下来了，下来一看，肚皮都磨破了，小时候我比较胖，感觉肚皮被磨得都快冒油了，呵呵。第二次是 1992 年，我妈带着我三岁的弟弟回来，把我接到了新疆。

这次我来北京进修，国庆的时候回河南老家了，去看了我姑姑。自己觉得新疆是我的老家，因为毕竟这么多年都生活在新疆。但是我姑姑在河南，所以无论如何我都会找机会回去看望她。

八岁那一年，也就是 1992 年，去了新疆之后我就跟我父母住在一块，我们家在新疆生产建设兵团农三师 45 团。那时候我已经大了，开始懂事了，和父母之间的关系不是特别融洽，没有特别亲切的感觉。我爸爸是特别老实、木讷少言的人。我妈虽然话不是很多，但是很严厉，所以我和她之间关系一直都不太融洽。而且我妈脾气大，我脾气也大，我俩吵架不分上下，这种不融洽的关系一直持续到现在。我虽然认同妈妈严厉的教育方式，但是对于我们之间的感情，直到现在我都觉得特别遗憾，我们没有母女之间的那种亲密关系。现在想来，这和我从小没有和他们在一起生活有很大的关系。所以现在，即使我们夫妻俩上班比较忙，我们还是坚持把孩子带在自己身边，晚上下班回去即使很累，我还是会自己带着孩子睡觉，给他讲故事，跟他聊天。我觉得，一个孩子从父母那里得到的爱和来自爷爷奶奶的爱是不一样的。有一回，我妈跟我说，还是自己带孩子好，扔给老人不行。她虽然没有多说，但我想，对于我们之间的关系，她也是耿耿于怀吧。

我觉得自己不算是个合格的姐姐，因为我对妹妹的关心不及她对我的关心。我妹妹和我弟弟更亲一点，我妹妹和我妈也更亲。我弟弟是 1989 年出生的，现在是一名警察，还没有成家。妹妹没工作，住在离我比较近的地方，结婚了，生孩子比我早。我父母自己生活。

喀什市周边有 12 个县。父母住的地方属于麦盖提县。我住在喀什市里，我丈夫在喀什市上班。我上班的学校叫疏勒县八一中学，那里离我家七八公里。

（二）到新疆上小学

小时候我在河南姑姑家上到了小学二年级，当时上的是村里的学校，但是到了新疆之后，又重新从一年级开始上。当时的插班考试考得也不怎么样，拼音也不怎么好，所以就从一年级开始上了。主要是刚过去那会儿，语言上不适应，因为兵团基本上普通话还是说得比较多的，但是我在老家说的都是河南话，所以在拼音那块就不怎么好。插班考试我数学考了 80 多分，语文考了 73 分。但是那次回家我挨了一顿骂，因为我妈妈觉得考得太差了，骂得挺凶的。

在 45 团小学，我从一年级上到了六年级。1992 年上的一年级，那学校是一所旧学校，平房，冬天还架炉子。插班考试没考好挨骂后，我就努力学习，后来成绩就好了，一直都特别好，经常在班里考前三名。我觉得人的自信主要来源于自己的能力。那应该是我最自信的一个时期了。

在新疆读小学的时候对我影响比较深的老师是我的班主任。从我开始在新疆上学她就一直带我，她那时候刚大学毕业，很有激情。老师的肯定和信任挺容易让人建立自信心的。这个阶段应该是我整个求学生涯中表现好而且又自信的阶段，每年都不会落下三好学生、优秀班干部等荣誉。我觉得这些是老师对我的肯定。

我们家离学校很近，有时候周末班主任会叫我们去教室写作业，她看着我们写，寒暑假也会这样。她喜欢打乒乓球，我们同学里面也有会打乒乓球的，写了会儿作业会和她一起打一会儿乒乓球。她对我写字还是挺关注的，我经常被她叫到黑板上练字，她看着我写，但最后我的字还是没练好。冬天屋里烧暖气，她就在办公室里面让我们把脏衣服脱掉，洗干净，然后往暖气包上一搭。烤干了，我们就穿上回家去了。我和我的这位班主任到现在还保持着联系，我们关系挺好。

45 团小学学生基本上是汉族人，因为我们团少数民族比较少。我们团有一个连队维吾尔族人可能比别的连队多一些，别的连队基本上都是汉族人。我们团住着各个地方来的人，有些在兵团住了十几年或者几十年，有爷爷奶奶辈就来新疆的，也有像我这样跟随父母过来的。大家在家说方言，在学校里说普通话。

（三）高中成绩下滑

团场小学的学生大部分是本团场的孩子。但是中学不一样，周边别的团场的学生也会到我们那儿去，倒不是因为没有中学，而是因为我们的中学办得名气大一些。因为在 90 年代，我们那所中学还出过考上清华大学的学生。我们那儿分兵团和地方，所谓的地方就是市、县、村，而兵团基本上就是师、团、农场、连。

我初中时学习成绩还可以，我们年级有六个班，我的中考成绩排年级第二十几。那时候倒也不觉得学习有负担，不觉得有竞争压力。

高中的时候我数学不好，英语、语文都还行，但数学对我来说真的挺难的。我从初三开始数学就不太好了，到高中数学就挺差的了。我也努力学过，但就是提高不了。到最后我的态度就是把会做的做对就行，不会做的也不管了。

初中同学里面不念高中的可能上中专，辍学的挺少，基本上都会上学，而且父母都挺重视教育的。虽然地方上工资相对高一些，但那时我父母没有去地方工作，就是因为在兵团上学方便，而且兵团的教育要好一些。我妈是高中毕业生，我父母那个年龄段的人很多是文盲。我妈那时可以考老师，但如果去当老师，一方面工资不是很高，另一方面弟弟妹妹还很小，她不可能不带孩子而去上班。但她的思想不同于一般农村妇女的思想，她还是挺重视教育的。

（四）考上喀什师范学院

高考我考了 450 分，算是正常发挥，其实高三下半年我没怎么好好看书学习。因为我们不住校，晚自习可上可不上。我有时候去上晚自习，有时候不去上晚自习，就在外面草坪上坐着聊天，那个学期就那样过去了。我妈本来想让我复读，但是喀什师范学院录取通知书来了，我不想复读，就去上大学了。

我大学学的是汉语言文学，当初高考填志愿的时候就是一心想当老师。我读的是文科，自己内向，话挺少，觉得和学生打交道会好一些。有两名老师让我印象深刻，一个是我的小学班主任，另一个是初三的政治老师。政治老师个子瘦小，但雷厉风行、风风火火的，我很少碰到她发脾气，感觉她总是特别高兴。在选专业的这个问题上我并没有和父母产生冲突，他们也觉得当老师挺好的。在他们的观念里，对于一个女孩子来说，当老师是一个很好的选择。

大学课程包括现代汉语、古代汉语、文学史之类，还有先秦文学，一直到明清文学、现当代文学、外国文学。其实在语文课上让学生感兴趣的不只是课内的内容，更多的是课外的拓展。如果老师讲的是学生不知道的东西，学生就会特别感兴趣。我们学文学史的时候，有很多作品简介、作品赏析，对这些内容以及上大学期间自己看的一些书，我都会有自己的理解。到我走上讲台时，跟学生讲跟教学内容有关系的拓展性知识时，会发现他们的眼神都不一样了。而且像文学作品的讲解，很多都是故事性、描述性的，可以添加一些自己的主观情感。讲一些学生不知道的东西，学生会很感兴趣。这些都得益于我在大学受到的教育。

二、学习当班主任

我们学校汉族学生和少数民族学生都有。一个年级有 10 个班，其中有 6 个汉语班，4 个双语班。双语班的学生比汉语班要少一些。汉语班有五六十个学生，双语班只有 40 多个学生。我们学校双语教育一直办得不错，招生录取有比较高的分数线。每年中考结束学校都会按照内高班考试分数线来划定我们学校的录取线，都是择优录取，这样生源自然好了。汉

李朝云老师在辅导学生

语班里也有少量的少数民族学生，一个班可能有 10 个左右。不过以后会越来越多，因为现在很多少数民族孩子在幼儿园都是接受双语教育，他们的汉语基础很好。很多家长也愿意让孩子读汉语班，高考时作为民考汉学生，以后无论是到外省还是在新疆都更有空间。

（一）愿意当班主任

刚工作的时候，我特别投入，特别希望能成为一个像我小学班主任那样的老师。我觉得我受她的影响特别多，她是我印象最深刻的老师。我觉得老师做成那个样子，确实比较让我敬佩，且不说她的专业知识有多强，就看她对工作和学生的那份热情和态度，都是我一直想要学习的，并且我希望能够做到她那样。那时候她经常叫我到黑板上练字，我字写得不好，她就一直叫我练。假期时她时常让我们到她家，看着我们写作业，还帮我们洗衣服，带着我们出去玩。一直到后来跟她分开之后，只要我俩聊天聊到她的工作、学生的时候，她仍然充满热情。

在她的影响下，我觉得当班主任挺好的，虽然责任要大一些，但压力倒没有特别大。我一贯的想法是，别人能干好我也能干好，即使我干得不是最好的，我决不会让自己成为最差的。如果有幸成为最好的，那我会很高兴。当班主任让我更有成就感，尽管付出多一些，且每个月最多多收入一百多块钱，但是我还是愿意当。因为当班主任，在班里和孩子交流的时间会比较多一些，学生也会和你比较亲。班主任与学生是荣辱与共的。

虽然在班级管理当中会遇到一些麻烦事，但是我并没有想过放弃，包括我怀孕快生的时候我那个班还是自己带着，我都没有想过说不带了。

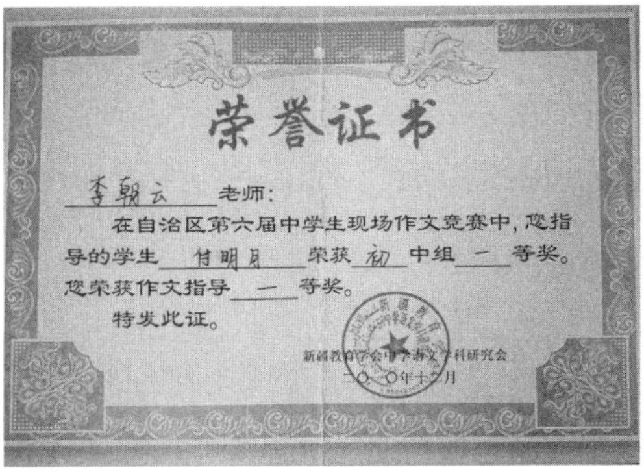

李朝云老师的作文指导获奖证书（2010 年）

李朝云老师的“优秀教师”获奖证书（2011 年）

（二）班级管理的感悟

2009 年，我接手了另一个班。这个班有两个特别的学生，在上学期已经跟当时的班主任发生过很多不愉快的事情了。我对这两个孩子没有特别强硬，而是半开玩笑地教导，或者是“敲”他们两下、夸他们两句。用什么方式教育孩子跟孩子的性格有关系，你得看他是什么样的学生，才决定对他采用什么样的教育方式。这两个小孩就属于特别的，就不能跟他们太有距离，不能跟他们“硬着来”。适当的表扬，以及对学生的信任是很重要的。我让那两个特别的孩子当班干部，让他们帮忙做各种他们能做的事情，这样一来，他们就慢慢转变了，不再是调皮捣蛋的孩子，变成了助人为乐的孩子。班里还有两个学生特别积极，特别喜欢表现，那我就让他们去表现。所以我带了一个学期，他们的表现还挺好的。带得这么顺利也和我之前的班主任经验有关系。

我当班主任的经验有两条：一是面对不同的学生得用不同的教育方法，二是得有比较能干的助手。我有一个助手，是我们班的班长，一个小女孩，但年龄要比同班的同学大一点。女孩要成熟得早一些，而且心思更细腻。小女孩挺敏感的，刚开始我不知道选谁当班干部，大家就推荐这个女孩，说她原来当过，当得挺好的。在做班长的过程中，我也发现她的确还不错，各方面都还得心应手。后来她就骄傲了，很明显状态不一样了。她成绩不太好，但是投入到工作上、班上的热情特别大。跟她谈话的时候，她的态度特别好，但也特别敏感，如果今天跟她谈了话，那明天一定会收到她写的一封信，一定会问我是不是对她工作不满意，是不是觉得她不好，她希望自己做得更好，害怕让老师失望。我就跟她说：你需要干的事情就是把你的这个热情投入到学习上去，其次才是帮我管理班级。我不希望你用全部精力来管理班级而不顾自己的学习。

我发现这个女孩需要表扬，表扬过后她的状态立马就不一样。你要是批评她一次，她马上反应很激烈。我跟她好好说过，她经常给我写信，一些特别小的事情在她看来就特别大。后来我发现她没有特别大的改变，就有点失望了，刻意地冷落她，有一回我还批评了她，批评得比较严重，很多事情都不让她去干了。冷落她一段时间之后，我就找她谈话，说希望她先抓学习，希望看到她更好的表现，各方面都有进步之类的，把我的期望告诉她。这种冷落她的方式也是我的一种经验。后来大概一个学期的时间，她变化挺大的，并且特别明显，不管是学习方面还是为人处世都没有那么骄傲了，变得谦虚了。

看到她进步之后，我再次让她参与协助管理班级的工作，她的变化和成长简直是突飞猛进的。在年级里头，这个小女孩算是最能干的了。她不仅是学习好，在管理班级、当班干部、跟同学打交道、跟老师打交道方面都很能干。

我在对待少数民族学生和汉族学生上不会有差别。我们班上的孩子们相处得挺好的。我算幸运的，碰到的学生大部分都是体贴、懂事的，所以我一直觉得能带那个班是我的幸运。同时，老师们在同一间办公室办公，平时可以互相交流，出谋划策，别的老教师对待一些事情、处理一些事情的经验也会对自己有所启发。可能是因为我带得比较顺，所以我不排斥当班主任，我甚至觉得当班主任挺好的。

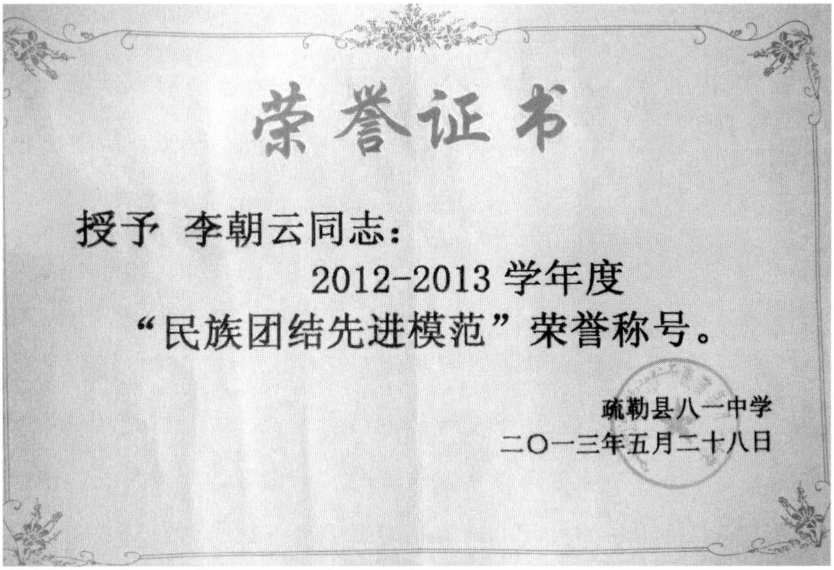

李朝云老师的“民族团结先进模范”获奖证书（2013 年）

在工作中，我希望和学生走得近些，因为这样更便于管理。我觉得一个教师最重要的品质，应该是对学生的爱。我甚至觉得业务水平反而没有对学生的付出重要，只有愿意付出，喜欢和学生在一块，才有可能做好一名老师。比起做行政工作，我更愿意上课，更愿意和学生在一块，享受和学生在一起的时光。

访谈后记

2013年9月至2014年6月，李朝云老师参加了由北京师范大学承办的“教育部‘新疆中学汉语骨干教师培训项目’（语文学科）”培训。魏曼华老师为该班讲授了“现代教育学”课程。

2013年12月18日，魏老师邀请该班部分学员和选修“教育社会学专题研究”的研究生参加座谈。在这一次的集体访谈中，我们第一次听到了李朝云老师的故事。通过当天的集体交流，我们获得了关于李朝云老师的初步资料，也自此建立了联系。

2013年12月24日晚，我们对李朝云老师进行了第一次单独访谈；2014年4月13日进行了第二次访谈。访谈时间共约5个小时，访谈用语为汉语。

虽然李朝云老师从教时间不长，但她讲述的故事非常具体生动。她最津津乐道的就是当班主任的心路历程，从刚开始当班主任的挫折，到后来对班级管理的感悟，可以看出她对班主任工作的那份用心和付出。

在李朝云老师看来，教师最重要的品质是对学生的爱。她非常享受和学生在一起的美好时光。这种对学生的爱和对教育工作的热情，会使她在教师之路上走得更远、更好。

此文整理完成之后，经过了口述者本人的修改和审定。

后　记

2012 年初，北京师范大学教育社会学研究团队决定将中小学教师口述史，尤其是乡村教师与少数民族地区教师口述史作为一项研究专题，希望用教育社会学的视角，研究社会角色与社会结构之间的关系，尤其是分析宏大历史叙事与微观叙述之间的关系。2012—2013 学年第一学期，我和郑新蓉、张莉莉、杜亮以及日本早稻田大学的新保敦子教授共同给研究生开设“教育社会学研究专题——中小学教师口述史”课程。此后至今，这个课程每年都作为研究生选修课程开设，先后承担这门课程的教师还有康永久、姜星海、胡艳，以及首都师范大学的樊秀丽、台湾台南大学的姜添辉、台湾中国文化大学的张建成、澳大利亚昆士兰科技大学的 Allan Luke 等。

之后，我们教育社会学研究团队和日本早稻田大学的新保敦子教授合作编写了《我的教师之路——中日中小学教师口述史》，该书收录了 6 位中国教师、5 位日本教师的口述故事，并于 2014 年由教育科学出版社出版。

2015 年 1 月 18 日，北京师范大学教育社会学研究团队负责人郑新蓉教授领衔的《乡村教师口述史系列》正式启动。我承担了《少数民族乡村教师口述史》一书的编写工作。

做口述史工作是一项细致活，从人物的选取、口述、整理、翻译、注释、照片选择、修订等都需要倾注大量的时间和精力。本书的完成是集体智慧的结晶，每一位口述者、访谈者、整理者、修订者，都为本书做出了非常大的贡献。

首先，感谢本书中的 14 位口述者，他们分别是白玉明（傣族）、敖好章（达斡尔族）、琼色（藏族）、王昌庭（苗族）、莫贵勇（鄂伦春族）、额尔登其其格（鄂温克族）、石东伍（朝鲜族）、查尔思（藏族）、罗芳（彝族）、木钧（纳西族）、郭颜红（锡伯族）、马良（回族）、余应芳（傈僳族）、李朝云（回族）。感谢他们和我们一起分享他们的生命故事。特别感谢口述者的家属在历次访谈、补充材料过程中提供的帮助。

其次，感谢26位参与本书的访谈者、整理者、修订者，他们分别是魏曼华、郑新蓉、谭钧林、班春、崔明坤、廖君、敖俊梅（达斡尔族）、蔡凡弘、沈晓燕、王思人（苗族）、包锋、阿丽木拉（达斡尔族）、乌妮尔（蒙古族）、韩雪军（蒙古族）、金瑛（朝鲜族）、旦巴加措（藏族）、阿呷热哈莫（彝族）、宋华妹、佟彤（满族）、张坤、王利利、刘宝源、王成龙、吴俊毅（朝鲜族）、伊师孟、任梦莹。感谢他们的辛勤劳动。他们克服了重重困难，有些不远千里奔赴少数民族地区进行访谈。访谈者来自多个民族，有的用两种语言，有的用三种语言，还有的用四种语言进行访谈，这拉近了和被访谈者的距离，增进了与被访谈者的感情，使我们的访谈深入而又深刻。此外，由于还要把用民族语言访谈的录音资料转译成汉语，因此，与其他同类口述史访谈相比，本书的访谈者和整理者付出了更多的心血和汗水。

此外，还要感谢选修“教育社会学专题研究”课程的北京师范大学教育学部2015级硕士研究生陈雪瑞、侯进仁、雷雅琦、陈岑、徐文旭、郝婧6位同学。在本课程的社会实践环节中，他们各承担了本书3—5篇文章的联络和部分修订工作。

魏曼华

2016年8月